밭에 감추인 보화

신학사상집 · 어록일화편

김형태 목사 신학편찬위원회

HOSANNA

1판 1쇄 발행 2018년 8월 9일

지은이 김형태 목사 신학편찬위원회
발행인 장진우
펴낸곳 (주)호산나 미디어
주소 경기도 안양시 벌말로 123 905호
전화 1644-9154
홈페이지 www.hosanna.net
인쇄 창영프로세스
가격 15,000원

ISBN 978-89-97405-47-3

저자의 허락 없이 전재나 복제 할 수 없습니다.
잘못된 책은 교환해 드립니다.

목 차

1. 하나님, 하나님 나라 ················· 15
2. 성령과 은사 ····················· 53
3. 마귀 ························· 71
4. 성경 ························· 81
5. 복음 ························· 99
6. 신앙 ························ 123
7. 교회와 목회 ···················· 165
8. 사명자 ······················ 177
9. 성산수도원 ···················· 263
10. 김형태 목사 일화 ················ 271

머리말

김형태 목사(1930-2006)는 6.25 한국전쟁 후 하나님의 종으로 부르심을 받아 1958년부터 2006년까지 48년간 이 땅 곳곳에 부흥의 역사를 일으킨 부흥강사이자, 한 교회에서 22년간 목회한 목회자입니다. 그는 전후(戰後) 피폐해진 이 나라 민족 백성의 삶의 애환속에서 참 신과 참 진리를 찾아 헤맨 구도자였으며 젊은 시절 덴마크의 그룬트비와 같이 이 땅의 복락(福樂)을 실현하고자 농촌사업에 뛰어들었던 때도 있었습니다.

그러다가 그는 참 하나님, 참 복음을 만나게 되었고, 성경을 깨닫고 성경적 도(道)를 이루고자 힘쓰며 삼각산 등지에서 깊은 기도자의 삶을 살며 사명의 역사를 준비했습니다. 그러다가 1958년 평신도 성회 인도를 시작으로 48년간 국내외를 막론하고 사명자성회를 인도했습니다. 하나님이 부르시는 곳이라면 어디든 나아갔으며, 아시아권, 아메리카권, 유럽권과 러시아권의 여러 나라와 이스라엘 목회자들에게까지 사명자성회를 인도했습니다.

그는 성경연구와 강해, 계속적인 구도자적 수행의 삶과 목회 현장을 통해 얻은 신령한 지혜와 지식을 사명자성회를 통해 설교한 설교자이자 신학자이며, 이 땅의 수많은 영적 지도자들을 키워낸 시대의 스승이었습니다.

1971년, 김형태 목사 내외는 기도 가운데 주의 종들을 양성하기 위한 성산수도원을 설립하였고, 이곳에서 35년간 1년 3차씩, 총 101회(1972~2006)의 사명자성회를 인도하였고 지금도 후임에 의해 이 성회는 계속되고 있습니다.

김형태 목사는 스스로 신학서적을 저술하거나 출판하지 않았습니다. 하지만 그의 성경강해를 듣고 은혜를 받고 깨달음을 얻은 수많은 제자 목회자들이 각각 혹은 그룹별로 김형태 목사 성경강해 중 일부분을 정리하고 출판하였습니다. 특히 이원우 목사는 성산수도원에서 열린 101차례의 사명자성회, 모든 성경강해의 내용을 「김형태목사 성경강해」 10권 전집으로 발간하였습니다.

성산세계선교회는 김형태 목사의 지도와 양육을 받은 제자들로 이루어졌습니다. 성산세계선교회는 김형태 목사의 성경강해 내용을 한국교회와 세계교회에 소개하고 보급할 책임을 느꼈습니다. 이에 성산세계선교회는 김형태목사 신학편찬위원회를 구성하고 김형태 목사의 성경강해와 신학사상을 문서로 출판하여 보급하도록 하였습니다.

신학편찬위원회는 이미 간행된 이원우 목사의 서적을 기초로 하여 김형태 목사의 성경강해와 신학사상을 정리하고 출판하려고 합니다. 신학편찬위원회는 이 일을 힘쓰던 중에 김형태 목사가 사명자성회를 인도하며 강론한 내용 중에 우리가 읽고 다시 듣는다면 크게 깨닫고 지혜를 얻게 될 일화와 금언이 있는 것을 발견하고, 그의 일화와 금언을 「밭에 감추인 보화」라는 제목의 책으로 엮어 발간하게 되었습니다.

본 저서는 김형태 목사가 35년간 성산수도원에서 성경을 강해 한 내용 가운데 그의 어록과 일화만을 따로 추려 모은 것으로 오늘 이 시대를 살아가는 주의 종들과 성도들의 신앙에 큰 유익이 되리라 확신합니다.

다만 그의 표현 가운데 사투리나 고어(古語), 지방어, 외래어는 현대어로 바꾸거나 부가적 설명을 덧붙였으며 또한 각 일화와 어록의 출처를 표기했음을 알려드립니다.

이 책을 읽는 동안 김형태 목사에게 주셨던 하나님의 감동하심이 우리에게도 임하리라 기대합니다.

2018년 8월 9일
김형태 목사 추모 12주기에
김형태 목사 신학편찬위원회 편집팀 일동

감사의 글

역사 속에 현존하시는 하나님, 인류 역사를 운행하시는 하나님을 더욱 간절히 사모하게 되는 날들입니다. 날아가는 새 한 마리도 우리 주님 허락 없이는 땅에 떨어지지 아니함을 믿고, 하나님의 절대적인 주권과 섭리를 인정하며, 소망 가운데 하늘 보좌를 바라봅니다.

하늘 보좌에 앉으신 하나님,
보좌 우편에 계신 우리 주님,
이 나라와 이 민족을 택하셔서 마지막 때의 귀한 사명을 맡겨 주셨으니 또한 계획하신 일들을 하나도 남김없이 이 민족을 통하여 이루실 것임을 확신하며 위로를 받습니다.

목적지는 분명하나 그 목적지에 도달할 길이 보이지 않아 마음 답답한 이때에 성산세계선교회가 목사님의 어록집 「밭에 감추인 보화」를 출간해 주셨습니다. 한 장 한 장 넘길 때마다 강단에서 말씀을 선포하시던 그 시절의 기억이 또렷해집니다. 사명자로서의 삶을 살기 위해 매 순간 하늘의 보좌를 바라보셨던 목사님의 모습이 떠오릅니다. 복음의 증인으로서, 성경

외에 다른 것을 전하는 과오를 범하지 않기 위해 늘 조심하고 스스로를 경계하셨던 지난날들을 기억합니다. 말씀을 넘쳐나도록 채우지 않고는 결코 능력 있는 종이 될 수 없다고 권면하시던 그 음성을 듣는 듯합니다.

이 일을 위해 힘에 부치도록 수고해 주신 편찬위원회의 김성수, 이강은, 이상철, 장윤철 목사님께 감사를 드립니다. 우리 주님께서 목사님들의 땀과 눈물을 기억하시고 가장 좋은 것으로 갚아 주시기를 기도드립니다.

이 책을 대하는 모든 분들이 하늘 보좌에 앉으신 하나님께 시선을 고정하고, 주와 함께 살고 주와 함께 역사할 수 있는 큰 힘과 위로를 얻으실 수 있기를 바랍니다.

2018년 7월
설 영 애 사모

감사의 글

　금번에 성산세계선교회에서 「밭에 감추인 보화」를 편찬함을 축하드리며 하나님께 영광을 돌립니다.
　그간 성산세계선교회에서는 「김형태목사 신학사상집」을 위해 온 힘을 모았습니다.
　이것을 한국교회와 세계교회에 대한 책무로 여기고, 그 일환으로 금번에 "밭에 감추인 보화"를 출판하게된 것입니다.
　첫발자욱을 뗀 것이요, 간구하며 애씀의 결실이 이 책에 담겨져 있습니다.

　바쁜 시간을 쪼개어 모여 기도하고 의논하고, 지난날 받은 바 은혜를 회고하며 심혈을 기울이신 편찬위원들의 노고를 잊을 수 없습니다.
　성산수도원 사명자성회 시에 전하신 어록일화를 친절히 날짜, 집회 시간대를 구분하여 엮었습니다.
　쉽게 편히 대할 수 있도록 다듬고 정리한 것입니다.
　부분 부분을 읽다보면 지난날 은혜받던 기억이 기쁨과 함께 새롭고, 깊은 끌림을 받아 힘을 얻을 수가 있습니다.

감격이 솟아납니다.

하나님의 크고 아름다우신 역사에 감격하며, 회장님을 비롯한 임원 신학편찬위원회 편집팀 그리고 모든 회원들께 심심한 감사를 드립니다.

하나님 홀로 영광받으소서!

2018년 7월
성산수도원 원장
김 성 철 목사

추천사

"천국은 마치 밭에 감추인 보화와 같으니 사람이 이를 발견한 후 숨겨두고 기뻐하며 돌아가서 자기의 소유를 다 팔아 그 밭을 사느니라"(마13:44).

편집자들의 헌신적인 각고의 수고로 이 '보화책'을 가지게 되었습니다.

오랫동안 기다렸는데 고 김형태 목사님의 어록 일화 모음 속에 생각하고 캐낼 수 있는 신학사상집이 출간 되어 큰 기쁨을 감출 수가 없습니다.

김형태 목사님은 1950년대의 혹독한 연단을 거치시고 1950년대 말부터 사역을 시작하셔서 복음을 전하는 강사로서 시대적으로 암울하고 영계에도 암울한 때에 개척신학, 현장신학, 역사신학, 미래신학을 맨몸으로 실천하셨다고 할 수 있습니다.

본서의 어록과 일화를 보면 당시의 한국교회의 생활상과 영적 형편을 생생하게 알게 합니다. 70년대의 경제성장과 한국교회의 큰 부흥성장 과정에서 초기에 성산수도원을 세우시고 시대의 영적 사명자들을 본격적으로 양육하시기를 시작하셨습니다.

성산수도원의 한 부분에 '사명'이라고 쓰신 결연한 글씨를 보았습니다. 저는 이때의 목사님 신학을 사명의 신학으로 보았습니다.

한 교단의 부름을 받고 담임목회와 노회장을 역임하시는 것을 볼 때 이때의 신학을 목회신학, 실천신학, 성장신학이라 부르고 싶습니다. 목사님은 남다른 학구파로서 힘들고 피곤한 강사 생활 속에서도 책을 늘 손에 들고 계신 모습을 보았습니다.

칼빈의 청교도적, 성경적, 개혁신학을 중심으로 여러 학문과 신학을 연구하시고 신구약성경 전체를 꿰뚫는 역사적으로, 예언적으로 체계를 세우시고 강의하심으로 성경신학을 발전시켰다고 할 수 있습니다.

목사님의 어록과 일화는 강의 내용과 그 이해와 해석을 돕기 위한 것뿐만 아니라 거짓 없는 따뜻한 사랑과 하나님의 말씀에 대한 굳세고 강한 큰 믿음과 겸손한 배움의 자세와 수도자의 참모습과 삶을 보여 줄 뿐만 아니라, 평생 동안 생각하고 자신을 발전시킬 수 있는 생명의 교훈을 담고 있습니다. 산 증인들로 생존해 계신 실영애 사모님, 김싱철 목사님(국내외 사명자성회 인도), 자녀들의 헌신, 존경하는 선배 제자 목사님들, 제자 동역자들, 성장하는 소중한 후배들, 평신도 제자 동역자들, 평생동안 교제하셨던 국내외 어른들, 무엇보다도 우리 가슴속에 있는 귀중한 보화들은 영원한 증거가 됩니다.

기독교의 복음은 희망의 복음입니다.

저는 가장 어려운 때에 목사님을 만났습니다. "공부 많이 하십시오." 이 말씀이 제게는 큰 희망이 되었습니다.

오늘에 충실하고 내일을 준비하고자 하십니까? 목사님의 어록과 일화 속에 담긴 신학 사상을 발견하고 터득하고 발전시켜 보시기를 바랍니다. 사랑하는 예수 그리스도 우리 주님을 만나고 희망과 내 자신과 영원한 희망의 기업과 생명을 찾을 것이며 나를 닮고 나를 이루어 함께 살리는 큰일이 이루어질 것입니다.

2018년 7월
성산세계선교회 회장
최 상 용 목사

하나님, 하나님 그러되

故김형태 목사 친필

하나님

항해자가 바라보는 곳

제가 아는 형제 가운데는 한평생 선장 노릇만 하신 분이 계십니다. 세계 어느 항구, 어느 지역, 어느 도시를 안 가본 데가 없을 만큼 선장으로서 오랜 경력을 쌓으신 분입니다.

그가 언젠가 이렇게 말했습니다.
"파도치고 배가 뒤집힐 것처럼 위험이 몰아칠 때 우리 선장들은 물결을 보지 않습니다. 물결을 보면 어지러워서 쓰러집니다. 바람 소리 그것 듣지 않습니다."
"그럼 어떻게 합니까?"
"저 북극성만을 바라봅니다."

하늘의 별만 바라보면 바람 소리의 위험, 파도치는 놀라움, 거기에서 해방될 수 있다는 것입니다. 방향을 바로 잡으면서 배를 바로 몰고 나가기 때문에 위기에서 벗어날 수 있다는 그런 말을 들었어요.

파도치는 세상, 요란한 바람 소리, 그치지 않는 인류의 역사!
이것만 들여다보는 사람치고 믿음 제대로 된 사람 하나 없어요! 여기(하늘의 보좌)를 봐야 되요! 여기(하늘의 보좌)에서 시작하여 여기(하늘의 보좌)의 뜻을 따라 진행되고 모든 것이 이 뜻을 이루어 가는 것입니다.

- 2002년 11월 6일(수) 새벽

하늘 아버지의 마음

전에 TV프로 가운데서 효도관광이라는 것을 많이 방영하던 시절이 있었습니다. 효도한다고 자식들이 연세 많으신 부모님들을 제주도로 모시고 가서 구경을 시키다가 부모를 버리고 육지로 달아나고 맙니다. 현대의 고려장을 그렇게 치렀습니다.

자식들에게 버림을 당하고 서울이나 육지로 돌아올 길이 없는 나이 많은, 기력이 없는 부모님들이 보호소에 모였습니다.

"아들 이름이 뭐요?"
"몰라요"
"할머니, 아들의 이름이 뭐에요?"
"몰라요"
"집 전화번호가 뭐요?"
"몰라요"
"어디서 사셨어요?"
"서울이요"
"아들은 무엇 하는 사람이요?"
"몰라요"

모르기는 뭘 몰라요?

다 알면서도 자기를 버린 자식이지만 제주도에다 버려두고 달아난 몹쓸 놈이고 천벌 받아 마땅한 것들이지만 그래도 자식들에게 누를 끼칠까봐, 자식들에게 손해되는 일이 생길까봐, 끝까지 입을 열지 않고 말하지 않는 그 모습들을 보면서
'저것이 부모의 심정이로구나!
저것이 하늘 아버지의 마음이로구나!
저것이 그리스도의 심장이로구나!'

그러면서 마음이 뜨거워지는 것을 느꼈던 일이 있습니다.

- 1995년 11월 8일(수) 새벽

자연을 통해 듣고 깨달은 하나님의 음성

안이숙 여사라고 하면 우리 한국 사람들은 거의 다 그의 책을 읽어 봤을 것입니다. 「죽으면 죽으리라」라는 감동적인 책입니다. 처녀의 몸으로 끝까지 믿음을 지키다가 8.15 해방과 더불어 감옥에서 풀려났습니다.
어느 목사님과 함께 평양에 있는 모란봉을 거닐면서
"하나님이 우리를 죽이지 아니하시고 살려주셨네! 연약한 것에게 새 힘을 부어 주사 그 어려운 환난과 고통 속에서 끝까지 믿음을 지키고 승리케 하셨습니다."

이런 얘기를 하면서 모란봉을 산책하며 자연을 살피는데, 그때 그의 눈에 모란봉에 있는 수목들, 모든 자연이 슬픔에 잠겨 우울한 분위기에 싸여 있는 것을 느꼈다고 기록하고 있습니다. 그 후에 소련군대가 삼팔선

이북에 진주(進駐)하여 신앙의 자유가 없는, 억압하는 공산주의가 이루어진 것입니다.

'사람은 몰랐지만 자연은 미리 알고 근심하고 탄식하며 우울함에 빠져있었다'
시인의 영감을 갖고 그는 이렇게 말한 것입니다.

지금부터 한 40년 전에 저는 어느 목사님과 함께 깊은 산골짜기 시골길을 걸은 일이 있습니다.

그때 제가 그에게 했던 말입니다.
"저 산을 바라보시오. 수목들을 살펴보십시오!
자연의 소리를 들을 줄 알아야 합니다.
저들은 지금 무엇을 말하고 있습니까?
당신은 지금 무엇을 듣고 무엇을 느끼고 있습니까?"

- 1995년 3월 14일(화) 새벽

말씀으로 싸워 이기게 하신 하나님

예수님은 마태복음에서 말씀하시기를, "너희가 법관 앞에 끌려갈 때 무엇을 말할까 염려하지 말라. 너희 속에 계시는 하나님의 성령이 대답할 말을 주시리라." 하셨습니다.
저는 옛날에 이것을 한번 경험했습니다. 산에 있는 빨치산과 내통하는 산골짜기의 젊은이들이 저를 괴롭히는데,

"이북에서 월남한 반동분자다.
대학을 공부하던 인텔리다.
이북에서 피난 내려온 놈이다.
더군다나 이놈은 예수 믿는 신학생이다."

그래서는 저를 괴롭히려고 마을 청년들이 한자리에 모였습니다. 제게 나오라 해서 내려갔지요. 그중에 한 사람은 카빈(칼빈) 소총 단검을 허리에 찼습니다. 그날 밤에 아마 그들이 저를 죽이려고 했던 것 같아요.
이론 투쟁이 벌어졌습니다. 나는 하나고 그 사람들은 열세 명쯤 되었던 것 같습니다. 참 이상해요. 대답 한마디 잘못하면 감정들이 격화되어서 달려들어 저를 발로 차고 밟아 죽였을 것입니다. 그런데 그들의 질문이 끝나기 전에 내 속에서 대답할 말이 쑥 올라왔어요. 희한하데요! 거 예수 믿을 만하데요!

"너희가 법관 앞에 설 때 무슨 말을 할까 염려하지 말라.
너희 속에 계시는 하나님의 성령이 대답할 말을 주시리라."

그것 신짜던데요. 가짜가 아니었습니다. 그래서 1번은 대답을 듣고 나가 떨어졌어요. 2번이 질문하는데 나는 하나뿐이오. 깊은 산골짜기입니다. 질문 끝나기 전에 대답할 말이 쑥 올라왔어요. 끝나자마자 대답해버렸더니 입이 딱 막혔어요.
하나하나 이렇게 이론 투쟁을 하는데, 막판에는. 카빈(소총) 단검 가진 사람이 내 등 뒤로 돌아옵니다. 그때 이런 걱정이 들더군요. '카빈(소총)

단검으로 찌르면 그것도 문제없다. 찔린 자리가 "주여!" 하면 딱 막힐 테니까'

그때는 그렇게 어리석고 단순했는지 몰라요! '칼로 찌르면 "주여!" 하면 싹 낫는다. 그런데 옷이 한 벌밖에 없는데 찢긴 양복은 어떻게 하지?' 그것이 걱정이 되데요. 막판에는, "선생님 잘못했습니다." 악수를 하고 같이 웃으면서 저를 놓아주어서 살아났습니다.

내게 그런 경험도 있네요. 성경에 있는 이 말씀이 무엇을 가르치는 것입니까?
"법관 앞에 설 때 무슨 말을 할까 미리 염려하지 말라! 대답하시는 이가 있으니 너희 속에 계시는, 아버지의 성령이시니라"

- 1997년 3월 11(화) 저녁

원자탄 속에서 살아남은 사람

'앞으로의 세상이 어떻게 될 것이냐?
어떻게 감당할 것이냐?
주의 종들은 성령에게 사로잡힌 바 되어 역사할 것이지만 우리 성도들, 일반 대중들은 어떻게 될 것이냐?'

걱정이 많은 것입니다. 저는 원자탄이 떨어진 그 불 속에서 살아남은 사람을 만나 본 일이 있습니다.

오래전에 제가 진해에 부흥회를 갔습니다. 부흥회를 개최한 교회 교인 가운데는 세 식구가 살고 있는 어느 가정이 있었습니다. 연세 지긋한 어머니와 두 아들입니다. 큰아들은 진해 여고에 영어담당 교사였고, 작은 아들은 해병대 출신이었습니다. 물론 지금은 결혼을 해서 자식들을 두었습니다마는 오래전 이 세 식구가 히로시마에 살고 있었을 때 어느 날 공습경보가 요란하게 울렸습니다. 미국 폭격기 B-29기가 그때 날아오고 있었습니다. 거기에는 "리틀 보이"라는 예쁘장한 이름을 가진 원자폭탄이 실려있었습니다. 사람들마다 정신없이 방공호를 찾아서 달아났고, 이 한국 어머니도 아들 하나는 등에 업고, 하나는 손잡고 방공호로 달려갔습니다.

그랬더니 일본사람들이 조센징이라고 해서 방공호에 받아주지를 않았습니다. 조센징도 사람인데, 나와 내 자식들을 살려달라고 애걸을 했지마는 밀어버렸습니다. 그래서는 나는 죽어도 좋으니 내 아들 둘만 방공호에 들어가게 해 달라고 통사정을 했습니다. 그들은 발로 걷어차 버렸습니다. 금방 폭탄이 떨어지는 것 같고 공습경보는 더욱 요란하게 히로시마를 진동시킵니다.

그래서 자기도 모르게 하늘을 향해서,
"하나님! 나와 내 자식 좀 살려주십시오."

그야말로 울부짖었다는 말이 적당한 표현이 될 것 같습니다.

그런데 마음속에 음성이 들려오기를,
"빨리 집안으로 뛰어들어가라!"

방공호에 뛰어들어가야지 집안으로 뛰어들어가면 죽는 것 아닙니까? 그러나 믿음 있는 어머니이기 때문에 애들을 데리고 자기 집으로 달려가서는, "후스마"(한국명: 창호문)라고 하지요. 그것을 열고는 방안에 뛰어들어가면서 문을 탁 닫는 그 순간에 원자탄이 펑 터지고 말았어요. 그때 히로시마가 잿더미 되었다는 것은 이미 우리가 알고 있는 사실입니다.

그런데 이 세 식구가 살았습니다. 어머니가 어떻게 서둘러 정신없이 집으로 달려갔는지 급히 문 열고 들어가다가 문지방에 이마를 찧어서 조금 벗겨진 것뿐이었습니다. 세 식구가 안전하게 살았습니다. 나중에 방공호에 들어갔던 사람들 어떻게 되었나, 찾아가 봤더니 선 채로 새까만 잿덩어리가 되었습니다. 손가락으로 꼭 찍어봤더니 '팍' 그 재가 부서지고 말았습니다.

"불 속에서도 하나님이 함께하시면 불이 태우지 못하느니라!"

불을 지으신 하나님이 불 속에서 자기 백성들과 함께하시면 하나님이 함께하시는 그 사람을 불이 태우지를 못합니다.

- 1998년 11월 12일(목) 새벽

그가 지키시리라

지금은 새로운 신종 바이러스인 사스(SARS)로 말미암아 전 세계가 두려움에 떨고 있습니다. 세계보건기구에서는 앞으로 이 문제를 해결하지를 못하면 지구상에 사는 삼 분의 일이 온역으로 말미암아 죽게 될 것이라고 기분 나쁜 발표를 한 일이 있습니다.

그런데요 나는 문제가 없다네요!
내게 큰딸의 아들이 있어요. 그 외손자가 언젠가 제집에 찾아왔어요. 어른들이 하는 얘기를 어린 것이 자세히 들었던 모양입니다. 한참 조류독감 때문에 사람들이 두려움에 떨고 있을 때입니다.

나한테 오더니
"할아버지는 괜찮아요!"
"왜?"
"할아버지 나이가 몇인데요? 그 가운데 잠복을 했다가 40년 후에 나타난대요. 그래서 할아버지는 문제가 없어요!"

나는 하나님이 함께하시기 때문에 문제가 없다는 줄 알았더니 한국 나이로 75세 먹은 내가 지금 감염되면 40년 후에 그것이 발병한대요, 그러면 115살에 발병 할테니까 나는 문제없다는 것입니다.
나 그런 사람입니다!
그놈이 신앙적으로 나를 격려하는 얘기를 하면 좋은데 나이가 많아서 죽을 때까지 기다려도 40년 후에 나타날 테니까 문제가 없대요! 그래서 한

참 웃었던 일이 있습니다.

들리는 소리, 되어지는 일들, 드러나는 모든 일들을 살펴볼 때 우리에게는 절망, 절망, 절망뿐입니다.
그러나 여러분!
우리는 두려워하지 않습니다. 살아계신 하나님의 인을 맞은 자는 하나님의 능력으로 보호하심을 받습니다.

- 2004년 3월 10일(수) 오전

하나님의 새 일이란?
하나님의 새 일이란 무엇입니까?

그것은,
첫째 새 역사 창조,
둘째 새 사람 창조(새 마음, 새 영을 받음으로),
셋째 새 하늘과 새 땅 창조입니다.

- 1972년 4월 19일(수) 새벽 / 20일(목) 저녁

새 일의 역꾼(役軍)이 되려면?
민족 국가적인, 사회 복지적인 무슨 꿈과 이상을 그리고서는 거기에 맞는 예수 그리스도를 받아들이는 일은 하나님의 새 일, 새 역꾼의 길을 역행하는 것입니다. 그것은 인간이 만든 금신상입니다.
"하나님!

하나님의 뜨인 돌이 내 안에 모든 신상을 부수어주시고 주님의 형상만을 이루어 주소서"

- 1972년 4월 20일(목) 새벽

오직 하나님의 방법으로

하나님은 어떻게 일하십니까?
"가라 명하시고 갈 길을 열어 주시며 앞서 행하사 마침내 이르게 하시느니라"

하나님의 구원과 능력을 의지하십시오.
하나님의 언약에 성실하시기 바랍니다.
못하면 버림받는 것입니다.
일을 실패하는 것은 만회할 기회가 있지만
하나님 앞에 불신임당하면 만회할 기회가 없습니다.
하나님의 언약에 성실해야 합니다.
잔꾀를 부리지 마세요. 인간의 방법을 쓰지 마세요
하나님의 낙토(樂土)를 멸시하지 말고
소망하며 나아갑시다.

- 1984년 11월 7일(수) 오전

앞서 일하신 하나님

얼마 전 시카고에서 집회를 인도했습니다. 시카고에 가면서 '그동안 어떻게 됐을까? 시카고 교계 분위기가 어떨까? 나를 기다리고 있는 교역자들의 태도는 어떨까?' 몹시 궁금했어요. 공항에 내리자마자 비가 내렸습니다. 자욱한 안개가 가는 길을 가로막는데, 15미터 앞이 보이지를 않습니다. 기분이 좀 이상한데요.

그런데 집회 장소에 도착하자마자 느낀 것이,
'주님이 먼저 오셨구나! 주님이 먼저 정리작업을 해 놓으셨구나!
무슨 말씀을 증거 해도 정직하게만 하면 다 말씀을 받아들이고 은혜를 받을 수 있도록 성령께서 다 미리 역사를 하셨구나!'

그렇게 깨달았을 때 몹시 기뻤습니다. 그런데 모세가 일하는 방법이 꼭 그 식입니다.

- 2000년 11월 9일(목) 새벽

너는 정녕히 알라

때로는 하나님과 함께 일을 한다고 애를 쓰다가 지치고 지쳐 피곤해 지쳐 버렸을 때 가끔 탄식하면서 이런 말을 합니다.
"하나님! 하나님과 동행한다고 하지만 하나님의 컴퍼스는 너무나도 크고 우리는 너무나도 짧습니다. 사람이 참새와 함께 걸을 수가 있겠습니까? 연약한 인생들이 하나님과 동행한다는 것이 너무나도 힘이 듭니다."

낙심해서 탄식하고 눈물 뿌릴 때가 많은 것이 아닙니까?

"아들 주신다. 약속대로 아들이 오셨다. 기약이 차면 예수님 다시 오시어서 사단의 일을 멸하시고 하나님의 일을 성취하여 그리스도 예수 안에 있는 성도들에게 이 나라를 유업으로 주시는 것이다."

하나님 편에서는 이렇게만 말씀하셔도 다 되는데 아브라함에게, "너는 정녕히 알라" 말씀하셨습니다.

- 2001년 7월 3일(화) 저녁

이루었도다

성서의 하나님은 어떤 하나님이십니까?
"알파와 오메가요. 처음과 나중이요. 시작과 끝이요.
이제도 계시고, 전에도 계셨고, 장차 올 자요. 전능한 자라"

이 하나님께서 마침내 선언하실 말씀이 뭡니까?
"이루었도다!"

이제 내가 병들어 죽어도,
이제 내가 세상을 마쳐도,
예상치 않는 비극에 처하게 될지라도,
내가
이 하나님을 발견한 것을,
이 예수님을 만난 것을,
이 진리 가운데 거하는 것을,
이 성령님의 인도함을 받는 것으로 만족하면서

하나님 앞에 감사하고 눈을 감을 수 있기를 바랍니다.

- 1993년 7월 6일(화) 오전

말씀대로 이루어 주신 하나님

열심히 준비할 때의 일입니다. 하나님이 주셔서 마음으로 알게 하시는 영감 가운데 간절한 소망이 하나 있었는데
'제가 받은 영감이 참인지 거짓인지 어떻게 알 수 있습니까?
하나님이 저를 주의 종으로 평생 같이하시고 나를 들어 영광 받으심을 무엇으로 알 수 있습니까?
저의 간절한 기원은 부흥사로서 꼭 한 번만이라도 성회를 인도하게 해 주십시오. 그러면 내가 그것을 알 수 있겠습니다'

하면서 기도하고 기다렸습니다. 그러다가 지금으로부터 35년 전 예산장로교회에서 첫 집회를 인도케 하심을 보면서 하나님이 은혜로 주신 영감이 거짓이 아니었음을 깨닫게 되었습니다. 이제 부흥사로 봉사한 지 35년(1993년 현재)이 되었습니다.

그런데 또 하나의 꿈이 있었습니다. 하나님께서 나를 국내에서만이 아니고 세계 도처로 보내시면서 많은 민족과 백성들에게 복음을 전하게 하시리라는 영감이 있었습니다.
'하나는 맞았는데 하나님 어떻게 되는 것입니까? 나 두 번도 원치 않습니다. 외국 집회 한 번만 인도하게 해 주십시오. 그러면 하나님께서 내게 주신 영감이 참인 줄을 내가 확인할 수 있겠습니다'

그러면서 준비하고 기다렸는데, 지금으로부터 18년 전 처음 독일 베를린에서 첫 집회를 인도했습니다. 그 후 계속해서 지금까지 집회를 인도하고 있습니다. 오랜 세월이 흘렀으나 하나님이 나를 버리지 않으시고 내게서 떠나지 않으시고 지금까지 함께 하시는 것을 감사하면서 일하고 있습니다.

- 1993년 11월 8일(월) 저녁

그 마음을 움직이시는 하나님

제가 옛날에 캐나다 토론토에서 집회를 인도했습니다. 미국에서 집회를 인도하고 캐나다 토론토에 갔습니다. 토론토 집회를 마치고 다시 미국 뉴욕으로 들어와서 세 집회를 더 인도하고 한국으로 돌아가게 되었습니다. 토론토 집회를 마치고 공항에 나갈 때 문득 생각이 났습니다. 미국에서 한국으로 나가는 비행기 표를 갖고 오지를 않았습니다.

그래서는
"아무개 목사님!
나 뉴욕에서 한국에 나가는 비행기 표를 뉴욕 어느 목사님 댁에 두고 왔는데 괜찮을까?"

그랬더니.
"거, 미국 못 들어가! 법이 캐나다에 들렀다가 미국 들러서 한국에 가는 사람은 미국에서 한국으로 나가는 비행기 표를 꼭 가져가야만 돼요! 강사님 한국에 직접 나갈 생각하시오!"

"안 돼! 뉴욕에서 집회가 세 개나 밀려 있는데"

강사가 약속한 집회 어기면 되겠습니까?
"난 뉴욕에 꼭 들어가야 돼!"
"못 간다니까! 법이 그래!"
"나 들어가야 된다니까!"

둘이 싸워봐야 무슨 소용 있어요. 그때부터 스가랴서 12장 1절을 외우기 시작했습니다. 열 번이 아닙니다. 열 번 가지고 되겠어요? 국경을 헤치고 들어가야 하니, 그저 계속 그 구절만 외웠습니다.

"이스라엘에 관한 여호와의 말씀의 경고라 여호와 곧 하늘을 펴시며 땅의 터를 세우시며 사람 안에 심령을 지으신 자가 가라사대"

사람 안에 심령을 지으신 자, 다시 말하면 사람의 생각과 감정과 의지를 하나님께서 주장하신다는 말씀입니다. 급하니까 별생각 다 나데요.
"하나님!
이 성경구절이 맞는지 틀리는지, 진짜인지 가짜인지 실험할 수 있는 좋은 기회입니다. 아, 미국 못 들어가면, 한국에 나 가버리면 피곤해 지친 몸, 나 편하고 좋습니다. 그러나 이 말씀이 진짠지 가짠지 한 번 실험해 볼 것입니다."

나 같으면 "이 자식아!" 그러고 한 번 걷어찼을 텐데 하나님께서 내 믿음을 키워주시느라고 참으신 것 같아요. 이제 공항에 가서 미국관리 앞에 갔습니다.

저쪽에 토론토 목사님이 지켜보면서
"못 들어가! 법이야!
까다로운 출입국 관리국에서 법을 어기고 김 강사 뉴욕에 보낼 수가 없어! 못 들어가!"

관리 앞에 서서 쳐다봤더니 '못 들어가!' 그러는 것처럼 지켜보고 있습니다. 이 구절을 몇 번이나 외웠겠어요?
"하나님! 내가 출입국 관리를 만날 때, 저 사람의 마음을 감동시켜 주십시오! 그래서 나를 뉴욕으로 다시 들어갈 수 있도록 길을 열어주십시오!"

기도를 많이 하고는 출입국 관리 요원한테 딱 서서는
"나 한국 목사입니다. 미국에서 집회를 인도하고 토론토에서 집회를 인도하고 다시 미국으로 들어가서 세 집회를 인도하고 한국에 돌아가게 되었습니다. 당신이 나에게 호의를 베풀어 주시면 선교사업 하는 데 큰 도움이 되고 내가 당신한테 감사할 것입니다."

이렇게 말을 하면서
"하나님! 저 마음 녹여 주십시오!"

이렇게 쳐다보는데 한참 훑어보더니

"OK!"

지켜보던 목사님이 "됐구나! 됐어!"

나 그런 사람이요!
"사람의 마음을 강퍅케 하시는 분도 하나님이요 긍휼을 베푸사 생각과 마음을 바꾸시는 이도 하나님이시니라!"

- 1999년 3월 10일(수) 오전

그래도 하늘에 해는 있는 것이다.

전에 〈바르샤바의 장벽〉이라는 영화를 본 적이 있습니다. 독일군이 바르샤바에 있는 유태인들을 수용소에 딱 가두어 놓았습니다. 그것을 게토(Ghetto)라고 하지요. 수용소 밖으로 나갈 수가 없습니다. 수용소 안에서 굶어 죽든지 말라 죽든지 그 담 밖으로 나가지를 못하도록 철저한 감시와 탄압이 계속되는 가운데 동족이 굶어 죽는 것, 병들어 죽는 것, 급하게 의사의 도움이 필요한데 병원치료도 받지 못하는 것을 보고는 젊은 이들이 참다 참다 못해서 거기에서 독일군을 대항해서 싸우기 시작합니다. 싸우다가 몇몇 사람들이 또 희생을 당하고 고통이 더 커졌습니다.

그때 수염이 난 연세 지긋한 랍비에게
"랍비여!
이스라엘의 하나님은 살아계십니까?
유태인의 하나님 야훼는 자기의 백성을 돌보십니까?"

"돌보지요. 하나님은 살아계십니다."

이제는 독일 군대가 그곳에 쳐들어오기 시작해서 마지막 큰 싸움이 벌어져 수많은 사람이 희생을 당했습니다. 원망하고 물고 늘어질 데가 주의 종밖에 없지 않아요? 랍비한테 찾아와서는 숨을 헐떡거리며 죽어가는 랍비에게 잡아 흔들면서
"이스라엘의 하나님은 살아있습니까?"
"자기의 백성을 구원하시는 하나님이십니까?"

그때 랍비가 마지막으로 숨을 거두면서 무슨 말을 했는가 하면
"하늘에 구름이 가려져서 따사로운 햇살이 내 얼굴에 비취지 아니할지라도 하늘에 해는 있는 것이다."

그리고는 숨이 끊어지고 말았어요. 그 장면을 보면서 얼마나 울었는지 모릅니다.
'하나님께서도 자기의 백성들이 당하는 고통과 저 참상을 보실 것이다.'

- 1993년 11월 9일(화) 오전

사람의 이해를 초월한 성령의 주도적인 역사

지난 일입니다마는 오래전에 대만에서 집회를 인도할 때, 통역을 한 사람만 세워놓고 설교한 것이 아닙니다. 두 사람을 세워놓고 설교한 것도 아닙니다. 통역 세 사람을 세워서 집회를 인도하는데 사람 죽겠더군요. 실은 그때 그런 일을 통해서 통역설교는 통역하는 사람에게 부담이 없도록

짧막하게 문장을 다듬어서 통역하는 사람에게 도움이 될 수 있도록 해야 한다는 것을 터득했습니다만, 제가 설교하면 옆의 통역사가 중국 표준어 말로 통역합니다. 그다음 통역사가 이 말을 받아서 대만 말로 재통역을 합니다. 그다음 통역사가 다시 이 말을 받아서 일본말로 재통역을 합니다. 한 마디하고 그다음에 또 한마디를 하려면 한잠 자야 돼요! 그러니 무슨 설교가 되고 무슨 집회가 은혜롭겠어요.

통역을 한 사람, 두 사람, 세 사람 거치는 동안에 내 말뜻이 30%가 전달이 됐는지, 50%가 전달이 됐는지 그것도 모릅니다. 나는 둥글다 했는데, 마지막에 가서는 삐쭉하다 이렇게 변했는지도 모릅니다. 그런데서 집회를 인도할 적에는 속이 터집니다.

'한국에 돌아가면 마음껏 우리나라 말로 자유자재로 설교하고 마음껏 같이 찬송 부르고 마음껏 합심해서 기도해야지.'

빨리 돌아가고 싶은 마음이 굴뚝같지요! 음식도 다르고 문화도 달라서 히죽 웃으면 비웃는다고 하고, 점잖은 체하면 성났다 그러니, 뭐 어떻게 해야 하는지 몰라요! 꼭 미쳐버릴 것 같아요!

그러나 그런 곳에 다니면서 제가 배경으로 삼는 것이 학개서 2장입니다.
'나와 함께 하시는 하나님은 하늘과 땅과 바다와 육지를 진동시키시는 하나님이시다. 만국을 진동시키시는 하나님이시다. 군왕들과 백성들의 마음을 감동시키고 진동시키시는 하나님이시다. 은도, 금도 하나님의 것이요. 온 천하의 보배가 하나님의 손에 있는 것이다. 그 하나님이 나와 함께 하신다.'

이 힘 가지고 돌아다니면서 집회를 인도합니다. 대만에서 그렇게 혼났는데, 대만식은 마지막 폐회하는 시간에는 차례 차례 나와서 은혜받은 간증 얘기를 합니다. 깜짝 놀랐어요. 어느 분은 눈물을 철철 흘리면서 은혜받은 감사를 말합니다. 어느 분은 이 앞자리에 나와서는 양가라(Yangarra) 춤이라고 합니까? 춤을 추면서 기뻐서 야단났습니다.

'야~ 나는 답답해서 속 터져서 죽는 줄 알았는데, 이것은 성령이 역사하신 것이지 하나님이 일하신 것이지 내가 한 것이 아니로구나! 뜻을 제대로 전달하기도 어려웠는데, 그 뜻조차도 몇 %가 정확하게 전달됐는지 알지 못하는 이런 집회에서 하나님은 이렇게 역사 하셨구나!'

크게 감탄한 적이 있습니다.
제가 믿는 하나님은 어떤 하나님이셨습니까?
"하늘과 땅과 바다와 육지를 진동시키시는 하나님, 만국을 진동시키시며, 군왕들과 백성들의 마음을 감동시키시며, 은도 금도, 천하의 보배를, 다 가지신 하나님" 이셨습니다.

이 믿음이 있어야 하나님과 함께 일할 것이 아니겠습니까?

- 1996년 3월 13일(수) 오전

내 걸음을 인도하신 하나님

18년 전(1978년경)입니다. 워싱턴 DC에서 한인교회연합회의 주최로 부흥회가 열렸습니다. 제가 강사로 초청을 받았습니다. 미국 간 지 얼마 되지 않았기 때문에 워싱턴 DC가 어디에 붙어 있는지 공항이 어떻게 생겼는지 아무것도 모르던 때입니다. 뉴욕에 계시는 동역자들의 전송을 받고, 무조건 비행기를 타고 워싱턴에 있는 공항에 내렸습니다. 연합회 회장과 여러 동역자들이 저를 기다리고 있어야 할 것인데 아무도 나타나지를 않았습니다. 목사처럼 생긴 사람은 하나도 눈에 띄지를 않습니다. 다른 한국 사람도 별로 볼 수가 없었습니다. 겁이 덜컥 났습니다. 주소를 아는 것도 아니고, 전화번호를 갖고 있는 것도 아니고, 누구를 꼭 만나야 한다는 특정인의 성함을 기억하고 있는 것도 아닙니다. 어떻게 놀라고 당황을 했던지 입술이 바짝바짝 타오르는데 죽겠더군요.

그때 하나님께 기도하기를,
'하나님! 나를 보내시는 이가 하나님이 아니십니까? 내가 여기까지 왔는데 하나님이 나와 함께 여기 계심을 믿습니다. 그분들 빨리 좀 달려와서 나를 좀 만나게 해 주십시오! 나의 갈 길을 인도해 주십시오!'

열심히 모퉁이에서 한동안 기도하고 눈을 떴는데도 나타나지를 않습니다. 나중에 알아봤더니 공항이 둘이 있는데, 그분들은 나를 맞이하기 위해서 이쪽 공항에 갔는데, 저는 저쪽 공항에 내렸습니다. 거기서는 어디로 가야 할는지 또 어떻게 해야 할 것인지 전혀 알 수 없는, 완전한 미아가 되고 말았습니다.

그래서 다시 기도했습니다.

'지금까지 나와 함께 하신 하나님, 여기서도 함께 하시지 않습니까? 이날까지 나의 발걸음을 인도하신 하나님, 여기에서도 내 발걸음을 인도하여 주시옵소서!'

기도하고 눈을 떴더니 한국 사람이 운전하는 택시가 제 앞에 딱 섰습니다. 무조건 탔습니다. 그 사람 놓치면 큰일 나니까
"갑시다!"
"손님 어디 갈까요?"
"몰라요!"
"손님, 한국에서 오신 모양인데 농담도 참 잘 하시네요! 한국 사람 만나니까 저도 반갑습니다. 자~ 빨리 행선지 말씀하세요."
"알면 내가 당신한테 구걸하는 것처럼 걱정하겠소. 갑시다!"

한동안 그런 대화가 오고 갔더니 이분이 화를 벌컥 냅니다.
"미국 생활이 얼마나 바쁘고 고달픈지 아십니까? 시간이 돈입니다. 손님하고 내가 잡담하고 있을 시간이 없습니다. 그러면 차라리 내리십시오!"
"여보시오! 여기에서 내가 당신 놓치면 내가 어디로 갑니까? 내 생명이 당신한테 달렸소. 갑시다!"
"어디로 가요?"
"몰라요!"
"손님, 무엇하러 왔습니까?"
"나 실은 한국에서 온 목사인데 이 지역에 있는 한인교회 연합집회를 인도하기 위해서 왔습니다. 그런데 마중 나와야 할 사람이 하나도 나오지

를 않았습니다. 전화번호도 모릅니다. 만나야 할 사람의 이름도 똑똑히 모릅니다. 나 좀 살려주시오!"
"거 큰일 나셨군요. 듣고 보니까 나는 교회는 안 다니는 사람인데, 워싱턴DC 에어리어에 있는 한인교회 목사 가운데는 한 사람밖에 모릅니다."
"그 사람 이름이 뭐요?"
"아무개입니다."
"내가 만나야 할 연합회 회장이야! 갑시다!"

무조건 달려갔지요. 달려갔더니 한쪽은 저쪽 공항에 선발대로 먼저 나갔고 다른 한쪽(연합회 회장 목사님)은 이쪽 공항에 나가려고 마당에 서 있는 차에 시동을 거는데, 엔진이 고장이 났어요. 그래서 이것 때문에 신경질을 내면서 땀을 뻘뻘 흘리고 애를 쓰고 있는데 (그 기사로부터) 전화를 받은 것입니다. 그래서 나와 만났다고! 내가 그런 사람이요!

인생살이에 얼마나 고달픔이 많습니까? 더군다나 사람이 하나님의 일을 맡아 하나님의 마음에 합하도록 봉사하려고 할 때 얼마나 어려움이 많습니까?
하나님이 야곱에게 주신 이 말씀이, 야곱의 하나님이 우리에게 주신 이 약속의 말씀이 없다면 얼마나 앞이 캄캄하고 답답하겠습니까?
창세기 28장 15절 말씀입니다.
"내가 너와 함께 있어 네가 어디로 가든지 너를 지키며 너를 이끌어 이 땅으로 돌아오게 할지라 내가 네게 허락한 것을 다 이루기까지 너를 떠나지 아니하리라 하신지라"

- 1996년 3월 13일(수) 저녁

하나님의 뜻과 사람의 생각

사람이 일하다 보면 엉뚱한 생각이 들 때도 있습니다.

제가 한참 일을 할 때입니다. 그때 무슨 생각이 들었는가 하면, "하나님! 이제는 일하는 방법을 좀 바꾸겠습니다. 영적 부흥 운동만 일으킬 것이 아니라 나 신유의 능력을 하나님께서 주셨으니 지역 지역으로 두루 다니면서, 지역 대집회를 인도하면서 수많은 병자들을 싹 고칠 것입니다. 그러면 거기에서 연보가 쏟아져 나올 것입니다. 그 연보를 가지고 그 지역에 있는 가난한 사람들 다 도와주고 배고픈 사람들 쌀 사다가 배불리 먹이면서 저들이 자립할 수 있도록 도와주고 나는 그 자리를 떠날 적에는 10원 한 장 갖지 않고 또 다른 곳으로, 또 그 같은 일을 하고 또 다른 곳으로, 이런 일을 계속할 것입니다. 그러면 우리나라가, 이 가난한 백성이, 한국교회가 또 영적으로 어떠한 유익이 있지 않겠습니까?"

그런 일을 결단하기 전에, 시작하기 전에 하나님께 결재를 받아야 하니까 하나님의 뜻이 어디에 있는지, 그 일을 주의 종으로 해도 되는 것인지, 뜻을 확인하러 하나님의 허락을 받기 위해서 대구에 있는 초래산에 몇몇 신앙의 동지들과 함께 기도하러 들어갔습니다. 기도하러 들어갈 적에는 '이제부터 일을 할 것입니다. 하나님이 허락만 하시면, 하나님이 주신 능력, 지금까지의 경험, 나이도 좀 들었고, 세상을 볼 줄 아는 눈도 밝아졌으니 그 일을 참 효과적으로 할 것이다.' 허락을 받기 위해서 들어갔습니다.

참 이상하지요. 기도하러 들어간 목적은 그것인데, 하나님의 허락을 받으려고 기도를 시작했는데, 한참 기도하다가 밖으로 나가서 나무 밑에 있는 바위에 앉아 '하나님의 뜻이 무엇인가? 성경이 우리에게 무엇을 말씀하시나? 하나님의 계획이 어떤 것이냐? 하나님께서 그 일을 어떻게 진행하실까?'

깊이 생각하고 앉아 있으면 이상하게 착 착 착 착 밝아졌어요. 그때 하나님의 허락을 받지 않고 내 기분 나는 대로 일을 했더라면 병자들 고치러 다니면서, 많은 연보를 거두어서 가난한 사람들을 구제했을는지는 모르지마는 지금까지 제 역사가 이어져 나오지는 못했을 것입니다.

자신 있을 때 하나님을 뒤로 물리고 자기가 앞장서는 수가 있어요. 마음이 들뜰 때 하나님의 말씀보다는 사람의 생각을 앞세우는 때가 있어요! 그래서 대개는 성령으로 시작하였다가 육으로 마치는 것입니다. 한 번 더 자세를 가다듬어야 합니다.
언젠가 후배 되시는 분이,
"강사님! 그 지친 몸을 가지고 앞으로도 그렇게 일해 나가실래요?"

한참 있다가
"죽을 때까지 이 걸음으로"

어느 사상가의 말을 제가 빌린 것입니다.
"죽을 때까지 이 걸음으로"

하나님의 부르심을 받아 사명자로 일을 시작했으면, 시작할 때만 깨끗한 것이 아니라. 죽을 때도 깨끗하게 바쳐져야 되지 않겠습니까? 세상은 때 묻지 않고 순수한 것, 본래의 참 것을 찾습니다. 우리 그래서 모인 것입니다.
목욕하려고, 때를 씻고 가려고, 세탁해서 새 옷으로 갈아입고 가려고, 그래서 모인 것이 아니겠습니까?

- 1997년 3월 11일(화) 오전

푹 익어야 합니다.
오래전에 어떤 목사님이,
"강사님, 나 부흥회 좀 다니고 싶습니다.
부흥회 길을 좀 열어주십시오."

그 말을 듣고는
"안 돼! 준비 더 해."

냉정하게 딱 거절하고 말았어요. 저희 집사람이 그것을 어떻게 알았는지 "다른 사람들은 부흥회 길을 열어주고 이것 해라 저것 해라 자꾸 밀어주면서 그 목사님은 그렇게 아주 냉정하게 거절할 수가 있습니까?"
그러면서 들이받는 항의가 들어왔어요. 나는 그분을 사랑합니다. 그를 아껴야 합니다. 좀 더 준비하고 푹 익으면 큰일을 할 사람인데, 성급하게 인정해서 빨리 그를 등장시키면 작은 일도 못하고 쓰러지고 맙니다.
지도자의 고충이 거기 있어요. 생각은 많은데 말은 안 합니다. 그려보는 것은 많은데, 사람의 마음에 시원하도록 어떠한 답변을 할 수 없을 때가 많습니다. 몇 년 지났어요.

그분을 제가 불렀습니다.
"목사님! 어디 부흥회 좀 가십시오. 목사님을 기다립니다."

그분이 몇 년 동안에 푹 익었어요.
"강사님! 제가 어떻게 갑니까? 나 못가요."
"전에 간다고 하지 않았어?"
"철이 없어서 그랬고요. 내가 나를 알고 보니까 나 같은 놈은 일 못해요."
"그래서 가라는 것이요."

그때부터 그저 전국 방방곡곡으로 두루 다니면서 큰일 하시는 것을 보았어요. 사람이 문제입니다. 의욕보다는 먼저 하나님이 쓰실 수 있는 그릇이 되어야 합니다.

- 2000년 11월 9일(목) 새

하나님 나라

삼팔선만 넘어가면……?

저는 한국 나이로 18세 때 평양에서 서울로 월남을 했습니다. 어머니 한 분 모시고, 삼팔선을 건너서 서울로 넘어왔습니다.

월남하기 전에는
'삼팔선만 넘어서면 천국이다.
내가 하고 싶은 것은 삼팔선만 넘어서면 다 이루어진다. 내가 하고 싶은 것, 가지고 싶은 것, 거기에 가면 다 있다.'

천국으로 생각을 했어요. 진짜 고생은 월남 이후에 했습니다. 인생의 쓰디쓴 맛을, 사회의 부조리를, 이 세상이 어떠하다는 것을 알았습니다. 그러면서도 그림 공부를 열심히 하다가 월남을 했기 때문에 다시 그림 공부를 하고자 시도했습니다.

이화대학 고개를 넘으면 서울음악대학 학장으로 계시는 현제명 박사의 집이 있는데, 그 집 마당에 있는 두 채 가운데 한 채를, 왜정 시대에 동경미술대학을 나와서 평양에 계시다가 월남한, 제가 잘 아는 한 분이 얻어서는 작업실을 준비했어요. 그분이 계시는 그곳을 출입하면서 무엇인가 배워보려고 애를 썼는데 어느 날은 먹을 것이 없어서…, 지금으로 말하면 얼마인지 모르겠습니다만, 10원에 옥수수 한 대박을 주었어요. 그것을 삼 등분해서는 아침에 삼 분의 일, 점심에 삼 분의 일, 저녁에 삼분의 일씩 나누어 먹으면서 그림 공부를 하려고 애를 썼습니다. 그래도 살아남으려고 그래도 무엇인가 내 꿈을 이루어보려고 몸부림치던 눈물겨운 시절이 제게도 있었습니다. 나는 그저 월남만 하면 다 되는 줄 알았어요.

다니엘서 9장이 무엇을 말합니까?
바벨론 땅에 있는 유다 백성들이 해방되어 고국으로 돌아간다고 온전한 유다 나라가 회복되고 메시아 왕국이 이루어지는 것이 아님을 말씀합니다.

"다니엘아!
바벨론에서 해방되어 고국 예루살렘으로 돌아간다고 해서 모든 것이 다 이루어지는 것이 아니다. 네 꿈이 실현되는 것은 칠십 이레로 하나님께서 기한을 정해 놓으셨다. 칠십 이레의 기한이 차야 메시아 왕국이 이루어지는 것이며 네가 진정 바라는 하나님 나라, 이상 세계가 비로소 실현되는 것이다."

이것을 깨우쳐 주시는 것이 다니엘서 9장의 내용입니다.

- 2005년 3월 15일(화) 저녁

이땅에 영구한 도성은 없습니다.
저는 지금으로부터 한 30년 전부터 미국을 출입하면서 사명자성회를 인도했습니다. 미국에 살고 있는 많은 교포들, 크게 성공한 사람들, 적당히 자기생활을 유지하는 사람들, 또 고생하면서 밑바닥을 헤매는 우리 교포들, 많은 사람을 만나봤습니다. 그런데 남쪽에서 굉장히 큰 농장을 갖고 계시는 우리 교포 한 분을 만났어요. 우리나라에서 누구 그러면 대번에 알 수 있는 그분의 조카 되시는 분입니다.
그래서는 조용히 물었지요.
"선생님! 어떻게 미국에 오시게 되었습니까?"

이렇게 물었더니 어느 날 하나님 앞에 기도하면서 "내가 어찌해야 하오리까? 어디로 가오리까? 또 어떻게 살아야 하겠습니까?" 밤새도록 하나님께 기도하는데, 성경 말씀이 영감처럼 떠오르더래요. 그 말씀이 무엇인가 하면 히브리서 13장 14절이었습니다.
"우리가 여기는 영구한 도성이 없고, 오직 장차 올 것을 찾나니…"

그래서 마음으로 결심하기를
'영구한 도성과 같은 흔들림이 없는 미국으로 이민가야 되겠구나!'

그래서는 미국으로 이민을 갔어요. 그래서는,
"선생님, 미국에서 성공하셨는데, 선생님 얘기를 하면 많은 사람들이 알 정도인데 미국 생활을 하시고 보니까 영구한 도성이라고 지금 믿고 계십니까?"
"아니요! 아니요! 아니요!"

"아니요!" 소리를 3번을 연발합니다.

영구한 도성, 진동치 않는 나라, 여러분들과 저는 그것을 찾습니다.

진동치 않는 나라가 히브리서 12장에 있지요. 26절로 28절까지의 말씀입니다.

'그때에는 그 소리가 땅을 진동하였거니와 이제는 약속하여 가라사대 내가 또 한 번 땅만 아니라 하늘도 진동하리라 하셨느니라 이 또 한 번이라 하심은 진동치 아니하는 것을 영존케 하기 위하여 진동할 것들 곧 만든 것들의 변동될 것을 나타내심이니라 그러므로 우리가 진동치 못할 나라를 받았은즉 은혜를 받자 이로 말미암아 경건함과 두려움으로 하나님을 기쁘시게 섬길지니 우리 하나님은 소멸하는 불이심이니라'

- 2005년 3월 16일(수) 오전

스탈린과 크렘린궁 이야기

저는 모스크바를 여러 번 다녀왔습니다. 처음 갔을 때는 '내가 뭐 하려고 왔는가?' 6.25가 생각나고, 스탈린이 자꾸 생각이 나서 도무지 설교할 마음이 없더군요. 별로 잘 생기지 못한 것이 뭐, 큰 애국자라도 된 것처럼, 그런 일에는 예민해져서 혼자 가끔 화를 낼 때가 있었던 것입니다. 모스크바를 방문하여 구석구석 다 뒤져보고 하나하나를 다 찾아보려고 애쓰는 가운데 스탈린에 관해 지난날에 몰랐던 것을 새로 발견했어요.

스탈린은 목사 되기 위해서 준비하던 신학생이었습니다. 러시아 정교회의 사제가 되기 위해서 신학교에서 열심히 공부했습니다. 그런데 교수가 보면 공부하는 시간에 엉뚱한 책만 보고 있습니다. 강의는 듣지 않고 엉뚱한 생각에 사로잡혀 있습니다. 한 번 경고하고, 두 번 경고하다가 이 학생은 암만해도 사제가 될 자질이 없는 사람이다. 그래서 퇴학시키고 말았어요.

그가 소련연방의 최고 권좌에 오른 다음에 제일 먼저 한 일이 뭔 줄 아세요? 사제 1,000명을 사로잡았습니다. 이것을 250명씩 4등분을 했습니다. 250명은 굶겨 죽였습니다. 250명은 사나운 짐승이 뜯어먹게 했습니다. 250명은 총칼로 찔러 죽였습니다. 250명은 마당에 엎드리게 해 놓고는 탱크로 뭉개서 깔아 죽이고 말았습니다. 이런 잔인한 짓을 한 것입니다.

오늘날 크렘린 궁전에 들어가면 레닌 묘가 있어요. 무산자의 메시아, 소비에트의 아버지와 같이 존경받는 레닌을 잘 모신 묘가 있습니다.
제가 갔을 적에는 화학처리를 했는지 모르지마는 레닌의 시신이 금방 잠이 든 것처럼 안치되어 있었습니다. 바로 그 옆에 스탈린의 시신도 같이 안치되어 있었어요 그런데 브레즈네프가 권좌에 올랐을 때 "너는 레닌 옆에 누워있을 자격이 없다." 거기서 뽑아내서 묻어버리고 말았어요.

그런데 크렘린 궁전에 들어가면 놀라운 것을 발견할 수 있습니다. 모스크바 시 한가운데 크렘린 궁전이 있습니다. 크렘린 궁전 한가운데는 교회당이 있어요. 이 교회당을 중심으로 해서 궁전이 세워졌고,
교회당을 중심으로 해서 모스크바 시가 형성된 것입니다.
'야, 놀랍구나! 메시아 왕국을 그려보기 위해서는 이상적인 세상, 이상적

인 도시를 그려보기 위해서는 모스크바에 오지 않고는 다른 데서 찾아볼 수가 없겠구나!'

정말 감탄할 수밖에 없어 몇 번이나 살펴본 일이 있는 것입니다.

- 2005년 3월 16일(수) 저녁

세상 나라와 교회

해방 전에 주의 종들, 우리의 선배들이 전한 복음 아주 순수했습니다. 나쁘게 말하면 무식할 정도로, 우직할 정도로 너무나도 단순했습니다. 한마디로 표현하자면 '예수 천당'이지요. 그런데 하나님의 나라, 천국은 사라지고 요새는 세상 나라, 사회개혁, 땅에서의 정의 실현, 이것으로 뒤바뀐 감이 있어서 심히 염려스럽고 크게 경계가 되는 것입니다.

복음의 빛이 비치는 곳에 부수적으로 따르는 사회개혁! 교회가 교회다울 때 부수적으로 임하시는 하나님의 축복과 은사! 그것이 이 세상에 미치는 것은 당연합니다. 그러나 교회가 본연의 자세를 잃어버리고 본래의 사명을 저버리고 하나님의 나라가 세상 나라로 변하게 될 적에는, "세상 나라도, 교회로 말미암아 망하고, 세상을 위하는, 교회도 함께 망하느니라!" 그렇게 어리석은 짓을 다시는 하지 말아야 할 것입니다.

- 1986년 7월 8일(화) 저녁

때와 기한은 하나님께 있으니.

제가 지금 큰소리를 합니다마는 "이름이 어째 동태, 명태처럼 생겼냐? 너

금년 크리스마스 날 밤에 죽을 것이다."
내가 죽는 날을 딱 안다면 지금처럼 큰 소리로 설교할 것 같아요? 죽는 날을 안다면 맥이 탁 풀려서는 완전히 명태 되고 말 것입니다. 그것을 모르니까 큰소리치는 것이지요. 그래서 사람이란 참 우스운 것입니다.
제 어머니는 93세에 우리가 살피는 가운데, 자녀들이 지켜보는 가운데 하나님의 부르심을 받아 소천했습니다. 그런데 어머니가 70이 되기 전부터 건강이 좋지를 않았어요! 남편 노릇도 힘들고, 한 가정의 가장 노릇도 쉬운 것이 아닙니다. 몸이 약하시니까 여러 가지로 식구들에게 부담을 주고 상식에서 벗어나는 일들이 종종 나타납니다. 식구들을 달래고 믿는 사람답게 끝까지 부모를 공양하기 위해,
"어머니가 내일모레 70이요. 살면 얼마나 사시겠소! 우리가 열심히 봉양합시다. 주의 종이 말하고 행동하고 생활하는 것이 똑같아야 설교를 하지 않겠소! 아, 내일 모레가 70이요. 살면 얼마나 사시겠오. 잘합시다."

이 말을 할 때는 가만히 보니까 '많이 살아야 1년 내지 2년밖에 못 사실 것 같다' 그랬는데 93세에 돌아가셨어요. 그때로부터 25년을 더 사셨어요. 그때 만약에 "앞으로 25년 더 사셔, 잘해!" 그러면 아내가 기절했을 겁니다. 그것 숨겨둔 것도 복이더라고요. 한 날, 한 날을 그저 정성 들어서 어려움을 참으면서 그러다 보니까 25년이 지났어요. 93세에 돌아가시데!

하나님은 때로 장래 일의 시간을 우리의 유익을 위해 숨기셨습니다.
"그 년 월 일 시에 이르러"

- 1996년 11월 3일(수) 저녁

청맹과 은자

성령과 은사

성령이 함께 하시는 두 사람 이야기

아주 오래된 얘기입니다.

근 40년 전쯤의 일로 기억합니다.

우리나라에서 가장 큰 교단의 총회장님이 새벽 이른 시간에 저를 자기 가정으로 불렀습니다.

여러 가지 얘기를 하다가

"김 선생! 김 선생한테는 이런 영적 체험이 있나?"

"말씀하시지요…"

"이상해! 우리 교회는 말이요. 귀신같은 집사가 둘이 있어. 하나는 남자고 하나는 여자, 어쩌면 그렇게 귀신같은지 몰라! 어떤 때는 주일날 대 예배 설교를 하기 위해서 설교준비를 열심히 하고 '하나님이여 준비한 말씀에 성령의 기름을 발라 주십시오. 준비한 말씀을 강단에서 선포할 때 하나님의 성령이 나와 함께 하여 주시옵소서!'"

열심히 준비하고는 강단에 서서 설교를 하는데, 준비했던 말씀보다는 넘치도록 새로운 말씀이 쏟아져 나오기 때문에 성령께서 나를 사로잡아 설교하면서도 본인이 은혜를 받고 본인도 놀랄 때가 있다는 것입니다. 예배를 마치고 현관에서 돌아가는 성도님들과 악수 할 때면

"목사님! 은혜 많이 받았습니다. 오늘 설교 말씀이 없었더라면 나는 죽을 뻔했습니다. 일주일 동안 고민하고 어려웠던 무거운 짐이 싹 사라졌습니다. 목사님 은혜받았습니다."

그리고는 다들 돌아갑니다.
그날 저녁 때쯤 되면 대문을 똑똑 두들기면서
"목사님 계십니까?"
'어, 귀신 집사 왔구나! 뭐 하려고 왔나!'

대문을 열고 들어올 때 보면 작은 보따리를 들고 들어와서는
"목사님!
오늘 은혜 많이 받았습니다. 목사님 얼마나 피곤하세요? 피곤할 때 이것을 좀 드십시오."
"보따리보다는 하고 싶은 말 좀 빨리해!"
"목사님! 나는 오늘 낮 시간에 목사님 혼자 설교하시는 줄 알았는데요. 목사님 설교하실 때 '하나님이 종과 함께 하시고 말씀에 성령의 능력이 함께 하셔서 듣는 우리 모두가 은혜받게 해 주십시오.' 기도하는 마음으로 강단을 가만히 바라봤더니 목사님 옆에 예수님이 딱 서 계시는데 하늘이 환히 열렸어요. 비둘기가 교회당 안에 수십 마리가 날아다니는 것 같고 각 사람의 심령들마다 빛이 비취는 광경을 보았습니다. 목사님이 혼자 강단에 계시는 줄 알았더니 예수님이 옆에 서 계시던데요. 그래서 내가 은혜 많은 줄로 알았습니다."
'야, 귀신같구나! 저런 눈은 왜 내게는 없을까?'

"또 철도국에 다니는, 서울역에 철도 공무원으로 다니는 남자 집사가 있어."

목회를 하다 보면 답답하고 어렵고 사람의 힘으로 풀 수 없이 꼬이고 헝클어진 그런 문제로 시험에 든 형제들이 있습니다. 심방을 가면서 성경 찬송을 들고 서울역광장 앞으로 지나갑니다.

"하나님 가나 마나 뻔합니다. 누구도 해결 못 합니다. 누구도 이 실타래가 헝클어진 것은 풀지를 못합니다. 그러나 목사이기 때문에 갈 수밖에 없습니다."

기도하면서 무거운 발을 이끌고 심방을 가는데 심방 갔더니 이상해요. 이상하게 풀렸어요. 이상하게 문제가 해결됐어요. 이상하게 심방 갔던 보람이 있었어요. 기쁨이 충만하고 집사의 온 가정이 회개하고 눈물의 바다를 이루어서 그 가정이 크게 변화되는 것을 보았다는 것입니다. 아니나 달라요. 밤중에 대문 두들기는 소리가 납니다.

'어느 귀신인가? 여자 귀신인가? 남자 귀신인가?'
"목사님 접니다."
"아 남자 귀신이로구나! 들어와!"

또 보따리를 들고 왔어요. 예의를 깍듯이 갖추어서
"이것 드시지요. 목사님 피로하실 때 필요한 것 같아서 가져왔습니다."
"말부터 해! 왜 왔어?"
"목사님 심방 가셨지요?"
"그것을 어떻게 알았어?"

"심방 결과가 좋았지요?"

"그것을 어떻게 알아?"

"제가요 서울역 안에 있는 사무실에서 열심히 일을 하다가 갑자기 볼일이 있어서 서울역광장으로 나왔는데 목사님이 저만치 걸어가시더군요. 머리를 탁, 떨어뜨리고 무거운 발걸음으로 성경 찬송 들고 가시는데 심방 가시는 것이 분명했습니다.

'하나님 우리 목사님 왜 저렇게 피곤합니까? 왜 저렇게 발걸음이 무겁습니까? 무슨 일이 있어서 어느 집으로 심방 가는 것입니까? 주의 종이 어려움 때문에 고통을 받는다고 생각하니까 가슴이 찢어지는 것처럼 아프게 느껴져서 기도하는 마음으로 가만히 지켜봤더니 목사님이 혼자 심방 가는 것이 아니라 오른쪽에 천사가 서 있고, 왼쪽에 천사가 있고, 천사의 옹위를 받으면서 목사님이 심방 가시는 것을 보았습니다. '하나님이 동행하시면 천군 천사를 동원시키신다. 하나님이 주의 종과 함께하시면 결과는 좋은 것이다. 물어보나 마나 결과는 좋았을 것이다.' 저는 그렇게 믿고 찾아왔습니다. 좋았지요?"

"아무개 집사 정말 귀신이로구나!"

'주께서 바울 곁에 서서'
여러분들 내 마음이 약할 때, 힘을 잃었을 때, 만신창이 되었을 때, 사람이 내 얼굴을 바라보면서 침을 뱉을 때, 가까운 친구들도 거리를 두고 자기를 멀리할 때, 외로워하지 마십시오! 알파와 오메가 되시는 주님, 약하고 부끄럽고 힘을 잃었을 때도 떠나지 않고 우리 곁에 함께 계십니다.

- 1995년 11월 7일(화) 저녁

신령한 은사를 잃어버린 배도한 처녀

제가 전에 지리산 깊은 산 중에서 농촌사역을 할 때입니다. 참 신기한 은사를 받은 처녀 하나가 있었습니다.

어느 날 저녁에 제게 찾아오더니
"선생님! 선생님 집에 오늘 손님이 다녀가셨지요?"
"얼굴은 이렇게 생기고 키는 이만하고 선생님과 주고받은 얘기의 내용은 이것이지요?"

그 말을 듣고 깜짝 놀라면서
"너 문 밖에서… 너 문 밖에서 나도 모르게 엿보고 있었느냐?" 물어봤더니
"아니요! 우리 집에서 일을 하다가요 선생님 지금쯤 뭐 하실까 선생님 계시는 곳을 바라보고 있는데 어떻게 생긴 사람, 키가 어느 정도의 사람이 선생님을 만나더니 반갑게 들어가서 이런저런 얘기하는 것을 제가 먼 데서 보고 들었지요."
'이것이 귀신이냐? 사람이냐?'

제가 있는 곳에서 멀리 떨어진 마을에 있는 순박한 시골 처녀의 얘기입니다. 기도 생활을 참 열심히 했습니다. 그 아버지는 면내에서 이름 있는 인사였습니다. 이 여성이 예수 처녀로 소문이 났습니다. 어느 날 그 집 돼지가 병이 났습니다.

동네 사람들이 비웃으면서
"야, 예수 믿는 집에도 돼지가 병나냐?"
"예수 처녀 집에도 병나냐?"

자꾸 예수를 들먹거리는데 그대로 있을 수가 없습니다. 그래서 돼지 간에 가서 돼지우리 안에 있는 돼지 붙들고 기도할 수는 없고 사람들이 지켜보고 있으니까 막대기를 가지고는 병들어 끙끙 앓고 있는 돼지를 쿡 쑤시면서
"됐다!"

그랬더니 돼지가 벌떡 살아났어요. 그 정도의 처녀였습니다. 그가 아마 살아있다면 이스라엘의 선지자 엘리사처럼 굉장했을 것입니다. 그렇게 그 처녀가 열심으로 예수 잘 믿는다는 소문이 면내에 자자하게 퍼졌습니다. 그런데 그의 아버지는 예수를 믿지를 않습니다. 면에 무슨 회의가 있어서 아버지가 찾아갔는데

면장도 그렇고, 면의 유지들이,
"자네 딸 예수한테 미쳤다면서, 자네 딸은 예수밖에 모른다면서… 자네 집에 어떻게 예수쟁이가 있을 수가 있나?"

이러면서 흉보기 시작했습니다. 거기에서 얼마나 상처를 많이 받았던지 네가 죽지 않으면 내가 죽자 단단히 각오하고는 집에 돌아왔습니다.

약봉지 하나를 들고는 그 딸에게 말합니다.
"너 여기 앉아라! 너 예수 안 믿는다면 내가 살고 너 지금처럼 예수한테 미쳐서 신앙을 고집한다면 나 이것 먹고 죽을란다."

평소에 그렇게 딸을 사랑하던 아버지가 눈물을 보이면서 약봉지를 손에 들고 예수 믿지 말라고 강요를 합니다. 어떻게 사람으로서 예수 믿을 것이라고 말할 수가 있겠습니까? 믿는다고 말을 하면 아버지가 약 먹고 죽을 것인데 그 처녀의 고통이 얼마나 컸겠습니까?

본의가 아니었는지 모르겠습니다마는
"아버지 그러면 오늘부터 예수 안 믿을게요!"

그렇게 대답을 했습니다. 그 순간에 그 은사가 싹 사라지고 말았어요. 그가 그대로 컸더라면 오늘날 한국교회를 위해서 절망 중에 빠져 있는 이 민족을 위해서 얼마나 훌륭하게 봉사할 수 있었겠습니까?

마태복음 10장 34절-39절 말씀입니다.
'내가 세상에 화평을 주러 온 줄로 생각지 말라 화평이 아니요 검을 주러 왔노라 내가 온 것은 사람이 그 아비와, 딸이 어미와, 며느리가 시어미와 불화하게 하려 함이니 사람의 원수가 자기 집안 식구리라 아비나 어미를 나보다 더 사랑하는 자는 내게 합당치 아니하고 아들이나 딸을 나보다 더 사랑하는 자도 내게 합당치 아니하고 또 자기 십자가를 지고 나를 좇지 않는 자도 내게 합당치 아니하니라 자기 목숨을 얻는 자는 잃을 것이

요 나를 위하여 자기 목숨을 잃는 자는 얻으리라'

- 1998년 3월 10일(화) 새벽

아이고 오마니!

만 40년 전에, 정식으로 부흥사로서 첫 집회를 인도할 때의 일입니다. 그때는 제가 전도사도 아니고, 목사도 아니고, 박사도 아니고 뭐 내놓을 만한 타이틀이 하나도 없던 시절입니다.

삐쩍 마른 명태 같은 사람이 강단에 섰는데, 저를 초청해 주신 그 교회 목사님은 중국 북경대학을 나오신 아주 권위 있는, 또 생각이 깊은 그런 어른이었습니다. 목사님이 강사 소개를 얼마나 잘 하셨던지 신자들이 큰 기대를 가지고 강단을 바라보는데, 강사가 강단에 서는 모습을 보고 '명태처럼 생겼구나!' 대번에 실망한 눈치입니다.

그래서 성경 본문 말씀을 읽어놓고 설교를 암만 해봐야 받아들여질 것 같지 않아서는

"여러분들 회개해야 은혜받습니다. 회개해야 말씀을 깨닫습니다. 여러분들 다 같이 회개 기도하십시다."

그때는 의자 놓고 앉는 때가 아닙니다. 마룻바닥이었고, 좀 있는 교회는 방석을 깔고, 없는 교회는 맨바닥에 앉을 때입니다. 그리고 통성기도가 시작되었는데,

아, 남자 반에서 황소만한 사람이 뒤로 나가떨어지더니
"아이고 오마니! 아고매 사람 죽어라"

그리고 뒹굴면서 발을 구르고 두 손으로 마룻바닥을 치면서 뒹굴기를 시작하는데, 기도하는 분위기가 엉망진창이 되고 말았어요.
'본래 저 짓 하는 사람인가?'

정신병이 있어서 발작을 하는 줄 알았어요. "아이고 오마니"라고 얼마나 난리를 쳤던지 그날 밤은 그분 때문에 집회를 죽 쑤고 말았습니다. 왜 그랬느냐고 나중에 물어봤더니 "회개해야 은혜받습니다. 기도하십시다." 이 말이 강사 입에서 떨어졌는데, 강단에서 큰 불덩이 같은 것이 자기에게 확 달려들었다는 것입니다. 불에 의해서 쓰러진 후 회개하지 않고는 견딜 수가 없고 얼마나 터져 나오는지 이것을 조목조목 다 말할 수가 없어서 "아이고 오마니!" 그러면서 뒹굴었는데 지금은 훌륭한 목사님이 되셔서 우리 성산수도원 성회를 늘 정성껏 돕고 있습니다.

- 1998년 3월 11일(수) 저녁

목 비틀지 말고 권능을 받자

어느 교회 목사님과 제가 그 교회 집사님과 함께 심방 갔던 일이 있습니다. 심방 마치고 나오는데 남자 집사님이요 어느 학생을 붙잡고 어떻게 목을 짓누르고 흔들어대는지
"목사님! 저러다가 목 부러지지 않을까 걱정이네요. 나중에 그러다 목 부러지면 어떻게 하려고 그럽니까?"

그러자 그 목사님 하시는 말씀이
"능력 없으니까 잡아 비틀어나 봐야지요"

그것 가지고는 안 돼요! 마귀가 비웃습니다. 하나님께서 복음 전하라고 보내는 제자들에게, '병든 자를 고치며, 죽은 자를 살리며, 문둥이를 깨끗케 하며, 귀신을 쫓아내는,' 권능을 주어서 보내신 것입니다.

- 1999년 3월 9일(화) 저녁

지혜와 계시의 영을 받지 못한 사람

저 이번에 모스크바에 가서요, 스탈린에 대한 얘기를 좀 더 자세히 들을 수가 있었습니다. 스탈린은 신학생이었습니다. 러시아 정교회의 신학교에서 신학공부를 하던 청년이었습니다.

정교회 신학에서 교수가 스탈린을 가만히 살펴보았더니 그 공부하는 시간에 다른 책을 열심히 보고 있습니다. 그래서는 한 번 불러다가 책망을 했습니다. "예, 이제는 공부를 열심히 하겠습니다."

그 다음 또 교수시간에 가만히 살펴봤더니 스탈린이 신학공부는 하지 않고 다른 공부만 열심히 하면서 강의는 듣지를 않습니다. 두 번 엄하게 경고를 했습니다. 그래도 고치지 않으니까 신학교에서 그만 퇴학시켜 버리고 말았습니다.

훗날 스탈린은 정교회 사제들 천 명을 죽였습니다. 그때의 분풀이로 그런 일을 했는지 모릅니다. 1/4은 칼로 찔러 죽였습니다. 1/4은 짐승들을 동원해서 물어뜯어 죽였습니다. 1/4은 총으로 쏴 죽였습니다. 또 1/4은 탱크로 깔아뭉개 죽였습니다.

왜 그가 그런 악인이 되었습니까?

신학생이 왜 그렇게 되고 말았습니까?

신학교에 다녔지만, 신학공부는 했지만, 성경을 날마다 대면하는 생활을 했지만, 지혜와 계시의 영을 받지 못한 것입니다.

성령의 감동으로 된 하나님의 말씀은, 성령께서 감동하사 우리를 조명하실 때 진리의 성령이 우리를 진리 가운데로 인도하실 때, 비로소 말씀이 밝아지고 깊이 깨닫고 확신에 이르게 되는 줄로 믿습니다.

- 2000년 7월 4일(화) 오전

두 가지가 있어야 합니다.

옛날에는 집회를 한번 한다 하면 십 리, 이십 리, 혹은 오십 리, 백 리에서도 보따리, 보따리 싸 짊어지고 모여들었습니다. 밤새도록 비에 젖은 몸을 가지고 추위에 떨면서도 물러설 줄을 몰랐습니다. 오늘날과 같이 따뜻한 음식을 먹으면서 은혜를 받았던 것이 아닙니다. 금식하면서 썩음썩음한 꽁치에 그저 주먹밥 몇 덩어리씩을 억지로 삼켜 넘기면서 은혜를 받기 위해서 얼마나 수고들을 많이 했습니까?

오늘날에는 어디에 가든지 그만한 열심, 그 뜨거운 마음들을 찾아보기가 어려운 때가 아니겠나 싶습니다. 두 가지(진리운동, 성령운동)가 있을 때, 없었으나 살게 되었고 크게 있는 오늘의 결과를 가져왔습니다.

연대별로 분석을 해서 데이터를 한번 내 보시기 바랍니다. 한국교회가 언제까지 놀랍게 성장을 거듭했느냐? 한국교회가 언제부터 약간 주춤하기 시작했느냐? 한국교회가 언제부터 큰 발전이 없이 그저 현상 유지를 하게 됐느냐? 한국교회가 이대로 나가면 앞으로 몇 년 후에는, 언제부터는 내리막길로 내려가지 않겠느냐? 그런 것을 여러분들이 발견할 수가 있습니다.

경제적인 성장이 언제부터 일어나서 언제까지 지속됐느냐? 허리띠 졸라매고 주린 창자 채울 길이 없어 애를 쓰면서도 오직 하나님만을 구하던 이 백성들이 언제부터 배불리 밥을 먹으면서 입술에 기름기가 번질하도록 잘 먹는 백성이 되어 우리의 생활이 향상됐느냐 하는 것도 한 번 검토해보시기를 바랍니다. 그러면 명확한 대답이 거기에서 나오는 것입니다.

"두 가지(진리운동, 성령운동)가 머물러 있으면 없어도 살게 되고, 두 가지가 머물러 있지 아니하면 있어도 못 살게 되느니라!"

- 1989년 3월 14일(화) 새벽

두 가지가 있습니까?

지난 날 6.25의 폐허 속에서, 절망적이고 암담했고 눈물겨웠던 그 자리에서, 두 사람만 모여도 민족제단, 신앙의 동지들이 골방에 모여도 민족제단, 교회나 골방이나 산이나 들이나 기도소리가 부르짖는 성도의 외침소리가 그치지 않았습니다.

그때 말한 것은 두 가지였지요. 성령운동이다, 진리운동이다, 심령부흥운동이다, 이와 같이 불렀습니다. 방언 말하고 병이나 고치는, 환상보고 꿈을 꾸는 그런 운동이 아니라 순수한 복음 진리를 바로 증거하기 위해서 역사했습니다. 진리와 함께 성령의 충만하심과 신령한 은혜의 역사가 넘쳐 흐르게 될 때 우리나라에서 세계가 놀라게 되는 큰 경제적인 발전, 동서가 화해하는, 서로서로 손에 손잡고 담을 넘어서 세계가 함께 잘 살아보자 하는 그런 큰일도 거뜬히 치러낼 수가 있었습니다.

아무것도 없는 폐허 속에서 하나님의 말씀과 성령의 역사를 통해서 신령한 부흥의 역사를 통해서 하나님의 영광이 나타났고 큰 축복을 받을 수가 있었습니다.

그렇게 이루어진 나라, 그러한 축복을 받았던 이 땅이 지금 '이가봇'(삼상 4:21, 영광이 이스라엘에서 떠났다)이 가까운 것 같습니다.

왜 그렇게 됐습니까?
여호와의 말씀이 희귀하며, 이상이 흔하지 않기 때문에 이러한 결과를 가져오는 것 같습니다. 어떻게 하면 '이가봇'이 변하여 '영광이 크리라'(학 2:9)가 될 수 있습니까? 어떻게 해야 다시 새로워지는 이 축복을 받을 수 있게 되겠는지 여러분들 생각해 보시기를 바랍니다. 이 사무엘서의 교훈의 말씀은 따지고 보면 간단합니다.
"말씀과 성령이 충만하면 살고 복을 받으며
말씀과 성령이 메마르면 실패하고 저주를 받는 것이다."

이것이 사무엘서가 우리에게 강력하게 경고하고 교훈하는 말씀입니다.

- 1989년 3월 14일(화) 저녁

성령께서 주시는 은사

제가 국민학교, 그때는 소학교입니다마는 학교에서 돌아올 때 시험지 100점짜리를 들었을 때는 가방에 넣지도 않고 손에 들고 왔어요.
똘똘 말아서 손에 들고 와서는 대문 박차고 들어가면서 "아버지~!" 하고 내놓

왔어요. '이것 보고 돈 하나 내놓아라 엿 사먹을란다.' 그런 뜻이지요. 그리고 성적이 나쁠 적에는 꼬깃꼬깃 접어서는 생 가방 뚫어서 부모님이 찾아내지 못하도록 잣대로 콕콕 쑤셔 넣어 숨겨가지고 몰래 들어왔어요.

자신있게 "아버지~!" 그리고 들고 들어오면 "어~! 돈 먹으려고 달려드는구나!" 그것을 알고 다 미리 준비하시는 모양입니다.

그런데 그 아버지가 어느 날 성경 보고 감격해서 눈물을 흘리면서 기도하는 가운데 "야~! 나 어제 꿈 가운데 예수님이 이렇게 나타나셨어!" 하십니다. 그래서는, '우리 아버지는 봤는데 나는 왜 못 봐. 나도 봐야지' 길 걸어가면서 한참 봅니다.

그러다가 버스가 지나가면서 반사되는 햇볕 때문에 앞에 있는 유리창이 번쩍하면 '예수님 나타났나?' 이러면서 보려고 했네요. 그런데 암만 봐도 난 다래끼만 나지 무엇 보이는 것이 없어요.

그러나 마음으로 믿는 것은 '어느 날엔가 내게 필요하다면 성령으로 감동하실 때 하늘 보좌를 바라보게 될 것이다.' 또 나처럼 까다롭고 따지기를 좋아하는 사람에게는 보여주기 시작하면 엉뚱한 방향으로 탈선할 염려가 있으니까
"야! 성령에 감동하심을 입은 사람들이 보고 기록한 말씀을 너는 성령의 은혜를 힘입어 깨닫고 그 감격에 동참하고 그 믿음에 굳게 설 수 있도록 네게는 이같은 은혜를 베푸니까 실망하지 말아라! 너희 아버지처럼 지나 다니면서 번쩍하는 것 보려고 그러지 말아라!"

아마 그래서 내게는 다르게 주시는 것 같아요! 저의 아버지 세상 떠나기 며칠

전에 "얘! 이상해, 기도하는데 예수님이 나타나셨어! 사흘쯤 있으면 내가 죽을 것 같다." 그러십니다.

그때 '사탕 사 먹으라고 돈은 안 주고 죽는다는 소리만 해. 자기 죽으면 내가 겁나나?' 그랬는데 돌아가시데요. 그때 내가 철이 좀 들었으면 내 태도가 달라졌을 텐데… 그저 아버지 대하는 것이 돈 안 주나?, 사탕 사 먹으라고 뭐 안 주나? 뭐 그것만 생각했기 때문에 자기 죽으면 겁나나? 그랬는데 돌아가시고 말았어요.

제 아버지는 은혜를 많이 받으셨던 어른인 것 같습니다. 내게도 그런 은혜를 주시면 좋겠는데
"너는 보기 시작하고 봤다 느꼈다 하면 탈선할 위험성이 많아! 네게도 성령의 은혜를 부어 주는데 이미 보고 느낀 계시 받은 사람이 쓴 하나님의 말씀을 깨달을 수 있도록 같은 실감을 느낄 수 있도록, 같은 은혜에 잠길 수 있도록, 내가 네게는 이러한 은혜를 준다."

그러시는 것 같아요. 이제 알아보니까 제가 좀 안정성이 있는 것 같아요. 자꾸 보려고만 하지 말고 보여주신 것, 이미 기록하신 것을 성령의 도우심을 힘입어 같은 은혜와 확신에 동참할 수 있기를 바랍니다.

- 1980년 7월 11일(화) 오전

마귀

মগ্ন

마귀

오늘날 마귀의 전략

애굽과 가나안만이 아니라 세상 모두가, 세상 모든 거민이 이 세상 풍속을 좇고 공중의 권세 잡은 자를 따르고 있습니다.

요즈음에 4가지 흐름이 있습니다
① "신은 없다"(無神論)
② "신은 죽었다"(死神論)
③ "신은 필요치 않다"(神無用論)
④ "사람이 곧 신이다"(人間神論)

이 같은 생각은 4차원에 있는 마귀가 불어 넣어준 것입니다. '요가'(Yoga)는 '우주의식을 자각한다', '우주의 근본과 통한다'는 정신으로 만들어진 것입니다. '초월명상'의 영적 배경은 창세기 3장의 '선악과를 먹으면 하나님과 같아진다'는 사상과 통하고 있습니다. 우리는 마귀의 궤계를 파헤쳐야 합니다.

- 1985년 3월 13일(수) 새벽

주님은 반드시 오십니다.

"재림이라면 지겨워요!"
"종말론이라면 치가 떨려요!"

하는 사람들이 있습니다. 마귀란 놈은 일석이조란 말처럼 묘하게 작용하는 것 같아요. 오늘의 경건한 성도들과 하나님의 교회로 하여금 예수님의 재림을 사모하지 못하도록, 사모하지 않도록 시한부 종말론을 통해서 아주 탕을 치고 있습니다. 어떤 교회 여전도회에서는 예수 재림 촉진 철야기도회를 했다네요. 빨리 오시라고요. 그렇게 오시는 것이 아니지요.
"성경에 예언된 말씀대로 모든 과정을 착실하게 거친 후에 하나님만이 아시는 그 한 날에 예수는 오시리라"

- 1992년 11월 11일(수) 저녁

능력을 가진 채 타락한 자, 마귀

여러분들 이 다음에 제자들을 좀 키워 보십시오. 무능하기 짝이 없고 순종만 하는 사람은 잘 자라날 때도 신경 쓸 일이 별로 없어요. 이 사람이 배신하고 타락해도 크게 염려 할 것이 없어요. 그런데 능력 있고, 스케일이 크고, 바라보는 이상이 높고, 행동력이 큰 사람들을 키울 적에는, '야~ 나라 하나 떼어 맡겨도 되겠구나! 지구상에 있는 어느 지역 하나를 맡아도 거뜬히 혼자 해낼 수 있겠구나!'

큰 기대를 가지고 바라보면서 있는 힘 다 기울여서 제자 하나 키우려고 애를 씁니다. 좋은 방향으로 나갈 때는 그런 것입니다. 그러나 스케일이 크고 그만한 능력과 행동력 있는 사람이 믿음에서 타락하여 배신하게 되면 그 스케일, 그 능력, 그 행동력을 가지고 하나님께 반항하고 스승을 배반하고 동료들을 괴롭히고 하나님의 교회를 어지럽히는 그런 사례가 많은 것입니다. 타락했다고 해서 스케일이 작아지는 것도 아니고, 능력이 없어지는 것도 아닙니다.

마귀는 본래 이러한 존재였습니다. 거룩하게 선하게 하나님 앞에 봉사할 때 얼마나 영광스럽고 아름답고 고귀했습니까? 이 능력 스케일에 강한 행동력, 무서운 욕심 그것을 발휘함으로 하늘에서 찍혀서 타락하여 빛나는 계명성이 루시퍼, 마귀로 전락하고 말았습니다. 이것을 그대로 가지고, 이 능력을 그대로 가지고, 이 지혜 그대로 가지고 타락하고 말았습니다. 우리의 싸움의 대상이 이러한 존재입니다.

- 1995년 7월 12일(수) 오전

마귀를 찌르신 예수

저는 지금까지 멸치를 잘 먹지를 않습니다. 어렸을 때는 멸치를 그렇게 잘 먹었습니다. 초등학교 다닐 때 어머니가 멸치 반찬 맛있게 구수한 냄새가 물씬 나도록 다 싸주셨는데 아, 점심 먹는 시간에 옆에 있는 친구들이 달려들어서 "형태가 가져온 반찬이 맛있더라!" 그래서는 서로 멸치를 집어 먹는 바람에 뺏기지 않으려고 제대로 씹지도 않고 멸치를 삼켰어요. 그것이 체하는 바람에 얼마나 고생했는지 그 다음부터는 멸치 냄새만 나도 머리가 아파요. 멸치 보기만 해도 기분이 나빠요. 그래서 지금까지 멸치를 잘 먹지 않습니다.

마귀란 놈이요 광야에서 예수님한테 꽉 찔려버렸어요. 그때부터 예수라면 깜짝 놀라요. 자기도 모르게 진땀이 납니다.
"예수는 광야에서 용을 찌르셨느니라!"

- 2002년 3월 13일(수) 저녁

복숭아 몽둥이와 마귀

귀신은 여러분들이 때려죽일 수 없습니다.

제가 전에 충청도 예산에서 집회를 인도할 때입니다. 강사가 설교를 하다가 다른 곳을 바라보고 얘기를 하면 저쪽에서 몽둥이를 가지고 옆에 있는 사람을 탁 때립니다. 찬송 부르는 중에 제 얼굴이 가려지면 그 사이에 탁 소리가 나서 보면 몽둥이로 또 때렸어요. 나중에 알아봤더니 어느 목사님인데 자기 교회 신자가 귀신들렸어요. 귀신은 복숭아 몽둥이를 제일 무서워한다면서 동쪽으로 뻗은 가지인가 서쪽으로 뻗은 가지인가를 잘라서 몽둥이를 만들어서는 그 몽둥이로 패야만 귀신이 무서워서 달아난다네요. 그래서 예배가 거의 다 끝날 무렵이 돼서 이렇게 권고했습니다.
"목사님! 왜 신자들을 함부로 때립니까? 사람의 몸에는 급소라는 것이 있어서 혈을 잘못 찌른다든가 급소를 함부로 건드리면 별것 아닌 것에도 사람이 죽는 수도 있고, 또 사람이 못쓰게 되는 수도 있습니다. 왜 몽둥이로 때리십니까?"

그랬더니 그분 하신 이야기가,
"귀신을 쫓아내는 것은 어느 쪽으로 뻗은 복숭아 몽둥이 외에는 없습니다. 그래서 강사님이 설교하는데 지장이 될까 봐 이쪽을 안 볼 때 한 번 팼고 또 안 볼 때 팼습니다."

신자를 얼마나 사랑하고 귀신들린 것을 고쳐보려고 애를 쓰셨으면 그 부흥 집회 장소에 데려와서는 그렇게 잡아 팼겠어요? 하지만 그렇게 귀신이 쫓겨 가지는 않습니다. 그런데 요새 귀신 박멸하는 권세를 받은 사람이 또 나왔어요. 그 사람이 각 교회에 책자 한 권씩을 다 보냈더군요. 어리석은 짓들 하지 마세요! 복숭아 몽둥이로 팬다고 없어지지 않습니다.

귀신은 아무리 권능 있는 사람이 패도 때가 되기 전에는 없어지지 않고 죽지도 않아요. 마귀와 귀신이 제일 두려워하고 무서워하는 존재가 있다면 여자의 후손으로 자기의 백성을 구원하시기 위하여 세상에 오신 예수 그리스도 한 분뿐이신 것입니다.

- 1987년 3월 10일(화) 저녁

사단의 깊은 것을 알자

열심 있는 교회, 충성스러운 하나님의 사람들이지마는 사단의 궤계를 잘 알지 못하므로 마귀에게 속아 그 날까지 수고와 거룩하게 쌓아 올린 것을 무너뜨려 버리는 분들이 있는 것을 봅니다. 제가 금년에 부흥사로 일을 시작한 지 만 30년이 됐습니다.

그 동안에 수많은 사람, 각계각층의 많은 인사들, 또 영계의 이상야릇하고 맘 상하게 하는 친구들, 또 건진하고 충성스럽게 돌 하나 하나를 차근차근히 쌓아 올리면서 큰 집을 짓고 있는 사람들, 수많은 사람을 경험했다고 말할 수 있겠습니다. 제가 그 동안에 많은 사람을 접촉하는 가운데 때 묻지 아니한, 태어난 그대로를 간직하고 있다고 보이는, 아주 순진하고 순박한 사람을 만나 본 일이 있습니다.

대전 어느 교회에서 제가 새벽 오후 밤, 또 후 집회까지 인도하고 그분은 낮 시간에 성경을 강론했습니다. 그렇게 때 묻지 않고 순수한, 또 그렇게 겸손한 아주 충성스러운 사람을 보지 못했습니다. 그런데 그분이 영적으로 한 번 미혹을 받으니 그 다음부터 꽤 돌아가는데 계룡산으로 자리를 옮기고 혼음 사건들을 연발하다가 마침내는 물에 빠져서 죽었어요. 그것도 부활극을 연출하려고 약을 과용해서 죽어 버렸다는 후문이 있는 것입니다. 정통신학을 한 사람입니다. 그렇게 충직한 사람을 다시 보기 어려울 정도입니다. 영적인 미혹이라는 것은 그렇게 무서운 것입니다.

그런데 계시록 2장을 보시면 다른 것은 나무랄 것이 없는데 다른 것은 이 교회에 부족한 것을 하나도 찾아볼 수가 없는데 사단의 궤계를, 사단의 깊은 것을, 사단의 비밀을 알지 못하므로 크게 책망받은 교회가 있습니다. 두아디라 교회지요.

'그러나 네게 책망할 일이 있노라 자칭 선지자라 하는 여자 이세벨을 네가 용납함이니 그가 내 종들을 가르쳐 꾀어 행음하게 하고 우상의 제물을 먹게 하는도다 또 내가 그에게 회개할 기회를 주었으되 그 음행을 회개하고자 아니하는도다 볼지어다 내가 그를 침상에 던질 터이요 또 그로 더불어 간음하는 자들도 만일 그의 행위를 회개치 아니하면 큰 환난 가운데 던지고 또 내가 사망으로 그의 자녀를 죽이리니 모든 교회가 나는 사람의 뜻과 마음을 살피는 자인 줄 알지라 내가 너희 각 사람의 행위대로 갚아 주리라 두아디라에 남아 있어 이 교훈을 받지 아니하고 소위 사단의 깊은 것을 알지 못하는 너희에게 말하노니 다른 짐으로 너희에게 지울 것이 없노라'(계 2:20-24)

- 1998년 7월 13일(수) 오전

은혜로 다 된다(?)

요단을 건너 그 땅에 들어서기만 하면 저절로 그 땅이 이스라엘 자손들의 땅이 되는 것입니까? 큰 싸움을 일으켜 싸워 이기고 빼앗아 기업을 얻고 안식의 복을 누리는 것입니다. 호랑이에게서 이를 빼고 발톱을 잡아 뽑아버리면 호랑이 구실을 못 하지요.

사단의 간교한 술법으로 말미암아 오늘날 열심 있는 성도들과 경건한 믿음의 사람들의 발톱을 뽑아버리려고 하는 사단의 교묘한 술책이 많이 드러나고 있는 것을 봅니다.

그들은 이렇게 말합니다.
"가만히 있어도 은혜로 다 되는 것이다. 예수님이 우리 대신 다 싸우셨고 고난받으셨으니 우리는 싸우지 않아도 고난받지 않아도 다 저절로 되는 것이다"

발톱 빼고 이를 다 빼서 세상에 쉽게 쓰러지도록, 간악한 무리들이 하나님의 교회와 주의 성도들을 마음대로 잡아 흔들 수 있도록, 적그리스도가 나타나는 그날에 쉽게 굴복하여 그 앞에 엎드러지도록 이런 방법으로 하나님의 교회를 농락하고 있는 것을 우리가 주시해야 합니다.

- 1991년 3월 11일(월) 저녁

피 흘리기까지 싸우라!

참 이상하지요? 회개합니다. 버립니다. 떠납니다.
"다시는 그리 안 할 것입니다."

울고 불고 몸부림치고 애를 쓰면서도 그것을 손에 움켜쥐고 멀리 밀어놓은 것뿐이지 손에서 던져 버리지는 않아요. 그러다가 미는 힘이 약해지면 슬슬 기어 들어와요. 그리고 나를 다시 사로잡는 것입니다.

데살로니가 교회와 고린도 교회의 차이가 여기 있습니다. 데살로니가 교회는 버리고, 돌아와, 하나님을 섬겼습니다(살전1:9). 그러나 고린도 교회는 주의 잔과 귀신의 상을 겸하여 마셨어요(고전10:19-20). 그래서 그 가정에 그 심령 속에 그 교회에 시험이 그치지를 않았어요.

"마귀가 틈을 탈 수 있는 요소, 다시 시험의 올무에 빠질 수 있는 위험한 요소, 끊어 버리자! 원수가 되자! 피 흘리기까지 싸우자!"
그래야 하지 않겠습니까?

- 1991년 7월 9일(화) 새

성경

복과 참 복을 바로 분별하라!

신구약 성경 전체는 하나님을 찾는 자들에게 어떤 더 좋은 참 복을 주시는가를 말씀하고 있습니다. 좋은 것(복)과 더 좋은 것(참 복)을 구분하지 못하면 마귀의 시험에 빠지기 쉬운 것입니다.

- 1982년 3월 16일(화) 오후

한 눈으로 본 서울 그림

감리교 장로님 가운데는 한국의 성자라고 불리는 김학수 장로님이라고 계시지요. 그분을 만나 봤더니 정말 성자 같은 분이요, 마음으로부터 존경스러운 그런 어른이었습니다.

그분은 동양화가입니다. 저는 지난날에 그림을 그리다가 낙제하고 탈락한 사람이기 때문에 그림에 대한 관심이 지금도 많습니다. 그 장로님에게 초대를 받아서 화실에 올라가서 작품을 감상합니다. 지금으로부터 백 년 전의 서울 거리를 여덟 폭 병풍 화폭에다가 다 담았습니다. 사람들이,
"야~ 지금은 남대문하고 동대문밖에 없는데, 그때는 서대문도 있었고, 북대문은 여기에 있었구나! 지금은 북대문이 없는데, 그때는 북대문도 있었네!"

그림을 짚어가면서 흥미진진하게 구경을 하고 있었습니다. 저는 지금 그림은 못 그리지만 그려본 적이 있는 사람이기 때문에 감상하는 방법은 압니다. 그 그림 앞에서 몇 미터 뒤로 물러서서 봤더니 백 년 전의 서울 거리가 한눈에 들어왔습니다.

'아~ 백 년 전에는 이랬구나! 백 년 전이지마는 종로거리, 을지로, 퇴계로, 그것은 역시 마찬가지였구나!'.

그러면서 제 나름대로 무엇인가를 느끼면서 생각을 했던 일이 있습니다. 그런데 성령의 감동하심을 입은 사도 요한은 시작으로부터 끝에 이르기까지 인류의 전 역사를 한눈에 싹~ 봐버렸어요! 그것을 기록한 것이 계시록 17장입니다.

- 1993년 11월 9일(화) 저녁

성경(작은책)을 갖다가 먹어버린 사람

제가 미국에서 사명자성회를 뉴욕에서만 몇십 번 인도했습니다. 학위를 하는 교역자들, 학위를 이미 끝낸 사람들, 여러 부류의 많은 교역자가 그 집회에 모입니다. 앞으로 때가 되면 외국에 나가서 전도할 때, 성경을 보지 못하고, 성경 들지 못하고, 그대로 설교해 복음을 전해야 하는 그런 경우가 있을는지 모릅니다. 성경 보지 않고 선 자리에서 10시간 설교할 수 있도록 말씀을 먹어버리십시오! 그 같은 말을 지금까지 한 세 번쯤 강조한 것 같습니다.

그런데 금년 봄에 뉴욕엘 갔을 때의 일입니다. 지금 학위 과정을 밟고 있

는 여자 목사님이 찾아오시더니,

"강사님, 해냈어요!"

"뭘 해냈어?"

"저 중국에 가서 선교하고 돌아왔습니다. 성경을 들고 다닐 수가 없어요! 내놓고 설교를 할 수가 없는 그런 곳에 이르렀습니다. 거기에 신자들 수십 명 모였는데, 성경 갖지 않고 제가 10시간을 계속 설교를 해냈습니다. 강사님 말씀이 생각나서 10시간 설교를 마치고 숙소에 가서는 쓰러지고 말았지만 '해냈구나!' 하는 그 감격이 너무나도 컸습니다."

- 1995년 11월 9일(목) 새벽

말씀 밖으로 넘어가지 말라!

제가 LA의 어느 신학대학원 강단에서 백인, 흑인, 거기에다가 한국 목사님들이 함께 모인 사명자성회를 인도할 때입니다. 미국 어느 방송국에서 찾아와서 집회실황을 녹음해서는 방송국에서 방영을 한다고 방송기재를 잔뜩 설치해 놓았습니다. 그러니 얼마나 조심스럽습니까? 조심스럽게 열심히 최선을 다해서 설교를 마치고 이제 교수실로 가서 좀 쉬려고 복도를 통해서 걸어가고 있는데, 아, 어느 교회 사모님이 복도에서 제 손을 딱 움켜잡기는 놓아 주지를 않습니다. 지금까지 한국에서 굉장히 훌륭한 강사고 신학자라고 해서 열심히 강의를 했다는데, '이 사람 도적질이라도 했나?' 백인 목사도 지나가다가 한 번 힐끗 쳐다보고, 흑인도 쳐다보고, 사람들이 제가 붙들린 것이 구경거리처럼 볼만했던 모양입니다.

"사모님, 왜 그러세요!"

"아, 강사가 예수님한테 그렇게 실례를 할 수가 있습니까?"

"제가 뭘 예수님한테 실례했나요?"
"그 날과 그 때는 아무도 모르나니 하늘에 있는 천사들도 아들도 모르나니. 아, 예수님이 겸손해서 그렇게 말씀한 것을 곧이 곧대로 믿고 강단에서 그렇게 말하는 법이 어디 있어요? 이 방송이 방송국을 통해서 전국에 방영 될 터인데, 그 책임 강사님이 질 것입니까?"
"제가 성경에서 이탈한 이야기를 했나요?"
"아, 성경대로 했으니까 문제지요."

하! 이러고 화를 내네요. 알고 봤더니 시한부 종말론자로서 후에 올라간다고 하다가 그 일이 이뤄지지 않았습니다. 열심이 지나치면 말씀 밖에 넘어가는 것입니다. 직통 계시 받았다고, 환상을 봤다고, 이 시대의 대표적인 사명자가 나라고, 하나님이 조용히 비밀하게 내게만 가르쳐 주었다고, 그것만 의지하고 말씀을 이탈하면 안 됩니다.
"말씀 밖에, 기록한 말씀 밖에 넘어가지 말라!"

- 1996년 11월 14일(목) 새벽

신약 성경 필사에 새긴 예수님 모습

제가 전에 서울 영락장로교회에서 집회를 인도하고 돌아올 때, 좋은 선물 하나 받은 일이 있습니다. 자기 집안의 가보(家寶)와 같은 아끼는 선물이라고 하면서 제게 주었기 때문에 그것을 받았어요. 요새는 선물을 가지고 집에 와서 보지 않고, 선물 받으면 준 사람 앞에서 풀어보는 것이 현대식 아닙니까? 그래서 열어보았더니 스물일곱 권으로 이루어진 신약성경 전체를 깨알처럼 큰 종이 하나에다가 써넣었습니다. 그리고는 그 가운데 예수님의 인자하신 거룩한 모습이 나타나 있었어요.

'성경 많이 보신 분이로구나! 복음의 진수를 뚫어본 사람이 이 작품을 만들었구나!'

그러면서 어느 값비싼 선물보다도 그것을 아주 고맙게 생각하면서 받아 들고 돌아온 일이 있습니다. 스물일곱 권으로 이루어진 신약성경 전체는 그 한 사람 누구를 계시하고 있습니까? 예수 그리스도를 계시하고 있지요.

- 1997년 3월 12일(수) 저녁

오직 하나님의 말씀만 전합시다!

전에 뉴욕에서 집회를 인도할 때의 일입니다. 집회를 마쳤는데 어느 분이 그 시간에 은혜를 받았는가 봐요. 제게 찾아오시더니

"강사님! 제가요 강사님을 10년 이상 뒷조사 하면서 따라 다닌, 어디에서 파견된 사람입니다. 강사님은 미국에 오셔서 여당 얘기도 안 하고 야당 얘기도 안 했습니다. 정치적인 발언은 하나 하지 않았습니다. 오직 성경만을 강론하고 하나님의 말씀만을 증거 했습니다. 이제는 김형태 목사 그러면 성경만을 가르치는 사람이다. 복음만을 증거 하는 강사다. 이렇게 인정을 했습니다. 그래서 제 신분을 드러내면서 사과를 드립니다."

'햐~ 김동태, 명태도 유명하구나!' 그러면서 한편으로는 '세상은 험하구나'

그렇게 생각했던 일이 있습니다. 다 변하고 지나가고 맛을 잃어버리고 마침내 자취도 사라지는 것이 이 세상이고 인생이라는 것 기억합시다.

이 강단에서 설교하는 제가, 여러분들과 앞으로 얼마나 더 대면하고 제 육성을 얼마나 들으시면서 함께 성경공부를 하겠습니까? 살아있는 동안, 숨을 쉬는 동안, 하나님 앞에 진실하고 더욱 충성하고 더 열심히 은혜받는 일에 힘써야 할 줄로 믿습니다.

- 1998년 11월 11일(수) 저녁

영적 미혹을 받은 사람

계시록에는 함정이 참 많습니다. 제가 부흥사로 일을 한 지가 41년 됐네요. 그동안에 이상하거나 괴이한 웃지 못할 사건들, 희한한 사람들 참 많이 봤어요.

41년 전에 제가 예산에서 첫 집회를 인도할 때입니다. 기도를 많이 하시는 자매님이 제게 찾아오셨어요.
"강사님! 저는 강사님을 하나님의 종으로 믿습니다. 이번에 힘을 얻었습니다. 다른 사람에게는 얘기할 수 없는 비밀이 내게 하나 있는데요. 강사님에게는 솔직히 말합니다."

"말씀 하십시오"

"저는 예수님의 신부입니다. 예수님하고 밤낮 성생활을 합니다. 나는 예수님을 지극히 사랑합니다. 성경에 예수님은 신랑이고 성도들은 신부라 하지 않았습니까?"

얼마나 그 행위를 많이 했던지 얼굴에 윤기가 없이 까맣게 타고 까칠한 모습이었습니다. 성경에 기록된 말씀 진리를 믿으면서도 영적으로 미혹을 받아 곡해를 하면 그 같은 결과를 가져오는 수가 있습니다.

- 1999년 11월 10일(수) 새벽

어느 시한부 종말론자의 후회

저는 오래 전에 피츠버그에서 연합집회를 인도한 일이 있습니다. 집회를 마치고 낮 시간에 어느 식당에 갔는데, 그 교회를 시무하시는 목사님이 무슨 생각이었는지는 모르지마는 연세 지긋한 점잖은 여성 한 분을 제 앞자리에 앉혀 놓았습니다.
'무슨 사연이 있을 것이다.'

식사를 즐겁게 반쯤 진행하고 있을 때, 그 사모님이 입을 열었습니다.
"강사님, 제가 2년 전만 해도 이런 말씀을 듣지를 못했습니다. 오늘 낮 시간에 강의하신 것을 2년 전에 내가 들었더라면 이 같은 큰 실수는 안 했을 것입니다."

그러면서 고백을 합니다. 1992년 10월 28일이라는 시한부 종말론에 깊이 빠져 있는 분이었는데, 지금은 미국 남부지방과 유럽을 담당한 책임자로 있었습니다. 공부도 많이 했고 학위도 갖고 있는 분이었습니다. 그런데 2년 전에 깨달았지만 이제는 이미 늦었다는 것입니다.
"내가 성경을 바로 배웠더라면 시한부 종말론에 빠지지 않았을 것입니다. 나로 말미암아 수많은 사람들이 가정이 파괴되고 교회에서는 이단시 하고, 사회에 발붙이지를 못하고 지금도 저희들은 죽지 못해서 방황하고 있는 어려움을 겪고 있습니다."
그러면서 눈물을 많이 흘리는 그런 모습을 본 일이 있습니다.

- 2000년 3월 13일(월) 저녁

성경이 밝아져야 합니다.

여러분들 이번에 주시는 말씀을 통해서 눈이 밝아지기를 바랍니다. 성경이 밝아지기를 바랍니다. 여러분들 속에서 진리를 뚫어 보는, 반드시 이루실 하나님의 나라가 확실하게 보이는 그러한 은사와 은혜를 여러분에게 주시기를 바랍니다.

저는 어렸을 때부터 믿는 가정에서 자라났습니다. 초등학교 다닐 때부터 아버지한테 매를 맞으면서 성경구절을 암송해야만 했습니다. 초등학교 1학년 학생이 뭘 알겠습니까? 수요일 밤 예배에 저를 꼭 데리고 갔습니다. 그리고 제 아버님은 강단 제일 앞자리에 앉으셨어요. 그때는 의자에 앉는 때가 아닙니다. 방석을 깔고 마룻바닥에 앉아서 예배를 드릴 때입니다. 제 아버님이 제일 앞자리에 앉고 제가 그 옆에 앉습니다. 저는 가자마자 그저 퍽 엎드려져서 잠만 잡니다. 한참 있노라면 제 아버님이 "야, 형태야! 네 차례다. 네 차례다." 자꾸 옆구리를 찌르면서 깨웁니다.

그날은 목사님이 설교를 한 10분쯤 간단하게 하시고는 제일 앞자리에 앉은 사람부터 차례 차례 돌아가면서 며칠 동안 성경 보는 가운데 은혜가 되었던 성경구절을 이렇게 암기했다가 삼일날(수요) 예배시간에 일어나서 암송하는 것입니다. 그런데 제일 앞자리에 앉아계신 아버지가 저를 제일 먼저 깨웁니다. 자다가 옆구리가 자꾸 찔리고 아버지가 흔드는 바람에 '어, 성경 암송하라는 말이군요.' 하면서
"항상 기뻐하라. 쉬지 말고 기도하라. 범사에 감사하라!"

그리고는 탁, 자 버렸습니다. 한참 자고 있으면 "야, 됐다. 가자. 예배 끝났다. 일어나 가자" 그때는 무슨 자존심이 있었는지 잠자다가 일어난 것처럼 하기 싫어서는 교회당에 모인 사람들이 다 듣도록 "예수 이름으로 기도하옵나이다. 아멘!" 이러고는 아버지 따라서 집으로 돌아왔어요. '진실로 진실로 가라사대 죽겠습니다.'

성경을 보기는 보고 성경구절을 많이 암송은 했으면서도 성경에 흥미가 없었어요. 그러다가 20대 초반에 상이군인의 몸으로 병원에서 오랫동안 치료받는 동안에 부산에 있는 고려신학강당에서 열리는 전국 SFC 대회에 참석했습니다. 한번 앉은 자리가 삼사는 자리이고 앉은 그 자리가 은혜받는 자리입니다. 그 자리 잃어버리면 앉을 데도, 잠 잘 데도 없고, 은혜받을 자리도 없습니다. 그렇게 자리싸움을 하면서 은혜받기 위해서 애를 썼어요. 또 그때는 돈이 없어서 밥을 사 먹지를 못했어요. 그때 길거리에서 파는 냉차는 지금 먹는 고급 음료수가 아닙니다. 얼음에다가 물 넣고 색소를 좀 풀어서 색깔을 내어 냉차를 팔 때입니다. 돈 없어서 그것조

차 사서 시원하게 마시지를 못했어요. 그런데 마지막 날 밤이 되었습니다.
"하나님! 쑤시고 아픈 환자의 고통도 모릅니까? 왜 지금까지 내게 은혜를 주시지를 않습니까?"

악을 쓰는 것처럼 기도하다가 그만 내 서러움에 울음이 탁, 터지고 말았어요. 5분을 기도했는지, 30분을 했는지, 1시간을 울어댔는지 모르는데 이상한 체험을 제게 주셨어요. 하늘과 땅이 확 열리고 밝아지면서 하나님 나라가 내게 임하고 내가 하나님 나라에 깊이 잠긴 것 같습니다.
'이것이 하나님 나라로구나!'

그 다음에는 창세기로부터 요한계시록까지 말씀이 확 뚫리는데, 그때는 성경을 다 통달한 것 같아! 못된 생각이 거기에서도 나오더군요.
'이렇게 고생을 해서 은혜를 받았는데, 절대 다른 사람한테는 말 안하리라. 이렇게 힘들게 은혜를 받았는데 힘쓰지 않는 사람에게는 기어이 말을 안 한다.'

이런 생각을 할 때 다시 확 어두워지고 말았습니다. 그런 생각만 안 했더라면 지금 설교를 멋있게 더 잘 했을 것입니다. 이번 성회 기간에 하나님께서 성경을 열어 주시기를 바랍니다. 말씀이 밝아지기를 바랍니다.

- 2000년 11월 7일(화) 오전

성경에서 발견하는 세 가지
성경을 정직한 심령으로 기도하면서 대하는 사람마다 성경에서 세 가지 큰 것을 발견할 수가 있습니다.

첫째는 성경에서 유일하신 참 하나님을 발견하게 됩니다.

둘째는 우리의 구주가 되시는 예수 그리스도를 만나게 됩니다.

셋째는 성령의 감동하심을 입어 하늘의 보좌를 바라보게 됩니다.

이로 말미암아 영생을 얻고 이로 말미암아 하나님의 나라를 유업으로 얻게 되는 줄로 믿습니다.

- 1987년 11월 17일(화) 새벽

구약과 신약은 서로 짝을 이루고 있습니다.

구약은 신약을 짝으로 하고 있습니다. 신약은 구약을 짝으로 하고 있습니다. 구약은 신약을 전제로 하여 기록되었고, 신약은 구약을 배경으로 하여 기록되어 있습니다. 그래서 우리가 구약을 읽을 때, 이 말씀은, 이 장면은, 혹은 이 사건은 신약의 무엇을 전제로 한 예언이고 기록이냐? 이렇게 짝을 찾아야 합니다. 신약 혹은 말세에 이루어지는 중요한 사건은 구약을 배경으로 하고 있는데 구약의 무엇을 배경으로 하여 이것이 기록돼 있느냐? 이렇게 짝을 맞추어볼 때 하나님의 말씀은 밝아지고 계시하신 하나님의 뜻이 분명하게 드러나게 되는 줄로 믿습니다.

왼손 하나 흔들어봐야 소리가 나지를 않습니다. 오른손만 불끈 쥐었다 폈다 들었다 해도 소리 나지 않습니다. 왼손 오른손이 마주쳐야 소리가 제대로 나는 것처럼 신약을 전제로 하여 기록된 구약의 말씀, 구약을 배경으로 하여 기록된 신약의 말씀을 짝 맞추어 살필 때

하나님의 말씀이 혹은 하나님의 크신 뜻이 분명하게 드러나는 줄로 믿습

니다.

- 1987년 11월 17일(화) 오전

그물과 같은 성경, 성경의 축소판

제가 스물세 살 때쯤의 일인 것 같습니다. 한여름 피난살이에 시달리면서 고달픈 생활을 하고 있을 무렵입니다. 부산에 있는 고려신학 강단에서 전국 SFC 대회가 열렸습니다. 그때 저는 환자의 몸으로 어느 기관에서 요양하는 중이었습니다. 그 소식을 듣고는 탈영하다시피 하면서 그 집회에 참석을 했습니다. 고생도 많이 했고 굶주리기도 하고 상처는 쑤시고 아프고 목은 타는 것처럼 갈했지만 그 고통을 참으면서 한 주일 동안을 버티며 집회에 참석했던 일이 있습니다.

그때 박윤선 박사께서 신학 강의를 하시면서
"신구약 성경이라는 것은 그물과 같이 되어있습니다. 여기를 들어도 신구약 성경 전체가 따라 올라오고 저기를 들어도 신구약 성경 전체가 따라 올라옵니다. 성경은 어디를 잡든지 성경 전체가 따라오는 것입니다."

간단한 얘기였지만 성경을 알기 위해서 애를 쓰던 저에게는 무엇인가 번쩍 밝아지는 그러한 영감을 받았습니다. 신구약 성경은 한 인격이고, 한 뜻을 성령으로 말미암아 계시하신 것이기 때문에 창세기를 잡든지, 계시록을 잡든지, 복음서를 잡든지, 예언서를 잡든지 사도들의 목회서신을 잡든지 신구약 성경 전체가 일관성 있게 따라 올라온다 하는 것을 우리는 성경을 보면서 기도할 때 주시는 영감을 통해서 깨닫게 되는 줄로 믿습니다. 이 성경을 바로 이해하는 데 있어서 이러한 것이 필요하지 않겠나 싶습니다.

성경의 기초요 신구약 성경의 축소판이 모세오경입니다. 모세오경에 대한 바른 이해가 없이는 성경 안에 담긴 복음 진리를, 예수 그리스도로 말미암은 하나님의 은혜로운 경륜을 바로 깨달을 수가 없습니다. 그래서 모세오경은 성경의 기초가 되고 신구약 성경의 축소판이 됩니다.

그러면 성경 제일 끝에 있는 요한계시록의 내용은 어떻습니까? 요한계시록도 신구약 성경의 축소판이 됩니다. 그러면서 66권을 집대성한 하나의 종합판이 된다고 말할 수 있겠습니다. 우리는 요한계시록에서 창세기를 찾아낼 수가 있습니다. 계시록에서 선지자의 예언을 찾아볼 수가 있습니다. 계시록에서 사 복음서가 증언하는 예수 그리스도를 밝히 찾아낼 수가 있습니다.

'하나님의 나라를 유업으로 얻기 위하여 너희가 은혜로 부르심을 입은 사람들이 아니냐? 하나님 나라에 합당한 자가 되기 위해서 하나님 앞에 합당히 행하는 자가 되기 위해서는 이러이러한 것을 조심하고 이런 일에 힘을 쓰고 이런 것은 피하면서 하나님의 사람으로서 너희들이 양육을 받아야 할 것이다'하는 것을 교훈한 것이 사도들의 목회서신의 내용입니다. 그러기 때문에 성경 어디를 다루든 어떤 각도에서 대하든지 간에 성경 전체가 끌려 올라오는 것을 우리는 알 수가 있습니다. 사 복음서에서 모세의 율법을 봐야 합니다. 선지자의 예언을 봐야 합니다. 사 복음서에서 시편의 신령한 노랫소리를 들을 수 있어야 합니다. 사 복음서에서 요한계시록을 내다봐야 합니다. 성경은 어디를 다루든 어떤 각도에서 대하든지 간에 성경 전체가 따라 올라옵니다. 한 인격이 한 뜻을 계시하기 위하여 성령으로 감동한 책이기 때문에 그러한 것입니다.

이렇게 신비롭고 은혜롭게 이루어진 신구약 성경의 주제가 하나님 나라이며 예수 그리스도를 계시한 말씀입니다. 그런데 이 예수 그리스도는 감추어진 비밀입니다. 하나님을 믿는 사람, 하나님을 찾는 사람들 가운데, 종교성이 풍부해서 보다 나은 차원 높은 그 무엇인가를 갈구하지만 예수 그리스도를 발견하지 못하는 사람이 얼마나 많습니까? 이것은 감추어진 것이기 때문에 영생을 주시기로 작정한 자에게만 열어서 보이는 하나님의 특별한 선물이 되는 것입니다.

- 1987년 11월 17일(화) 저녁

더하거나 빼지 말자

시대의 변천을 따라서 시대적인 사조가 변해가는 것입니다. 상황변화에 따라서 신학도 변합니다. 인간의식의 변화를 따라서 성경을 대하는 자세도 자꾸 달라지고 있습니다.

더하면 더하시고 제하면 제해 버리십니다. 성경대로 바로 증언합시다! 성경대로 바로 받아들이십시오! 그러면, 성경대로 하나님이 복 주실 것이고, 그렇지 않다면 성경대로 하나님께서 복에서 제해 버리실 것입니다.

신학적인 배도, 교리가 없이 표류하고, 영계가 얼마나 혼잡한 시험의 날을 우리가 살고 있습니까? 예언의 말씀을 읽는 자가 조심하고 예언의 말씀을 듣는 자가 조심해야 할 것을 엄히 경계하고 있습니다.

- 1989년 7월 11일(화) 오전

가감없이 말씀을 전합시다

"가감하지 말고 책 그대로 말씀 그대로 성령을 힘입어 바로 전하자."

그래서 목사의 책임이 중요한 것입니다. 저도 강단에서 설교 생활을 한 것이 40년이 됐습니다. 부흥사로서 일을 시작한 것이 금년으로 만 34년째입니다. 말씀에 더하지 않으려고 말씀에서 제하지 않으려고 두렵고 떨리는 마음으로 하나님의 말씀을 맡은 자로서 봉사하려고 애를 썼습니다. 그런 마음을 가지고 애를 쓰고 그런 마음을 가지고 나를 다스리면서 지금까지 일을 하느라고 애를 썼지마는 돌이켜보면 부족한 것이 많고 지난 날의 모든 발걸음을 살펴보면 아쉬운 점이 많이 있는 것을 발견하게 되는 것입니다.

하나님의 말씀에 더하지 말고 하나님의 말씀에서 제하지 말고 말씀 그대로를 증거하고 가르치고 전하는 종들이 되시기 바랍니다.

- 1992년 7월 6일(월) 저녁

말씀을 대하는 겸손한 자세

우리는 영감을 받습니다. 때로는 착각하는 수도 있습니다. 때로는 내 마음에서 상상하는 바가 계시로 임했다고 내가 오해할 수도 있는 것입니다.

그래서 경건한 생활을 하시는 분들은 영감이 있을지라도 그 영감이 성경적이냐? 성경과 비교를 해야지요. 또 성경적이라 하더라도 행동으로 옮기기 전에 먼저 교역자에게 영적 선배에게 꼭 물어서 판단을 받아야 합니다.

이러한 겸손한 자세 주의 종들을 존경하고 선배들에게 지도를 받으려고 하는 이러한 마음가짐이 없는 사람이 꼭 이런 시험에 빠집니다. 데살로니가 교회는 그래서 시험에 빠졌습니다.

"사랑하는 자들아 영을 다 믿지 말고 오직 그 영들이 하나님께 속하였나 시험하라" (요일4:1)

- 1991년 11월 11일(월) 저녁

복음

새로운 부흥의 역사란?

농촌사업 시절 대 자연의 아름다움 속에 들려오는 싸움과 울음소리로, 그 자연에 심취했던 마음이 깨지고 말았습니다. 그때 로마서 1장 16절 말씀이 들려왔어요. 복음만이 사람의 밑바닥에 깔려있는 슬픔을 해결할 수 있음을 알게 된 것입니다. 하나님은 저에게 "내 백성을 위로하라. 내 백성의 눈물을 닦아다오" 하셨습니다.

그러면서 꿈을 꾼 새 부흥 역사의 양상이란
① 권세 있는 복음을 전하며
② 많은 병자를 치료하여 위로하며
③ 여기서 얻은 물질을 가난한 자에게 양식으로 나누어주는 일

이었습니다. 그러다가 사명자 양성에 박차를 가하게 된 것입니다.

- 1976년 10월 26일(화) 저녁

오직 하나님의 방법으로

우리가 복음을 전하는 것은, 위대한 정치인이 되는 것보다, 훌륭한 농촌사업가가 되는 것 보다, 사회사업을 하는 사람이 되는 것 보다, 막강한 힘을 가지고 세계를 압도할 수 있는 어떤 전략가가 되는 것 보다, 이 길밖에

없는 줄 알아, 남 보기에는 시시한 바보처럼 전도사 노릇 하고 목사 노릇 하고 잠 못 자고 병나는 것 같을지라도 하나님의 제단을 섬기는 나라와 제사장으로 세움을 받은 것 아니겠습니까? 이외에 다른 길이 있으면 여러분 골라보십시오. 복음 외에 다른 방법이 있으면 그 길을 달려가야죠. 사람의 방법으로 인간적인 어떠한 수단과 능력으로 되지 않기 때문에 하나님의 방법을 따르는 것 아니겠습니까?

하나님의 방법이 무엇입니까? 하나님의 비밀이신 예수 그리스도를 세상에 보내사 자기 백성을 부르시고 양육하시고 마침내 그의 약속대로 하나님의 나라 이루게 하시는 은혜의 경륜이 아니겠습니까?

- 1983년 3월 17일(목) 오후

복음 신앙은 신념이 아닙니다.

인간의 주관적인 막연한 신념, 그것은 성서적인 복음적인 신앙이 아닙니다. '된다고 믿으라! 될 것이다. 될 줄로 믿고 일을 해라. 마침내 이루어질 것이다.' 하는 이것은 인간 주관적인 막연한 신념에 불과합니다. 알지 못하는 사이에 빼앗기지 마십시오. 우리는 때로 도둑이 진짜 보석은 빼가고 가짜 모조품을 갖다 놓았다든가 세계 명작 가운데 진짜는 살짝 빼가고 가짜 모조 그림을 갖다 놓았다든가 그런 이야기를 들을 수가 있습니다.

생명 나무에 나아가며 문들을 통해 성에 들어갈 권세를 얻게 하시는 진짜 복음 신앙을 빼앗아 버리고 인간의 주관적인 막연한 신념, 그것으로 슬쩍 바꿔놓는 그런 일들이 한국 교계에, 세계 영계에 얼마나 많이 염병처럼 번져가고 있습니까? 성경 대신에 긍정적인 신앙, 신념으로 바꿔치기하고 있는 일들이 한국 교계를 지배하고 있는 그런 시대가 아닙니까?

- 1983년 3월 18일(금) 새벽

신념은 복음주의 신앙이 아닙니다.

요새는 신학계에 있는 어떠한 인사들이나 한국에서 크게 일을 하는 그러한 사람들 가운데서도 믿음의 정의를 바로 내리지 못하고 인간의 주관적인 막연한 신념 다시 말하면 적극적인 사고 긍정적인 어떠한 신념 내지 사고를 강조하면서 이것이 믿음이라고 말하는 사람들이 더러 있는 것을 보는 것입니다.

'이렇게 보는 것이나 저렇게 보는 것이나 별 차이가 없을 것이 아닌가?'

이와 같이 쉽게 생각하고 무심코 넘겨버리지만 그것을 깊이 파고들면 너무나도 판이한, 엄청난, 상반적인 견해를 낳게 되는 것입니다.

이 사람들이 말하는 바는 "너를 믿어라! 네 힘을 믿어라! 너는 가능한 존재다." 이와 같은 뜻이 됩니다. 이것을 좀 더 깊이 추구하면 신학적으로 "네가 하나님이다." 이런 말이 됩니다. 자신에게 암시를 주어 내적으로 형성되는 신념은 믿음이 아닙니다.

- 1986년 7월 8일(화) 오전

복음 증인의 세 가지 자격

금번 성회의 주제는 '역사 속에 현존하시는 하나님'입니다. 무엇인가에

도전하고 잘못된 것은 바로잡고, 가로막힌 것을 뚫고 헤치면서 무엇인가를 밝히며 어떠한 확신을 갖고 당당히 나아가고자 하는 사명자들의 기상을, 비장한 모습을 이러한 주제에서 느끼게 하지 않는가 싶습니다.

백성들에게 희망이 사라졌습니다. 광야 길을 헤치고 나아가 약속의 땅에 들어가 기업을 얻고 안식의 복을 얻을 수 있는 능력은 이미 사라지고 말았습니다. 저들에게 의미와 뚜렷한 목적도 사라지고 말았습니다. 그러므로 저들은 광야에서 방황하다가 망하고 말았던 것입니다.

그 시대 그 사람이나 오늘의 사람이나 동일합니다.
"목적지는 있다. 그러나 길이 없다. 우리가 길이라고 부르는 것은 방황일 따름이다"라고 20세기를 대표하는 작가 중의 한 사람인 프란츠 카프카는 바로 뚫어보고 속 시원하게 말을 잘해준 것 같습니다. 현대인은, 신을 상실했습니다. 신이 죽었습니다. 신이 없어지고 만 것입니다.

우리는 이런 때 역사 속에 현존하시는 하나님을 바로 증거 할 수 있는 하나님의 증인으로 세움을 받았습니다. 예수 그리스도의 증인으로 택함을 받았습니다. 성령의 증인으로, 세움을 받은 줄로 확실히 믿습니다.

이를 위해서는 세 가지를 갖추어야 하는 데,
① 나(하나님)를 알고
② 나(하나님)를 믿으며
③ 내가(하나님) 그인줄 깨닫게 하려 함이라(사43:10~13)

- 1983년 11월 8일(화) 새벽

복음은 인도주의(인본주의)가 아닙니다.

복음은 복음주의 신앙을 가르쳐주는 것이지 인도주의적(인본주의적) 윤리 도덕을 가르쳐주는 것이 아닙니다. 자칫 잘못하면 인도주의적 경향으로 흐를 수 있습니다. 성경이 인도주의를 아주 무시하는 것은 아니지만, 그 근본 성격은 인본주의가 아니라 신본주의에 입각한 것입니다.

복음은, 천당과 지옥으로 갈라지는 것입니다. 살리고 죽이는 것이요, 죽이고 살리는 것입니다. 살리기 위하여 죽이고, 선택하기 위하여 죽이는 것입니다. 무저항주의는 복음이 아닙니다.

성경은 성경으로 이해해야 합니다. 복음주의와 인도주의는 다르며, 신본주의와 인본주의도 다릅니다. 복음은 살리는 것뿐만 아닙니다. 복음은 믿는 자를 구원하시고, 믿지 않는 자를 심판하고 멸망 받게 하는 것입니다. 흥하게 하고 망하게 하며, 심기도 하고 뽑기도 하는,
권세가 있는 복음을 전하시기 바랍니다.(렘1:10)

- 1984년 7월 11일(수) 새벽

인본주의란 분칠한 사탄의 모습입니다.

참 선, 가난한 자를 구제, 정의 실현 등 고상한 예수 그리스도의 정신으로 살아야 한다고 하면서 이것만 가르치는 기독교 역사(役事)는 분칠을 하고 곱게 나타나는 사탄의 모습입니다.

- 1985년 3월 12일(화) 오전

인본주의는 자신과 타인을 망하게 합니다.
우리는 복음주의와 인도주의(인본주의)를 혼동해서는 안 될 것입니다. 신령한 은혜가 떨어지면 복음주의가 인도(인본)주의로 떨어집니다. 당장에는 사람 보기에 아름답고, 고상하고, 그럴듯 하지마는 자기를 속이면서 자기와 함께 다른 사람까지도 죽여 버리는 것이 인도(인본)주의입니다.

- 1990년 11월 6일(화) 저녁

혼미케 하는 인도주의(인본주의)
요즘 화해의 복음을 말합니다.

'기독교도 선을 추구하고 불교도 선을 추구하는 것이 아니냐? 이런 입장에서 하나가 될 수 있지 않으냐?' 하면서 하나의 운동을 전개함으로 인도주의적인, 인간적인 입장을 취하는 사람들이 있습니다. 이것은 인간적으로 인도주의적으로 그럴듯하지만 이것은 마귀에게 속는 것이요, 이 세상 신이 믿지 아니하는 자들의 마음을 혼미케 하여 그리스도의 영광의 복음의 광채가 비취지 못하게 하는 것입니다.

- 1985년 7월 10일(수) 오전

인본주의에서 벗어나 성경을 크게 보라!
이제 성경을 크게 살펴봅시다. 어떤 분은 성경을 보면서 하나님의 사랑에 관한 말씀만 골라 보는 사람이 있습니다. 어떤 분은 예언적인 면만을 살피는 사람이 있습니다. 어떤 분은 하나님의 축복에 대한 말씀에 대해서

만 관심이 있어서 성경에서 복 받는 얘기만 추려내는 그런 사람이 있습니다. 또 어떤 분은 좋은 취미인지 악취미인지는 모르겠으나 세상이 모조리 망해버리는 멸망과 심판에 대해서만 연구하는 사람이 있습니다. 사랑만을 강조하다 보면 상황 윤리 신 도덕이라는 함정에 빠지기 쉽고 예언적인 면만을 강조하다 보면 사회정의 실현을 위해 무력으로 세상에 뛰어드는 우를 범하기 쉽습니다.

남미에 있는 가톨릭 신부들은 기관총을 둘러메고 게릴라들과 함께 남미의 정권을 잡은 집권자들을 대항해서 직접 휘둘러 가면서 투쟁을 전개하는 그런 함정에 빠진 것입니다. 또한 축복만을 강조하다 보면 사기꾼이 되기가 쉽습니다. 세상 멸망과 하나님의 심판만을 강조하다 보면 염세주의에 빠지기가 쉽습니다.

요새 자녀들을 키울 때 편식하지 않도록 영양을 골고루 다 취하면서 아주 건강한 아이로 양육하기 위해서 어머니들이 몹시 신경을 쓰는 것 같습니다. 모든 것이 성경 안에 들어있지만 편식하지 말고 어느 한 골짜기로만 밀려 들어가지 말고 성경 전체를 밝게 바르게 건전하게 이해할 수 있도록 힘을 쓰는 것이 유익할 것입니다.

옛날에 저는 사랑만을 강조했습니다. 이것이 가장 위대한 줄 알았습니다. 그러나 인본주의적인 사랑과 신본주의적인 사랑은 분명히 다른 것입니다. 그러한 분별력이 없을 때 나는 고아원을 할 것이다. 어느 땐가 죽기 전에 한 번 해보고 싶다는 마음이 들었습니다.

'고아원을 할 것이다. 고아원의 원장이 돼서 부모 없는 버려진 애기들의 아빠 노릇을 할 것이다. 성경 전체는 그것을 말한다. 나는 그렇게 살 것이다. 예수를 믿을 뿐만 아니라 예수를 배우며 예수를 닮아 가면서 예수로 나는 살 것이다.' 그런 생각을 해 봤습니다.

제가 20대 때요. 어디에서 천막을 치고 깊은 산중에 농촌사업을 할 때 나환자 한 사람이 있었는데, 고개를 건너가면 자기가 살던 옛 고향 집이 있습니다. 사람의 눈에 띄는 낮에는 나환자이기 때문에 찾아가지를 못합니다. 그래서 밤에 동네 사람 모르게 자기 집에 들렀다가 날이 밝기 전에 집에서 빠져 나와서 자기 갈 곳으로 가는 그런 형제였습니다. 제가 바로 그 가까운 곳에 살고 있었어요. 시간 맞추어 오지 못하고 사람에게 발각될 것 같으니까 제게 들려서 이것저것 얘기를 하는데 그때는 내가 성자가 다 된 것처럼 나환자와 같이 한 밥상에서 밥을 먹고 한 담요를 쓰고 한자리에서 누워서 자면 속으로 '성 프란시스처럼 다 됐구나! 손양원 목사님처럼 다 됐구나!' 그리 생각하면서 제 나름대로의 자부심을 갖고 생활 하던 때가 있었습니다.

한때는 전라도 광주에서 조금 떨어진 나주에 가면 나환자촌이 있습니다. 거기서 한 주 동안 부흥회를 인도하면서 같이 음식을 나누고 불쌍한 나환자들을 살피면서 은혜를 나누면서 격려해 주었던 그러한 일도 있습니다. 그러면서 그것을 사랑이라 여겼습니다. 그러나 그때 제 사랑이라는 것은 인본주의적인 사랑과 신본주의적인 사랑, 이것을 구분하지 못하는, 그저 사랑의 아름다움을 노래하면서 열심히 그리스도의 삶을 살고자 힘쓰던 그런 한때였던 것입니다.

- 1987년 3월 10일(화) 오전

오직 복음 외에 다른 길은 없습니다.

하나님을 찾는 사람마다 그 길이 다르고 경험들이 다 다릅니다. 저는 하나님을 찾기 위해서 무척 고민도 많이 했지마는 고생도 많이 한 사람입니다.

6.25사변 때 학병으로 종군하다가 부상을 당했습니다. 명예제대를 했습니다. 폐병에 걸렸습니다. 심장에 이상이 생겼습니다. 그래서 결핵 요양소에서 오랫동안 장병들과 함께 치료받았던 고통스러운 과거가 제게 있습니다. 20년 동안 믿어 내려오던 지난날의 제 신앙은 힘없이 무너지고 말았습니다.

'나는 20년 동안 예수에게 사기를 당했구나! 기독교의 하나님은 절대자도 아니고 사랑의 신도 아니다. 그가 창조하시고 섭리하는 세계라면 어떻게 세상이 이렇게 될 수가 있느냐?'

저는 그때부터 20년 동안 믿어 오던 종교를 버리고 하나님 앞에 반항하기 시작했습니다. 성서의 하나님, 지금까지 믿어 오던 예수 그리스도를 포기하고 나니 제 마음이 너무나도 허전하고 불안했습니다.
그래서 산으로 들로 바닷가로 공동묘지로 두루 다니면서 참 많이 울었습니다. 금강산에서 10년 도를 닦았다는 도인, 훌륭한 종교인, 그때 깊이 사귄 인물 가운데는 저명한 사상가도 있었습니다. 또 마산에 있는 바닷

속으로 첨벙거리면서 들어가 본 경험도 있습니다. 어느 날은 '오늘 밤까지 나에게 분명히 나타나 주시지 않는다면 나는 어느 산에 있는 어느 나무에서 목매달고 죽을 것이다.' 그러면서, "내 생명을 주관하시는 신, 내가 죽기를 원치 않으시는 신이 있다면 나 죽기 전에 찾아와서 해결 좀 해 주십시오!"

그러면서 마지막 날 밤을 맞이한 일이 있습니다. 그러나 그때 이상하게 마음이 움직여지면서 기독교의 하나님이 살아계심을 깨닫게 되었습니다. 성서적인 진선미의 인격의 신이 이 세상에 계신다면~ 그런 생각에 깊이 잠겨서 명상하는 가운데 죽기로 작정한 시간을 넘겨버린 일이 있습니다. 그러면서 하나님을 찾고 또 찾으며 애를 썼습니다. 그래서 지금은 하나님을 버리지 않습니다. 쉽게 복음 진리에서 떠날 수가 없습니다. 성경 말씀을 버리고 다른 길을 택할 수가 없습니다. 크게 울어봤기 때문입니다. 큰 위로를 받고 예수 그리스도를 발견한 까닭입니다. 여기에 계시는 모두가 다 그러한 경험 그런 슬프고 아픈 과거가 있으리라고 생각을 합니다. 그래서 주님의 복음을 사랑합니다. 그래서 복음 전하기 위해서 내가 가진 것 아깝게 생각하지 아니하고 희생하면서 생명을 내걸고 노력하는 것입니다.

다른 복음은 없습니다. 다른 길로는 위로를 받고 구원받을 길이 없는 것입니다.

- 1995년 3월 14일(화) 오전

생두부를 속에 가득 채운 사람

말씀으로 채워져야 합니다. 말씀으로 넘쳐 나야 합니다. 입을 열어도 말씀, 눈빛 하나에도 말씀, 자세에도 말씀, 행동에도, 역사에도 그 말씀이 그대로 드러나야 합니다. 교역자의 실력은 학벌이 아닙니다. 미국에 가면 박사학위 없는 교역자 별로 없어요! 외국에 나가서 어느 대학에서 무슨 학위를 받았다고 허튼소리 하지 마세요. 교역자의 능력과 권세는 아닙니다. 요새 공부 못하는 사람 어디 있어요? 말씀을 넘쳐나도록 채우는 것이 주의 종의 실력이요. 위력입니다. 왜 거기엔 힘쓰지 않지요?
"백성들아! 양식을 예비하라" "작은 책을 갖다 먹어버리라"

제가 전에 어느 농촌에서 있었던 일입니다. 마을에 내려갔더니.
"선생님! 선생님도 생 두부 좋아하세요?"

갑자기 군침이 당깁니다. 그런데 어느 청년이 나타나더니 선생님도 좋아하세요? 그러는데 얼굴이 벌겋고 숨을 제대로 못 쉬는 것 같아요. 그래서 손가락으로 배를 쿡 찌르면서 "왜 그래?" 그랬더니 입에서 생두부가 쏟아져 나오는데, 알고 보니 누가 두부를 많이 먹느냐 그 내기를 했어요. 그런데 이분이 이겨서 두부를 많이 먹고 돈을 안 냈는데, 숨이 차서는 얼굴이 벌개졌어요. 그 사람의 배를 툭 건드렸더니 먹은 그 순두부가 쏟아져 나온 것입니다. 주의 종들의 배를 건드리면 말씀이 나와야 합니다. 말씀이야말로 우리의 실력, 우리의 위력입니다.

- 1998년 11월 12일(목) 새벽

예수로 충만한 목사님

왜정 말엽에 일본 사람들에게 한국이 얼마나 탄압을 받았습니까? 한국 교회가 얼마나 무서운 핍박과 고난을 받았습니까? 끝까지 신사참배를 거절하고 믿음을 지키던 목사님 한 분이 경찰서에 끌려 들어갔습니다. 옷을 벗깁니다. 가죽 채에 물을 묻혔습니다. 그리고는 사정없이 휘둘러 칩니다. 한 번 때리면 구렁이가 감긴 것처럼 그 채를 뽑으면 살이 묻어나면서 피가 팍 쏟아집니다. 매를 맞는 목사님이 "예수!", 또 때리면 "예수!" 너무 예수만 연발하기 때문에 일본 형사가 그만 화가 났어요.
"이 자식아! 아프면 아야 소리나 좀 해라! 왜 예수 소리만 하냐!"
"암만 쳐도 내 속에 들어있는 것은 예수밖에 없다."

일본 형사가 감동을 받고
"이것은 일본 반역자가 아니라 예수한테 미친놈이로구나!"

그래서는 놓아 줬다는 말이 있습니다. 두루마리 책을 받아먹으십시오! 하나님께서 여러분들의 입에 말씀을 두셔야 합니다. 작은 책을 주께로부터 받아먹는 사람만이 권세 있는 두 증인으로 하나님 앞에 귀하게 쓰임 받을 줄로 믿습니다.

- 2002년 11월 5일(화) 새벽

주의 종은 바른 말씀을 전해야 합니다.

저는 오래전에 어려운 시험을 한번 받았습니다. 아는 사람이 찾아왔습니다. 제가 강사로서 일을 시작하기 직전이었습니다.

"선생님! 어느 환자가 있는데 죽게 생겼습니다. 적십자병원에서 치료를 받았는데, 황달병증 환자가 병원에서 치료하는 가운데 흑달이 됐습니다. 가망이 없다고 병원에서는 내보냈습니다. 숨이 끊어지는 마지막 순간까지 가족들과 함께 생활하라고 보냈습니다. 제가 선생님 얘기를 했더니, 그 가정에서 당신이 오기를, 와서 손 한번만 대고 기도해주기를 애타게 지금 기다리고 있습니다. 갑시다!"

하도 강권하기 때문에 할 수 없이 따라갔습니다. 예배를 인도했습니다. 찬송 부르고 기도하고 하나님의 말씀을 증거 하면서 환자를 가만히 살펴봤더니 죽겠어요. 그들은 제 입에서 무슨 말이 나오는지 빨리 환자의 몸에 손을 대고 기도해주기를 애타게 바라고 있었습니다. 한참 있다가 "이 사람은 죽겠습니다." 그렇게 말을 했어요.

환자가 혹시 내가 살 수 있을는지 모른다 하는 가느다란 희망을 가지고 제 입만 쳐다보고 있었는데, 그 환자에게 "이 사람 죽겠네요" 그 말을 했더니 그 환자가 갑자기 입술을 파르르 떨다가 옆으로 쓰러지고 말았어요. 저는 그대로 돌아왔습니다. 그날 저녁에 야단이 났어요. 몇 사람이 우리 집으로 찾아와서는
"사람이 그럴 수 있느냐? 한 시간 후에 죽을지라도 산다고 말을 해야지. 종교라는 것은 사람을 위로하는 것이 아니냐? 마음을 편안하게 해주는 것이 종교가 아니냐? 혹시 살 수 있을는지도 모르겠다하는 가느다란 희망을 가지고 당신을 청했고 당신의 입에서 나오는 말을 기다리고 있는데, 이 사람 죽겠습니다. 그럴 수 있느냐? 그나마 10시간 후에 죽을 사람 1시

간 후에 죽도록 당신 만들었으니 책임을 지시오!"

이러고 덤벼드는데, 큰일 났어요. 죽을 사람을 향해서 죽는다고 말을 했는데 무엇이 잘못입니까? 한 참 얘기가 오고 갔습니다. 그런데 그 집에 더 큰일이 벌어졌어요. 죽게 된 환자가 자리에서 마당도 활보하지 못하던 사람이 성경, 찬송, 담요 한 장 들고는 행방불명이 되고 말았어요. 그 모든 원망이 다 제게로 돌아왔습니다. 참 힘들데요. 그런데 여러분 사흘 만에 그 사람이 돌아왔어요. 그것도 병이 깨끗이 나았어요. 건강한 몸으로 돌아왔어요. 어떻게 된 일이냐? 이와 같이 환자에게 물어봤더니 행여나 저 사람의 입에서 살 것이다. 혹은 내 몸에 손을 대고 안수기도 해 주기를 바라고 애타게 기다리는데, "이 사람은 죽겠습니다!" 그 말을 하는데 천지가 무너지는 것 같더래요. 식구들은 울고불고 야단났고. 저를 원망하고 뭐 야단이 났습니다. 그런데 이 환자의 마음속에

'죽을 바에는 회개를 다하고 죽자! 죽을 바에는 마지막으로 하나님께 매달려서 기도하며 죽자! 병원에서도 죽는다고 내보냈고, 저 사람도 죽는다고 말을 했으니 나는 틀림없이 죽을 것이다. 마지막 회개를 하자! 마지막으로 하나님께 한 번 매달려보자!'

그리고는 성경, 찬송, 담요 한 장 들고 집에서 나온 것입니다. 집을 나와 어느 집회 장소에 참석을 했는데, 그분이 은혜받기에 분위기가 좋았던 모양입니다. 그 집회 장소에서 깨끗이 병 고침을 받았습니다.
기쁨이 충만해서 돌아왔어요. 자기의 뒤를 이을 후사가 없었는데, 병 고침을 받은 후에 그는 아들을 낳았다는 얘기를 제가 들었습니다.

때로는 자기에게 불리할지라도 바른말을 해야 합니다. 죽을 사람에게 회개하라고 얘기해야 합니다. 사람의 비위를 맞추어서 거짓말로 사람의 귀를 즐겁게 하는 것은 그 영혼을, 그 시대를 죽이는 불행한 결과를 가져올 수가 있습니다. 유일하신 하나님을 바로 증언하는 하나님의 종들 되시기를 바랍니다. 예수 그리스도의 복음을 확실하게 증거 하시기를 바랍니다.

- 2002년 7월 16일(화)) 새벽

잘못된 영감에 동조하지 말라

우리 한국교회 지난날의 일입니다마는 한때 꿈꾸는 사람, 예언하는 사람, 계시를 받는 사람, 음성을 듣는 사람, 이 사람들이 이런 영감을 받았다는 것입니다.

"북한군이 휴전선을 무너뜨리고 부산까지 밀어붙이는 남침이 재현될 것이다."

그래서는 그때 대전에 살고 있던 저에게 영계에서 대표적인 역할을 하는 대여섯 사람이 찾아오셨어요.

"강사님! 강사님도 지금 영계에서 뚜렷하게 일하고 계시는 분입니다. 남한에 살고 있는 모든 사람을 제주도로 피난을 시켜야 되겠습니다. 이 일에 강사님 함께 일하겠습니까?"

그분들은 '북한군이 휴전선을 무너뜨리고 부산까지 밀어붙일 것이다' 하는 그런 영감을 받고 확신에 가득 차 있었습니다. 상당히 곤란했습니다. 한참 침묵이 계속되다가 대답을 했습니다.

"목사님들 여기 계신 어른들! 나까지 찾아와 주신데 대해서는 너무나도 황송하고 감사할 따름입니다. 나는 성경을 가르치고 말씀 외에 다른 것을 말하지 않는, 좌로나 우로나 치우치지 않고 앞서지도 않고 뒤처지지도 않도록 지금까지 조심스럽게 일을 해 나왔습니다. 나는 그 일에 동참 못하겠습니다."

그랬더니 나를 스승처럼 떠받들고 그렇게 귀하게 여기던 몇몇 사람이 벌떡 일어나더니,
"이런 개새끼 때문에 일이 안 돼!"

밟아 죽이려고 덤비는데 그때 죽지 않고 살았네요! 그분들과 여러 사람이 다 제주도로 피난 갔어요. 그 후에 제주도에서 세상을 떠나신 분, 제주도에서 씁쓸하게 돌아와서 지금 목회를 하시는 분, 또 이미 은퇴하신 분들도 계십니다.

만약에 우리나라에서 전쟁이 일어난다면 여러분들의 설교는 분명히 달라질 것입니다. 지금 3차 대전이 터진다면 "주님 안에서 평안하십시오. 예수 잘 믿으면 복 받고 출세합니다." 이런 설교만 하지는 못할 것입니다.

때를 감당할 수 있는 믿음의 사람으로 양육하기 위해서, 싸워 이기고 벗어나, 이기는 자에게 주시는 하나님의 나라를 유업으로 얻게 하기 위해서, 여러분들이 힘을 다해 역사하며 성도들을 무장시킬 것이 아니겠습니까?

- 2003년 3월 13일(목)) 새벽

농촌 사업에서 오직 복음으로!

저는 한때 덴마크의 그룬트비를 무척 존경하고 흠모하고 그의 뒤를 따르는 그런 생활을 해보려고 애를 썼습니다. 독일의 침공으로 말미암아 덴마크가 완전히 폐허화 되고 말았습니다. 전 국토가 폐허화 되고 말았습니다. 백성들은 완전히 실의에 빠졌습니다. 그룬트비 목사는 어떻게 해야만 살릴까? 그러다가 세 가지를 내세웠습니다.

"하나님을 사랑하라!"
"이웃을 사랑하라!"
"흙을 사랑하라!"

이 세 가지를 내세우면서 그는 농촌운동을 시작했습니다. 하나님을 사랑하면서, 이웃을 사랑하면서, 흙을 사랑하면서 그룬트비의 지도를 받는 덴마크의 모든 백성들이 하나가 되어서 일하는 가운데, 지구상에서 지상의 천국이라고 불리는 덴마크가 이루어질 수가 있었던 것입니다.
'나도 농촌사업을 할 것이다. 제 2의 그룬트비가 될 것이다.'

그러면서 깊은 산골짜기에서 저도 살아봤어요. 어느 날 산에서 무엇을 하다가 내려오려고 하는데 하나님이 로마서 1장 16절 말씀을 제게 강하게 주시데요.
"복음은 믿는 자를 구원하시는 하나님의 능력이 됨이니라!"

'농촌사업을 가지고 지상의 천국을 이룰 수 있는 것이 아니다. 인간의 어떤 방법으로 이상세계가 이루어지는 것이 아니다. 하나님이 염원하는 그릇은 너무나도 크고 놀랍고 위대한 것이다. 이것은 인간적인 다른 방법으로 이루어지는 것이 아니다.'하는 깨달음을 얻은 것입니다.

복음으로, 하나님의 복음으로서만 구원을 받는 것입니다. 그 영감과 강한 충격과 깨달음 속에서 저는 하나님의 복음을 위하여 완전히 헌신하는 새로운 삶이 시작되었습니다.

- 2005년 3월 15일(화) 저녁

치우치지 말고 말씀 바로 배우고 정립하세요.

저는 첫 집회를 충청도 예산장로교회에서 시작했습니다. 그때 두 분 목사님이 함께 참석했습니다. 그런데 그때 자살하려고 죽을 자리를 찾아가던 젊은이 하나가 있었습니다. 교회당에서 힘있게 울려 퍼지는 찬송 소리와 기도 소리를 듣고는 마음이 끌려서 그 자리에 찾아 왔다가 회개하고 은혜를 받았어요. 제가 버스를 타려고 예산 기차역까지 가는데 그 젊은이는 계속 울면서 버스를 따라오면서 제 이름을 부르던 청년이었습니다.

그분이 지금 5만 명 모이는 초대형 교회를 이루었어요. 그런데 한국교회에 물의를 일으키고 있습니다. 조금 더 말씀을 깊이 공부했더라면, 넘치는 은사와 힘 있는 능력을 받았지마는 말씀으로 잘 정리하고 가다듬었더라면 정말 한국교회뿐만 아니라 세계교회가 안심하고 환영할 수 있는, 유익하게 봉사하고 큰 힘이 될 수 있는 하나님의 종이 되지 않았을까? 안타까운 마음을 금할 수가 없습니다.

신령한 은사에만 치중하지 말고, 성경을 바로 배우고 올바른 신학을 정립하세요. 교리적으로 탈선하지 않도록 잘 다듬고 갖추어진 하나님의 종으로 봉사할 수 있으면 참 좋겠습니다. 그런데 대개의 사람은 이쪽으로 기울든지 저쪽으로 기울어지든지 꼭 어딘가 기울어지고, 어딘가 찌그러진 그러한 모습으로 일하는 것을 보게 됩니다. 여러분들, 양면을 갖추도록 힘쓰시기 바랍니다.

- 2005년 11월 9일(수) 오전

복음은 모방으로 되는 것이 아닙니다.

우리는 '복음' 그러면 간디가 말하는 "무저항주의"를 먼저 생각하기가 쉽습니다. 해 질 줄 모르는 대영제국을 반 나체의 간디가 굴복시키고 인도를 해방시켰습니다. 무저항주의 진리를 실현해서 뜻을 이룬 것입니다. 함(석헌)선생은 김일성을 대영제국으로 생각을 해서 무저항주의적인 방법으로 남북통일을 기대하는 그런 노력을 해본 사람입니다. 그랬던 그가 지금은 86세의 고령이 돼서 병원에 입원해 임종을 기다린다는 소식이 신문에 실렸던 일이 있습니다.

그들이 왜 뜻을 이루지 못했는가 하면 간디는 기독교를 국교로 삼고 있는 영국의 양심에다가 호소하고 기독교 양심을 두들겼습니다. 그래서 성공한 것입니다. 하나님이 없다고 소리치는, 지상에서 교회를 박멸시키려고 하는, 눈을 부릅뜨고 발악하는 김일성을 기독교 양심(관점)에다 호소하고 그 마음의 문을 두들겼던 간디의 방법으로는 되지 않는 것입니다.

이러한 원인과 바탕에 깔려있는 것을 보지 못하고 그것을 모방해보려고 하는 것은 수많은 희생자만 더할 뿐입니다.

- 1987년 7월 8일(수) 새벽

세 가지가 없는 시대

우리가 사는 이 시대를 영적인 3무(無)시대, 세 가지가 없는 시대라고 말을 합니다. 현대인들은 이 세 가지, 곧 영적인 무감각과 무관심, 무기력에서 살아간다고 말을 할 수 있겠습니다. 땅의 일에 대해서는 굉장히 예민하지만, 큰 관심을 갖고 있지만, 큰 기대 속에서 준비하는 것 같이 보이지만 영적으로는 아무것도 갖지 못한 3無 시대에 살고 있다고 말할 수 있겠습니다.

- 1988년 7월 11일(월) 저녁

이리로 올라오라!

지금으로 보면 어렸을 때의 돈키호테 같은 망상이라고 할는지는 모르지만 그때 저는 진실했습니다. 대동강 다리 아래 모래사장에 학교 친구 몇 사람이 모여서 선이 무엇이냐? 정의롭게 사는 것이 무엇이냐? 김일성 그놈 죽이는 것이다. 김일성이 암살 모의를 하면서 일도 하지 못했습니다만 괜히 심장이 뛰고 인민군만 보면 나를 잡으러 오는 것만 같아서 겁에 질려서 쩔쩔 매면서도 이것이 선이다. 그렇게 생각했던 때가 있습니다.

월남하다가 내무서원에 붙들려서 감옥에 들어 앉았을 때는
"하나님! 나를 살려주시기만 하면 월남 후에 꼭 고아원 하겠습니다. 고아원의 원장이 되겠습니다. 부모 없는, 따뜻한 부모의 손길을 느끼지 못하

고 메마르게 세상에 자라나는 고아들의 어머니 아버지 노릇을 꼭 하겠습니다. 저를 월남시켜 주십시오!"

그랬던 때가 제게 있습니다. 월남 후에는
'우리나라를 살릴 수 있는 것은, 우리 민족이 복을 받을 수 있는 것은 덴마크의 그룬트비와 같이 한국농촌을 부흥시키는 것이다. 머리만 키우지 말자! 이론만 늘어놓지 말자!'

그래서 6.25때 함께 부상을 당해 같은 병원에서 고생하면서 왕래하던 전우 몇 사람과 뜻을 같이해서 병원에서 주는 밥 먹어도 배고픈데 훔쳐서 몇 그릇 더 먹고 싶은 형편인데도 밥이 나오면 2/3는 먹고 1/3은 아껴서 말려서는 농촌사업 하러 들어갈 때 쓰려고 미숫가루를 만들었습니다. 그 후 깊은 산골짜기에 들어가 농촌사업을 해 봤습니다.

또 한때는 우리나라가 이대로 방치된다면 적화되고 말 것이다. 나라의 운명이 풍전등화와 같이 심히 불안하게 보이던 시절, 군사 쿠데타를 일으켜 나라를 바로 잡아보려고 해서 모의를 하고 무기를 준비하면서 거사일정을 다 짜놓고 그 기회만을 기다리는 사람들과 우연히 만나게 돼서 그분들에게 복음을 전했던 일도 있습니다.

그분들이 이제는 목사님들이 되셔서 정치에서 손을 씻었어요. 어떤 분은 대학으로 돌아가서 교수 생활을 하면서 지금 소리 없이 건전하게 교회를 봉사하는 일꾼이 된 것을 보고 있습니다. 상황의 변화에 따라서 세계의 흐름에 따라서 변화무쌍한 신학은 뿌리가 빠져 있는 신학입니다. 이런 신학은 표류하며 영계는 심히 혼란해지는 것입니다. 그러한 것을 마음에 강하게 느껴서 "이리로 올라오라"(계 4:1)라는 주제를 정한 일이 있습니다.

- 1988년 7월 12일(화) 오전

신앙

신앙

차갑고도 뜨거워야 합니다.
은혜는 살처럼 뜨거우며 진리는 골격처럼 차갑습니다. 진리의 뼈 위에 은혜의 살이 쪄있어야 참 사람이지요. 이 차가움과 뜨거움이 없으면 영적 생명이 장성할 수 없는 것입니다.

- 1973년 8월 7일(화) 새벽

지금 작은 것을 착실히 다집시다!
아픈 실패가 있었다면, 나만이 당한 고통스런 실패였었다면, 그것은 곧 나에게 참으로 유익하게 하기 위한 뼈아픈 교훈인 것입니다.

문제는 앞의 것을 분명히 바라보면서 지금 작은 것을 착실히 알차게 다져 나가는 것입니다. 염세적인 사상에 빠지지 말고 낙망하지 말고, 안 되면 안 되는 대로, 믿음을 가지고 주님을 의뢰하면 주님이 이루어주십니다. 하나님이 주신 숙제를 믿음으로 풀어 나가십시오.

- 1982년 11월 12일(금) 새벽

믿음을 지킨 어느 자매와 쎈다 싱
저 이번에 파키스탄에 갔다가 아주 슬픈 얘기를 하나 들었습니다. 열심 있는 회교도의 가정에 어느 따님이 친구의 권면을 따라서 성경공부 하는 자리에 참여했습니다. 그녀는 진리를 깨달았습니다. 예수를 구주로 영접했습니다. 부모님들에게도 자기는 크리스천이라고 신앙고백을 했습니다. 부모가 위협하고 회유시키려 여러 가지 방법을 시도하면서 신앙을 포기하고 대대로 내려오는 무슬림의 길로 다시 돌아서기를 권면했지만 끝까지 자기 신앙을 지켰습니다.

그 부모님이 어떻게 했는가 하면 살인 청부업자를 돈 주고 사서 고속으로 달리는 오토바이로 딸을 치어 죽게 만들었어요. 다행히 생명은 끊어지지 않고 살아남아서 기독교 어느 기관에 숨어서 지금도 믿음을 지키고 있는 처녀의 얘기를 이번에 들은 일이 있습니다. 이것이 회교 권내에서 일어나는 얘기입니다.

한국교회에 많이 알려진 인도의 썬다 싱을 잘 아시지 않습니까? 힌두교의 명문 가정의 이름 있는 신분으로 태어났습니다.
"신앙을 포기해라!"

삼촌이 그 앞에서 절을 하면서 금고문을 열고 속에 있는 패물들과 돈을 보여 주면서
"신앙을 포기하면 이것이 다 네 것이 되지 않느냐?"

압력을 가하고 달래기도 하고 여러 가지 방법으로 설득을 했지만 썬다 싱은 포기하지 않았습니다. 마지막에 어떤 비극적인 일이 있었습니까? 부모를 떠나 기차를 타고 멀리 떠나갈 때, 어머니가 마지막으로 아들에게

싸주는 도시락에다가 독약을 넣어 보냈어요.
'차라리 너 같은 놈은 죽는 것이 좋다.'

기차에서 도시락을 까먹다가 어머니의 사랑에 감격해서 어머니의 모습을 그려보면서 어머니의 모습이 쟁쟁한 가운데 눈물을 흘리면서 도시락을 까먹다가 독약을 마시고 그만 피를 토하면서 쓰러졌습니다. 구사일생으로 병원으로 옮겨져서 다시 그가 소생했습니다. 마침내는 썬다 싱의 아버지가 아들에게 세례를 받고 신자가 되지 않았습니까?

그런 일이 지금도 지구상에는 그대로 재현되고 있습니다. 그런 일이 세계적으로 원색적으로 재현될 것입니다. 어떤 자에게 계시록을 주셨는가?
"예수의 환난과 예수의 나라와 예수의 참음에 동참하는 자라."

신앙적인 자세, 사명적인 자세, 다시 한번 가다듬으십시오. 에스라와 같이 여호와의 율법을 연구하며 준행하며 백성에게 바로 가르치기로 결심하시기를 바랍니다.

- 1993년 7월 8일(목) 새벽

마지막 순간까지 전도한 전도사님

6.25가 한참 사납게 전개되던 어려운 때입니다. 이북 땅, 그 북쪽에서 숨어 있던, 어느 재건 파에 속한 전도사님 한 분이 견딜 수가 없어 나가서 순교를 각오하고 복음을 전했습니다.
"예수 믿으시오!"

"예수 천당!"

한참 6.25가 사납게 전개되고 있는 그 마당에 전도가 되겠습니까? 가만히 숨어서 지켜보던 아는 장로님 한 분이
"전도사님 이리 좀 오오!"

"왜요?"

"이 판국에 전도해서 예수 믿을 사람이 몇이나 되겠습니까? 전도사님 몸조심하지 않으면 억울하게 죽임을 당합니다. 이런 때 무슨 전도입니까?"

하고 물어봤더니 이 전도사님 대답이 확실합니다.
"훗날에 하나님의 심판대 앞에 설 때 너 왜 예수 믿지 않았느냐? 하나님이 물어보면 내게 전도하는 사람이 없어서 예수를 믿지 못하다가 오늘날 심판을 받아 지옥 가게 됐습니다. 그러한 변명을 할 수 없도록 나는 복음을 전합니다."

복음이라는 것은 믿는 자에게는 구원이요. 믿지 않는 자에게는 심판을 가져오는 것입니다.

— 1994년 3월 15일(화) 저녁

오직 하나님만 의지합니다.
몇 년 전의 일입니다.

저도 목회하는 목사이기 때문에 마음 편안한 날이 몇 날이나 되겠습니까? 교회문제로 마음 쓰고 애를 쓰며 살피는 가운데 조금 무리가 됐던 모양입니다. 주일날 나가서 설교하고 약속된 집회를 변경할 수 없어 지친 몸이지만 나가서 또 열심히 하고 돌아와 쓰러지면 다시 일어날 수가 없습니다. 한 번 누우면 일어날 기운이 없었어요. 일어나려면 죽을 기를 쓰고 이를 악물어야 합니다. 그러나 신자들에게는 고통스러운 모습을 보이지 않기 위해서 머리에 기름도 특별히 많이 바르고 화장도 잘하고 강단에 섰습니다.

그때 제가 느낀 것이 이것입니다.
'사람은 큰 소리 칠 것이 못 되는구나! 내세울 것이란 하나도 없구나!'

그때 시편에 있는 말씀이 영롱하게 떠오르더군요.
"하늘에는 하나님 외에 내게 누가 있사오며 땅에서는 주밖에 사모할 자 없나이다. 내 육체와 마음은 쇠잔하나 하나님은 내 마음의 반석이시요, 나의 영원한 분깃이 되옵나이다" (시 73:25-26)

'너, 무엇을 믿고 큰 소리 쳤느냐? 무엇을 내세울 만한 것이 있었느냐? 무엇을 가지고 당당하게 활보하면서 돌아다녔느냐?'

하나하나 껍질을 벗기고 분석을 하고 검토를 해봤더니 하나도 없었습니다.
"하나님! 건강을 믿고 큰 소리 치는 헛된 짓 하지 않게 해 주십시오. 40년 가까이 부흥회를 인도했다는 관록, 보잘 것 없는 것 가지고 큰 소리 치지 않게 해 주십시오. 나에게 참 믿음 주시기 바랍니다."

겸손하게 엎드러진 제로의 상태에서 다시 내 믿음을, 내 사명의 자세를 가다듬어야 하는 그러한 어려웠던 때가 제게도 있었습니다.

살다 보면 어려운 일이 많지요. 목회하다 보면 참 괴로운 일이 많지요. 말할 수 없는 슬픔 때문에 잠을 이루지 못하는 괴로운 밤이 여러분들에게 얼마나 많습니까?

- 1994년 3월 16일(수) 오전

그 때는 참 많이 부르짖었습니다.

옛날에 수도원에서는 비가 쏟아져도 눈이 내려도 밤에는 산으로 올려보내서 산꼭대기에서 부르짖고 골짜기에서도 부르짖고 참 기도 많이 했어요. 그 당시에 기도하는 형제들의 모습을 보면 하나님 앞에 완전히 매달려서 천사와 씨름하는 야곱처럼 기도했는데, 요새 기도는요, 기도 소리를 들어보면,
"주여! 배부르다. 주여! 등짝 따뜻하다. 주여! 급한 것 하나도 없다"

요새 다 그렇게 되고 말았어요. 옛날의 그 감정, 산이라도 떠서 옮길만한 그런 열심 있는 부르짖음, 지금은 찾아볼 수가 없어요. 그러한 기도 없이는 감당할 수 없는 세계적인 큰 일이 사납게 급히 우리 앞에 달려오는데… 그래서 가난한 자가 복이 있는가 봐요. 옛날에 산 기도 다닐 때 우리

는 어떻게 한 줄 아세요? 된장, 썩음썩음한 김치, 재수 좋으면 냄새나는 꽁치 몇 마리와 소금, 그것 가지고 산기도 다녔어요 그때 기도는 참 멋있었는데 요새는 뷔페 먹을 줄도 알고 갈비도 많이 먹었어요. 요새 기도할 때 소리 들어보면
"주여! 배부르다. 주여! 등짝 따뜻하네"

그 '주여' 소리가 크지도 않아요. 성산수도원에서 기도하던 목사님 가운데 한 분은 기도할 때 고개가 좀 삐딱해져요. 그런데도 그 삐딱한 모습으로라도 매달려서 기도를 하면 뿌리를 뽑았는데 이제는 나이가 들어서 그런지 배가 불러서 그런지 위급한 상황이 아니고 편안해서 그런지는 모르지마는 다 기도의 열심이 다 약해지고 말았습니다. 그런데 다니엘의 기도는 기도내용으로 봐서 우리들이 지금 하는 것 같은 그런 기도는 아니었던 것 같습니다.

- 1995년 3월 15일(수) 오전

오직 주님만 찾은 사람

제가 오래 전에 정읍 부근에 있는 남경산 기도원에서 기장 측 전남노회에서 주최하는, 교역자를 중심으로 한 집회를 인도한 일이 있습니다. 거기에 성자로 추앙을 받는 아주 연세 지긋한 할아버지 한 분이 계셨는데 아주 백발에다가 흰 모시 두루마기, 바지저고리를 입었고 신도 꼭 흰 고무신만 신으시는 분입니다.

제가 거기에서 집회를 인도할 때의 일입니다. 저는 저 밑에 내려갔다가

올라오고 그 할아버지 목사님은 목사님들만 모여서 따로 기도하는 그 장소에서 함께 기도하시다가 내려오는 중에 저와 딱 만났습니다. 하도 연세가 많으신 대 선배님이기 때문에 할아버지 같은 정이 느껴져서 제가 그분에게 이렇게 물었습니다.

"목사님!
기도하시는데 가만히 들어봤더니 다른 얘기는 안 하시고 주, 주, 주, 자꾸 그러셨습니다. 목사님! 방언으로 기도하세요?"

"아니 나 방언 안 해!"

"제가 들어봤더니 다른 얘기를 안 하고 계속 주, 주, 주 그러시는데 방언 하시는 줄 알았습니다."

그랬더니.
"강사가 젊어서 아직 모르는구먼! 뭐 이러쿵 저러쿵, 이것 주시오. 저렇게 해 주시오. 그렇게 말할 것 뭐 있소! 구하기 전에 내게 있어야 할 것을 하나님이 다 아시는데, 주님만 부르면 주님이 다 알아서 해 주실 것인데. 그래서 나는 기도할 때 그저 주님만 찾는다오"

정말 기장이 낳은 성자와 같은 어른이었습니다. 그런데 다니엘서 9장 19절에 있는 다니엘의 기도를 보면 '주'가 참 많이 들어있습니다.

- 1995년 3월 15일(수) 오전

언제나 초심으로

몇 년 전의 일입니다.

샌프란시스코에서 사명자성회를 인도할 때, 낮 시간에 동역자들이 한 식당에 모여서 음식을 나누게 되었습니다. 그 자리에서 저보다 두 살 연세가 높으신 목사님이,

"강사님! 미안하지만 하나 물어봅시다."

"말씀하시지요"

"부흥회 처음 나오셨지요?"

"왜요?"

"강단에 서는 태도, 말씨, 조심스럽게 집회를 인도하려고 애를 쓰시는 모습을 볼 때, 집회 처음 나온 강사로구나! 이렇게 느껴졌습니다."

그랬더니 그 교회 담임 목사님이

"이거 사람을 형편없이 잘 못 보았네. 30년 이상 되신 부흥사요!"

"그래? 그런데 왜 그렇게 어설프고 딱딱하고 조심스러워?"

"아! 이것이 김 강사님의 특징 아니요!"

열 번 가고 스무 번을 가도 언제나 조심스럽게,

"하나님, 내가 말재주는 부릴 수가 있습니다. 소문난 강사의 이름을 가지고 사람들을 기만할 수도 있습니다. 여기 있는 사람을 웃길 수도 있고, 울릴 수도 있습니다. 그러나 하나님 앞에서 거짓을 말해서야 되겠습니까? 하나님의 성령이 나와 함께 하지 않으시면 머리털 하나 움직일 힘이 없습니다. 하나님의 말씀을 지식적으로 전하나 하나님의 성령이 함께 역

사하지 않으시면 말씀이 심령 속에 파고 들어가 그 심령을 그리스도 앞에 굴복시킬 수가 없습니다. 오늘 밤 설교는 하나님이 나와 함께 하시느냐? 성령의 은사를 부으시고 능력으로 나를 도우시느냐? 여기에 성공과 실패가 달렸습니다.
하나님! 나 좀 붙들어 주십시오! 나를 도와주십시오!"

그러한 두려운 마음, 조심스러운 자세를 가지고 집회를 인도하면 개(個) 교회 목회 생활에도 실패하지 않고 나가서 일을 할 때도 부끄러움을 당하지 않을 것입니다.

- 1995년 7월 12일(수) 저녁

속이 차고 익어야 합니다.

이제는 때가 많이 남은 것 같지는 않습니다. 이 자리에 계시는 여러 동역자들과 사명의 동지들은 우리 살아 생전에 예수님이 재림하셨으면, 우리가 살아서 종말적인 클라이맥스를 장식하는 대 사건에 참여하고 우리가 그것을 목도(目睹)할 수 있었으면, 이 같은 은근한 기대와 소원들이 있으신 것 같습니다.

저도 옛날에는 그렇게 생각했어요 그런데 지금은 한 40년 동안 복음을 전하면서 고생을 많이 해서 그렇겠지요? 이제는 조금 마음에 주저가 됩니다.

'주님 오시는 것을 내가 살아서 영접하는 것도 좋다. 세상이 멸망을 당하고 하나님의 나라가 이루어지는 것도 좋다. 그런데 지금부터 그 일이 이루어지기까지 그간에 있는 많은 시련과 고통 큰 싸움을 어떻게 감당하고

견디어 나가면서 사명을 감당할 수 있을까?'

그것을 생각하면 옛날에는 모르고 "아멘" 그랬는데 이제는 "아멘"이 선 뜻 나오지를 않아요. 다른 각도에서 분석해 본다면 속이 차고 속이 익어 간다 하는 증거라고 말할 수 있겠습니다. 진리를 깨달을 때 "아멘", "작은 책을 갖다 먹어버릴 때 네 입에서는 꿀과 같이 다나 네 배에서는 쓰게 되 더라." 단맛만을 알 때는 "아멘" 그러는데 "이러이러한 쓴맛을 보게 될 것 이다." 그러면 노멘은 안 해도 아멘이 선뜻 나오지를 않아요. 일을 맡겼을 때 하나님 앞에 바짝 매달려서
"하나님!
나는 스스로 설 수 없는 존재입니다. 나는 그것을 감당할 수가 없습니다. 그 일을 해낼 만한 능력도 없고, 인격도 여물어지지를 않았습니다. 하나 님 내가 어찌 하겠습니까?"

두려워할 때 그때가 일할 수 있을 만큼 익어지는 때입니다.

- 1995년 11월 7일(화) 오전

참 평안을 나타낸 그림

어느 미술학교에서 졸업반 학생들에게 졸업 작품을 그려서 제출하라고 말을 했습니다. 그 주제는 평화를 상징하는 것이어야 했습니다. 여러 학 생이 그동안 갈고 닦은 실력을 십분 발휘해서 훌륭한 작품들을 제출했습 니다. 그런데 그 여러 작품 중에서 특별히 두 점의 그림이 심사하는 교사 들 눈에 뚜렷하게 드러났습니다.

하나는 산간에 호수를 그렸습니다. 아름답고 푸른 산에 둘러싸인 호수입니다. 호숫가에는 푸른 풀밭이 있습니다. 풀밭에는 양과 소가 고요한 가운데 풀을 뜯고 있습니다. 호수에는 작은 배를 타고 젊은 남녀들이 뱃놀이를 하면서 사랑을 속삭이고 아름다운 노래를 부르고 있습니다. 과연 평화요 인생의 행복을 잘 그려놓은 훌륭한 작품이었습니다.

그러나 다른 한 점은 특이했습니다.
이 그림은 얼른 봐서는 평화를 나타내는 것이란 하나도 발견할 수가 없었습니다. 폭풍우가 몰아치는 큰 바닷가에 절벽을 하나 그려 놓았습니다. 바람이 몰아치고 바다 물결이 사납게 요동칩니다. 파도가 밀려와 절벽을 깨뜨릴 듯이 강하게 부딪칩니다. 절벽 위에 있는 나뭇가지는 부러지고 풀은 다 쓰러졌습니다. 그런데 그 절벽 바위틈에 어떤 갈매기 하나가 집을 지었고 갈매기 둥지에는 갈매기 새끼 몇 마리가 어미 곁에서 고요히 눈을 감고 편안한 잠에 깊이 잠들어 있습니다.

심사위원들이 이 두 그림을 놓고 어느 그림에 일등을 줄 것이냐? 많이 고심할 수밖에 없었습니다. 그러다가 두 번째 그림에 가장 큰 상을 주었습니다. 왜 그랬을까요? 첫째 그림은 너무나도 아름다운 평화로운 그림이었으나 어디까지나 일종의 상상이었습니다. 아름다운 동경의 세계 유토피아를 그려 놓았던 것입니다. 헬라 원어로 "우토피아"(Outopia), 영역하면 "노플레이스"(No place), 이 세상 어느 곳에도 존재하지 않는 상상의 세계입니다.

이 땅 위에 이러한 평화는 실상 없습니다. 이 세상에는 바람 없는 하늘이 없으며 물결이 없는 바다란 존재하지 않습니다. 반면 큰 바위 속에 집을 짓고 어미의 보호를 받으면서 잠들어 있는 갈매기 새끼들이 누리는 이 평화가 참 평화요. 세상에 존재할 수 있는 평화라고 인정이 되어서 일등상을 차지할 수 있었다는 것입니다. 예수님께서는 이렇게 말씀하셨습니다.

"세상에서는, 너희가 환난을 당하나…"(요 16:33상)

세상에 머물러 있는 동안 인생에게는 환난이 있는 것입니다.

- 1995년 11월 7일(화) 저녁

회개할 때 죄를 사해 주십니다.

하나님 앞에서 자기의 추한 것을 깨닫고 엎드려져 회개하면 하나님께서는 제단 숯불로 부정한 입술을 지져주시며 우리에게서 악을 제하시고 죄를 사하여 주실 줄로 믿습니다.

저는 6.25사변 나던 해에 학병으로 입대를 했습니다. 부상 당한 몸으로 육군병원에서 얼마동안 치료를 받았습니다. 그러다가 요양소로 자리를 옮겼습니다. 요양소 가까이에 어느 장로교회가 있었습니다. 어느 날은 목사님의 설교가 귀에 들어오지를 않습니다. 신학을 했다는 거만한 생각 때문에 목사님의 말씀을 겸손하게 받아들이지를 못했는지 모르겠습니다. 그 목사님은 세상 얘기는 하나도 하지 않았습니다. 성경을 조리 있게 확실하게 증거 했습니다. 말씀을 들을 때마다 가슴이 답답하고 말씀이 떨어질 때마다 화가 나고 괴로워서 견딜 수가 없습니다. 그래서 예배를 마치자마자 산으로 올라갔습니다.

'내가 믿든지 안 믿든지 결단을 내려야지! 어렸을 때부터 다니던 교회라고 할 수 없이 다녀서는 안 된다. 지옥의 공포 때문에 알지도 못하면서 확실치도 않는 것을 억지로 끌려가도 안 될 것이다. 내가 오늘 하나님과 담판을 지어야지!'

산으로 올라가고 올라가면서 소리도 지르고 그야말로 발광을 했습니다. 그러다가 기도하기 좋은 자리를 잡았습니다.
"하나님!
왜 이렇습니까? 예수 믿는 것이 이런 것입니까? 예수 믿는 것이 이것이 전부입니까? 좀 다른 것이 있어야 하지 않습니까? 깨치고 벗어나는 새롭고 무한하고 거룩한 그 무엇이 있어야 할 것이 아니겠습니까? 체면 때문에 억지로 믿는 예수는 싫습니다. 이런 것입니까? 아니면 다른 것입니까?"

악을 쓰면서 부르짖는 가운데 마음으로 느껴지기를 '회개해라!' 그러는 것 같았습니다. '회개를 해? 회개할 것이 뭐 있어?'

믿는 가정에서 자라나 얻어맞기는 했어도 같이 때려 주지는 못하고 아버지 주머니에서 돈 좀 몇 푼 집어다가 엿 사 먹은 것, 그것은 뭐 부자지간에 보통 있는 일이지요. '뭐 그것을 가지고 하나님이 나한테 따지실까?'
"하나님! 예수 믿는 것이 이런 것입니까? 어떤 것입니까?"

'회개해라!'

또 그러는 것 같았어요. 마음이 어떻게 답답한지 견딜 수가 없습니다. 그래서는 기도하기를
"하나님!
세상 사람들이 범하는 죄, 다 나도 범했다고 가정해 놓고 용서 좀 해보십시오! 성경에 조목조목 지적되고 기록되어 있는 죄, 나도 다 범했다고 가정해 놓고 용서 좀 해보십시오!"

그래도 속이 시원하지를 않습니다. 그런데 제 마음을 억누르는 것처럼,
'회개하라!'

하나님이 제 목을 억누르는 것 같습니다. 그래서는
"하나님, 회개할 것이 있어야 하지요."

악을 쓰는데, 나도 모르게 하늘에서 비췄는지 앞에서 큰 트럭에 라이트 불이 비춰 왔는지 환한 빛이 비춰졌어요. 그 빛에 나를 살펴봤더니 교만하고, 모르면서도 아는 척하고, 너무나도 지지분하고 너무나도 가증스러운 죄악이 꽉 차 있는 나를 발견했습니다.

나도 모르게 뒹굴고 풀뿌리를 잡아 뜯고 오리나무를 꺾으면서 어떻게 뒹굴고 야단을 했던지 한 참 기도하고 얼마나 몸부림을 쳤는지 모릅니다. 그런 가운데 막혔던 샘구멍이 확 뚫리는 것처럼, 내 속이 시원해지고, 닫

혔던 하늘 문이 열리는 것처럼 천지가 환해지고 기쁨이 충만한데요, 상당히 까다롭고 따지기를 좋아했던 저도 내가 하나님 나라에 올라갔는지 하나님 나라가 내게 임했는지, 내가 하나님 속에 있느냐? 하나님이 내 속에 계시느냐? 천국이 바로 이러한 것이로구나!

나도 모르게 벌떡 일어나서는 "죄악 벗은 우리 영혼은~" 얼마나 뛰고 춤을 추고 하나님을 찬양했는지 모릅니다. 죄를 회개할 때 하나님의 사유하심이 있습니다. 죄는 자기가 즐겨 범하지마는 하나님께서 회개의 영을 부어 주실 때 통회하고 자복할 심령을 내게 주실 때 회개가 된다는 것도 그때 체험한 것입니다.

- 1996년 3월 11일(월) 저녁

예수 믿지 않는 부부 집사

제가 오래전에 미국 캘리포니아에서 집회를 인도한 일이 있습니다. 이번에 가서 알아봤더니 그 교회가 부흥되고 부흥되어서 지금 한 3,000명 모이는 대교회가 되었다는 말을 들었습니다.

집회를 인도하고 어느 오후 시간에 바닷가에 있는 좋은 식당에서 젊은 집사님 내외분에게 식사 대접을 받았습니다. 한참 맛있게 먹고 있는데 남자 집사님이 심각한 표정으로 말하기를

"강사님!

강단에서 몇 번 강사님을 뵈었지마는 내 속에 있는 것을 털어놓아도 괜찮은 분이다. 숨길 것 없이 정직하게 말을 해도 충분히 받아 줄 수 있는 분이라고 생각되어서 얘기합니다. 나와 우리 집사람은 서울에 있는 명문

대학에서 만나서 가정을 이루었습니다. 우리는 다 집사입니다. 그런데요. 나와 우리 집사람은 하나님은 믿어도 예수는 안 믿습니다."

눈 하나 깜박 안 해요. 얼굴 하나 붉히지도 않아요. 당돌하게 이것을 털어놓았습니다. 대접을 받았으니 말을 할 수가 있나요? 입으로 들어가면 입으로 말을 못하는 모양입니다. 그래서 그 말을 듣고는 숨이 가빠지고 얼굴이 벌겋게 달아오르는데 말은 못하고
'너는 죄 사함 받지 못했구나. 너는 구원 받지 못한 사람이다! 네게는 영생과 하나님의 나라는 없다.'

그날 밤부터 무슨 제목으로 설교를 하든지 그 형제를 위해 밥 얻어 먹은 밥값을 하려고 열심히 설교를 했습니다. 그리고 10년 후에 그 교회를 가봤더니 예수 안 믿는다고 했던 그 사람이 목사가 되었더라고요! 그 교회가 지금 2~3,000명 모여요! LA 저 남쪽 밑에 있는 그 교회 얘기입니다. 하나님이 세상을 이처럼 사랑하사 독생자를 주셨으니 누구든지 저를 믿으면 멸망치 않고 영생을 얻으리라!

- 1990년 7월 10일(화) 오전

환난의 밤, 축복의 아침
밤은 자신을 살피며 하나님께로 돌아올 수 있는 기회가 됩니다. 밤은 회개할 기회를 하나님께서 우리에게 주시는 때 라는 것을 기억하고 이 환난의 밤에 죄를 회개하고 하나님께로 돌아와야 하겠습니다

졸고 자고 있는 심령들, 처음 부르심을 받았을 때 그 사명적인 감격을 잃어버리고 세상에 기울어지고 있는 형제들 이 자리에 계시지 않습니까? 아침을 애타게 기다리는 마음을 주신 하나님은 이 기다리는 마음에 만족할 만한 아침의 축복과 위로와 큰 은사를 준비하고 계시는 줄로 믿습니다.

"두마에 관한 경고라 사람이 세일에서 나를 부르되 파숫군이여 밤이 어떻게 되었느뇨 파숫군이여 밤이 어떻게 되었느뇨 파숫군이 가로되 아침이 오나니 밤도 오리라 네가 물으려거든 물으라 너희는 돌아올지니라"(사 21:11)

- 1997년 7월 8일(화) 새벽

엎드러지십시오!

이 수도원을 통해서 다시 예언해야 할 자, 이런 하나님의 종들이 나타나기를 바라는 마음, 그 같은 종들이 준비하고 무장하는 기관이 되기를 바라는 소원이 제게 있습니다. 다시 예언할 자는 작은 책을 갖다 먹어버리는 사람입니다. 그래야 다시 예언할 수가 있습니다.

다시 예언할 자란, 내가 나의 두 증인에게 권세를 주리니 저희가 굵은 베옷을 입고 1,260일을 예언하리라. 하나님께 권세를 받은 자만이 다시 예언할 수가 있습니다.

이러한 말씀, 이러한 권세를 받은 주의 종이라 할지라도 엘리야와 같이 기도하는 사람, 모세와 같이 기도하는 사람이 아니고는 이 사명을 감당할 수가 없는 것입니다. 출애굽 사건을 통해서 제일 많이 찾아볼 수 있는 것은
'모세와 아론이 엎드러졌더라'
'모세가 하나님께 부르짖으매'

그 말씀을 제일 많이 찾아볼 수가 있습니다. 다시 우리 마음을 새롭게 합시다.
'지금까지 30분 기도했는데, 이제부터는 1시간 하겠습니다. 지금까지 1시간 기도했는데, 이제부터는 2시간 하겠습니다. 내가 앞장서서 일하는 것이 아니라 내 기도로 말미암아 하나님께서 앞장서서 나아가실 수 있도록 내 기도로 말미암아 성령께서 먼저 앞장서서 역사하실 수 있도록 기도의 사람이 되어서 돌아가겠습니다.'

이 같은 결심이 오늘 우리에게 필요한 줄로 믿습니다.

- 1997년 11월 6일(목) 새벽

앵두나무와 찬송

제가 오래전에 전라도와 충청도 접경지대에 있는 어느 농촌교회에서 집회를 인도했습니다. 그 전날 밤에 갔더니
"강사님! 떡국 잘 잡수세요?"

이렇게 말을 하는데 뭐라고 그럽니까?

"예, 잘 먹습니다."
"그럼 됐네요!"
"왜요?"
"강사님, 다른 것 해드릴 것이 없고, 떡국을 끓여드리려고 지금 긴 떡을 잔뜩 뽑아다 놓았습니다."

그 말을 듣고는
'여기에서 난 떡국 먹다가 끝나겠구나!'

그저 첫날부터 마지막 떠나는 시간까지 떡국만 나왔습니다. 그런데 그 교회의 목사님이 신자들을 끔찍이 사랑하는 분이었습니다. 도착하자마자
"강사님, 우리 교회에 주일학교 선생이 있는데 참 훌륭합니다. 믿음이 좋고요. 심덕이 아름답고, 교회를 위해서 충성 참 잘합니다."

그저 만나자마자 자기 교회 교인들 칭찬만 합니다. 이튿날 저 멀리 같이 심방을 가자고 해서 또 심방을 갔다가 돌아오는데, 저쪽에서 노랫소리가 났습니다.
"목사님! 우리 교회 청년들 지금 노래 부르네요."
"청년들 무엇 하는데요?"
"강사님 오늘 밤에 쑥국 끓여드리려고 나물 뜯으러 나갔습니다."
"그래요? 먹기도 전에 구수하고 향긋한 쑥국 냄새가 나는 것 같아요. 오늘 밤에는 떡국만 먹지 않고 쑥국도 먹게 됐구나!"

먹기 전에 흐뭇했습니다. 그런데 무슨 찬송을 그렇게 열심히 부르는가 싶어서는 더 가까이 가서 가만히 귀를 기울여 봤더니 찬송가에는 없어요. 복음성가에도 없어요. 몇 장 부르는가 하면
"앵두나무 우물가에~ 동네 처녀 바람이 났네~ 헤이~ 헤이~ 헤이"

참 잘하더라고요. 그래도 그날 밤에 쑥국은 맛있었어요. 은혜 떨어지면, 앵두나무 나오고 은혜가 충만하면, 찬송이 절로 나오는 것입니다.

- 1998년 3월 10일(화) 저녁

배도의 시대

집회 인도 차 독일 쾰른이라는 곳에 들렀을 때의 일입니다. 제가 갔을 당시에 623년에 걸쳐서 큰 교회당 하나를 짓는 중이었습니다. 우리 한국에 있는 교회당은 몇 달 만에 뚝딱 세웁니다만 그 교회당 건물 하나 짓는데 623년 동안 계속하고 있었어요. 낡아 부서지는 곳이 있으면 그것을 수리하면서 다른 한편에서는 계속 공사 중이었습니다. 여러분들 생각에는 623년 동안 건축하고 있는 교회당이면 '그 교회는 수많은 신자가 모일 것이다' 그리 생각할 것입니다. 그런데 그 교회당에 신자 수는 32명입니다.

또 프랑크푸르트에서 한 시간쯤 떨어진 곳에는 100년 걸려서 지은 교회당에 신자가 20명 남았습니다. 제가 독일을 방문해서 집회를 인도할 때 독일 국민의 95%가 기독교 신자였습니다. 그런데 "당신이 어떻게 기독교 신자냐?" 이렇게 물어보면 "나 태어날 때 부모님이 목사님을 모셔다가 성

수 뿌리고 축복기도 했어!" 그리고는 평생 교회를 한 번 안 나가는데도 그는 크리스천이라는 것입니다. "나 결혼할 때 목사님이 주례해 주셨어!" 그러면서 술 먹고 별짓 다해도 그 사람은 크리스천입니다. 죽을 때 목사님이 장례 주례하면 그 사람 크리스천입니다. 이렇게 해서 전 국민의 95%가 기독교인인데 신자 20명, 30명, 그것도 이제는 노쇠한 노인들만 겨우 몇 사람 남았어요!

유럽은 하나님을 떠났으며 미국도 하나님에게서 점점 멀어지는 나라가 되고 말았습니다.

- 1999년 3월 9일(화) 오전

예수 위해 순교한 처녀

전에 그런 얘기가 전해집니다.

팔로군, 즉 공산군에 의해서 중국 상해가 점령을 당했습니다. 그때 무슨 일이 있었는가 하면 팔로군 공산군들이 예수 믿는 교역자, 직원들, 신자들을 몽땅 사로잡아서 양 손의 엄지손가락을 쇠줄로 묶어서는 펜치로 잡아 돌려 버렸어요. 뼈가 으스러지는 소리가 나도록 묶어 버렸어요. 그리고는 상해 바다로 다 끌고 들어갔습니다. 그리고는 몽둥이 하나 가지고 갑니다. 칼로 찌를 것도 없고, 총도 쏠 것도 없어요. 몽둥이 하나 가지고 믿는 이들을 물속에 집어넣었습니다. 물 위에는 얼굴만 나왔어요.

"마지막 기회다 예수 믿겠느냐? 안 믿겠느냐?"

"안 믿을 테니까 제발 살려주십시오!"

그런 사람들 다 살려 주었어요. 믿는다는 사람 방망이로 머리 한 번 탁 치면 기절해서 물속에 들어갔고 그걸로 죽었어요. 그런데 팔로군 장교가 가만히 봤더니 한 처녀가 있었는데 물 위에 그 처녀 얼굴이 얼마나 예쁘던지, 얼마나 천사처럼 아름답던지 죽일 수가 없어요.
"한마디만 해라. 너를 살리고 죽이는 권세가 내 손에 있다.
안 믿는다고 한 마디만 해라!"

대답을 안 하고 눈을 딱 감아버렸어요. 눈 감은 모습이 더 아름다워 보였습니다.
"야! 너 예수 안 믿는다고 하면 내가 너를 정실부인으로 맞아들여서 너를 행복하게 해 줄 것이다. 한 마디만 해라!"

그 말을 듣고 있던 처녀가 눈을 번쩍 뜨더니 하는 말이
"예수 나를 위하여 죽으셨으니 나 예수를 위하여 죽는 것이 마땅합니다."

그리고 순교 당했어요. 그러한 순교의 피가 있어서 오늘날 중국의 교회들이 일어나고 복음으로 구원받는 사람들이 벌떼처럼 일어나고 있습니다. 왜 한국교회가 무너지지 않고 지금처럼 건재하고 큰 발전을 거듭하고 있습니까? 순교자의 피가 있어서 그렇습니다. 피는 소리칩니다. 피는 세상을 진동시킵니다. 피는 놀라운 일을 이룩하는 기적적인 능력을 갖고 있습니다.

- 2000년 11월 9일(목) 새벽

하나님의 손에 붙잡힌 사람

저는 오래전에 경기도 평택성결교회에서 연합집회를 인도한 일이 있습니다. 순복음교단의 총회장으로 계셨던 분, 또 장로교단에서 유력하게 큰 일을 하시는 분, 성결교단에서 한참 돋아나는 태양처럼 힘 있게 역사하는 주의 종들을 모시고, 제가 조수 노릇을 했어요.

어느 시간에 서재에 들어가서 둘러앉았습니다. '이분들에게 힘을 좀 북돋아 드려야 될 터인데' 생각하다가,
"목사님들!
하나님이 만일 나를 미국을 구원하라고 보낸다면 나는 자신있습니다. 나 혼자서 미국을 뒤집어 놓을 자신 있습니다."

듣기에 따라서는 '돈키호테 같은 놈이로구나!' 그랬을는지 모르겠습니다. 하나님이 나를 보내실 적에는 나만 보내는 것이 아닙니다. 내 앞서 하나님이 행하십니다. 나와 같이하십니다. 나와 함께 역사하십니다. 나를 떠나지 아니하고 버리지 않는 것입니다.

문제는 하나님의 택함을 받은 하나님의 종이냐? 주님의 오른손에 붙잡혀 있는 일곱 별과 같은 하나님의 사람이냐? 하나님이 눈동자와 같이 아끼시는 주의 종이냐? 하나님이 그를 통하여 일을 이루시기를 참으로 원하시느냐? 이것이 문제입니다. 김 강사가 지금까지 죽지 않고 살아 있는 것을 보면 성경은 진리입니다.

- 2002년 11월 7일(목) 새벽

주님과 함께 하자

"제자들이 나가 두루 전파할 새 주께서 함께 역사하사 그 따르는 표적으로 하나님의 말씀을 확실히 증거 하시니라"(마가 16:20)

주님과 함께 하십시오! 주님과 함께 일하십시오! 주님과 함께 싸우십시오! 우리는 약하나 우리 주는 강하십니다. 우리는 힘이 없으나 우리 주님은 전능하신 줄로 믿습니다.

- 2004년 3월 10일(수) 저녁

그 말씀대로 믿습니까?

옛날에 대전 부근에서 있었던 일입니다.

교역자를 대상으로 한 사명자성회를 제일 먼저 인도한 것이 저 계룡산에 있는 신도안 계룡산 기도원에서입니다. 교역자가 120명 모였던 첫 집회였습니다. 저는 그때 평신도였습니다. 평신도가 사명자성회를, 교역자를 대상으로 한 집회를 인도한 것입니다. 생기기나 든든하게 생겼나요? 키가 큰 것도 아니고, 풍채가 있는 것도 아니고, 인상 보니 명태처럼 말랐는데 보잘 것 없어 보였습니다. 문제가 되는 것은, 여러 교단에 속해 있는 목사님들이 한 자리에 모였기에, 칼빈주의적인 설교를 하면 여기에 걸리고, 알미니안주의적인 설교를 하면 저기에 걸리겠습니다.

그래서는,

"하나님! 하나님이 나와 함께 하시면, 하나님이 나와 함께 싸우시면 주의 이름으로 승리하실 줄로 믿습니다."

그러면서 설교를 하지 않고 성경 구절을 읽어놓고는, "이 말씀 이대로 믿으십니까?" 물어봤더니 "아멘" 했어요.

아멘 하는 순간에 병이 싹 낫는 역사가 나타났어요. 아멘 하면서 뒤집어졌어요. 아멘 하면서 성령 충만을 받았어요! 처음에는 얼마나 어려웠는지 모릅니다. 그래서 제 별명이 "믿습니까 강사"였습니다.

다른 사람들은 지식이 없어서, 말재주가 없어서, 성경의 깊은 이해가 없어서 저런 소리를 하나 할지 모르지마는 입을 열 수가 없었어요.
주께서 함께 역사하사 그 따르는 표적으로 하나님의 말씀을 확실히 증거하시니라"(마가복음 16:20)

- 2004년 3월 10일(수) 저녁

선교는 먼저 문화를 이해해야 합니다.
제가 28년 전에 미국을 처음 방문했습니다.
도착한 지 며칠 후에 흑인들과 백인들, 젊은 청년들 한 50명 모인 자리에서 열심히 설교했습니다. 설교를 마친 다음에는 테이블에 둘러앉아서 티-타임을 가졌습니다. 그 차를 마시는 청년들 사이사이로 다니면서 인사를 나누었는데 어느 흑인 청년 하나가 대뜸 그랬습니다. 저를 향해서 "당신은 참 좋은 사람 같은데, (통역하는 분을 가리키면서) 저 사람은 아주 나쁜 사람이다."

직설적으로 쏘아대는데 깜짝 놀랐어요. 그래서 "왜 그러느냐?" 물어봤더니, "우리를 향하여 명령하는 것처럼 손들라 그런 말을 했다. 기분이 아주 나빴다"는 것입니다. "오늘 밤 제 설교를 듣고 성령의 감동하심을 입어 예수 믿기로 작정하신 분들 계시면 손을 드십시오!" 그 말을 했는데, 통역할 때 "손들어라!" 명령조로 그렇게 전달이 된 것 같았습니다. 그때 깜짝 놀랐어요! '아, 말 한마디의 표현이 이렇게 다른 것이로구나!'

미국에 가서 혼자 미국 전체를 뒤집어 놓을 것처럼 자신 있게 출발했는데 '아 그런 것이 아니었구나!' 그만 거기에서 기가 팍 꺾였어요.

또 몇 년 후에 제가 집회를 인도할 때 백인 남자와 한국여성이 사는 가정을 방문하게 되었습니다. 그 가정에는 열두 살쯤 먹어 보이는 소녀가 있었는데 아빠는 미국 사람, 엄마는 한국 사람이기 때문에 묘한 조화를 이루어서 참 예쁘게 생겼어요. 제게 달려 나오더니 매달리면서 인사를 하고 반갑게 저를 맞아 주었습니다. 하도 고마워서는 머리를 이렇게 쓰다듬으면서 "너 참 예쁘게 생겼구나!" 그랬더니 얼굴 표정이 싹 달라져서는 뛰어들어가고 말았어요! '내가 뭐 실수를 했나?'

석정이 되어서는 아이 엄마한테 물어봤습니다. "참 귀엽게 잘 생겨서 머리를 쓰다듬어 주며 예쁘다고 했더니 화를 내면서 달아났습니다. 왜 그러지요?" 물어봤더니.
"강사님! 미국 풍속을 몰라서 그러시네요. 남자가 여자의 머리를 만지는 것은 성희롱하는 것입니다. 강사님이 자기를 성적으로 희롱하는 줄로 알고 지금 화가 나서 달아난 것입니다."

'손도 입도 마음대로 할 수 없고, 아! 외국선교사업이 이렇게 힘든 것이로구나!'하는 것을 절감했던 일이 있습니다.

- 2004년 7월 8일(목) 새벽

사명을 지켜 구원받은 사람

2001년 9월 11일, 오사마 빈 라덴을 위시한 아랍 사람들에 의해서 미국의 심장부가 강타를 당하는, 세계를 경악케 한 사건이 일어났습니다. 쌍둥이 빌딩이 있었던 그 자리에 가 봤더니 완전히 무너져 내렸어요. 워싱턴에서 제가 집회를 인도할 때입니다.

순복음 교단에 속한 목사님 한 분이,
"목사님 저 사람 잘 봐두세요. 보통 믿음의 사람 아니에요. 9. 11 때 꼭 죽어야 할 사람인데 살아 있습니다."

그래서 차를 마시면서 그분과 얘기할 수 있는 시간을 가졌습니다. 한국 사람으로서는 미국에서 굉장히 출세한 학자요. 높은 지위에 있는 분입니다. 세계 경제를 좌지우지하는 분야에 부총재로 있는 분입니다.

그분이 여러 사람과 함께 외국에 일을 보러 나갔어요. 일을 마치고 돌아오게 되는 날짜가 9월 11일 날입니다. 그런데 사전에 이분이 동료들과 상사에게 부탁을 했어요.
"나는 교회학교 선생입니다. 중고등부 학생을 가르치는 선생입니다. 하나님께 받은 사명입니다. 나 미안하지만, 공무집행도 중요하지마는 9월 11

일 날 워싱턴에 돌아갈 수가 없습니다. 나는 교회에 돌아가서 학생들을 가르쳐야 하니 사흘 전에 출발해야 합니다. 그러니 나를 양해 해 주시고 좀 보내주십시오!"

사람들이 다 미친 사람이라고 욕을 했어요. 부총재로 있는 사람이, 세계 경제를 좌지우지하는 사람이, 보통사람이 넘볼 수 없는 그렇게 높은 자리에 있는 사람이 교회학교 중고등부 학생을 가르치는 선생이라고 공무를 떠나 며칠 전에 보내 달라고 사정을 하니 사람들이 다 비웃었어요. 그런데도 이 사람은 자기주장을 굽히지 않았습니다.

그래서 그분은 9월 9일 워싱턴에 돌아와서 교회학교에서 맡은 자기 사명을 감당했습니다. 그런데 그의 일행들은 9월 11일 날 미국으로 돌아오는데 그들이 탄 비행기는 백악관을 폭파시키기 위해 무장된 사람들이 탄 그 비행기였습니다. 그 결과 거기에 탔던 일행들은 이날 다 죽고 말았어요.

교회학교 중고등부 학생들을 가르치는 선생이라고, 하나님께 받은 사명을 경히 여길 수 없었다고 자기 신앙을 지켰던 그는 하나님 앞에서도 충성스러운 종으로 인정을 받고, 또 죽지 않고 살아남아서 많은 사람에게 존경과 사랑을 받는 것을 보았습니다.

- 2005년 3월 16일(수) 저녁

그는 언약하신대로 이루십니다.

기도운동을 다시 시작해야 한국교회를 살리며 민족과 나라의 장래를 앞으로 이끌고 나갈 수 있습니다.

"뜻을 정한, 믿음의 사람"

죽을지라도 하나님 앞에서 끝까지 믿음을 지키기로 결심하십시오. 모든 일을 기도로 해결하면서 헤쳐 나가야 합니다. 순교를 각오하고 믿음을 지켜야 합니다. 왜정 말엽에 주기철 목사님을 위시하여 많은 신앙의 선배님들이 진리를 파수하기 위해서, 신앙의 순교를 지키기 위해서 신사참배와 동방요배를 거절하다가 옥사를 당했습니다.

그 순교자의 피가 있었기에 해방이 되면서 한국교회가 새로워지고 한국교회가 다시 일어나 세계 기독교 역사에 유례없는 놀라운 부흥발전을 일으킨 것입니다. 오늘날에는 세계에서 가장 열심으로 선교사업을 하는, 가장 많은 선교사를 외국에 파송하는 한국교회가 되었습니다. 마지막으로 기대할 곳은 아세아에 있는 한국뿐이다 이와 같이 칭찬을 받고 빛을 발하는 한국교회가 된 것입니다.

"나는 죽을지라도 여호와의 이름으로 맹세한 언약의 말씀대로 반드시 살려내며 구원하시리라!"

이 믿음을 가지고 앞으로 오는 때를 감당하시기 바랍니다. 순간 순간마다 때마다 일마다 하나님만을 온전히 의지하고 하나님과 함께 하는 사람은 절대 망하지 않을 것입니다.

- 2005년 3월 17일(목) 새벽

고난의 시대, 믿음과 배도

일본 사람들이 한국교회를 심히 괴롭힐 때, 아침마다 일어나면 일본 사람이나 한국 사람을 막론하고 일본 도쿄에 천황이 살고 있는 궁성을 향하여 동방요배를 강요했습니다. 신사참배를 해야만 살아남을 수가 있었습니다. 초등학교나 중학교나 어느 학교든지 학교에서 가장 경치 좋고 눈에 잘 들어오는 그 자리에 일본의 아마데라스오미까미(あまてらすおおみかみ[天照大神,天照大御神]), 일본 귀신을 섬기도록 신위를 봉안한 곳이 있었습니다. 운동장에 들어서면서 거기를 향해 먼저 90도 각도로 큰절을 한 후라야 운동장을 통해서 교실로 들어갈 수가 있었습니다.

한국교회는 어떤 핍박과 고난을 받은 줄 아십니까?
목사님들이 주일날 설교하기 위해서는 제가 본 그대로 말을 한다면 예를 들어 토요일 저녁이면 ○○교회, 이 푯말을 경찰서에서 목사님 가정에 보냅니다. 목사님들이 주일날 예배를 인도하기 위해서는 먼저 평양 모란봉에 있는 신사에 가서 일본 아마데라스오미까미에게 경배를 드리고 그 푯말을 신사에다 맡기고 돌아와서 예배를 인도해야만 했습니다. 만약에 신사참배를 하지 않는 목사가 주일날 예배를 인도하면 당장 체포되어 감옥에 끌려갔습니다. 교회당 안에는 강단 바로 우편에 아마데라스오미까미를 붙여놓고 목사님들이 강단에 서서는 "기립! 일어나시오. 우향우! 신자들 전체가 그것을 바라봅니다. 황국신민 선서를 또박 또박 외치면서 우리는 황국신민으로서 이렇게 이렇게 살아드릴 것을 맹세합니다." 그리고는 그것을 향해서 손을 딱 딱, 두 번치고 거기다가 큰절을 하고 나서야 하나님께 예배를 드릴 수 있었습니다. 귀신이 먹다 던져버린 떡, 하나님이 잡수셨는지는 모르겠어요.

- 2005년 11월 8일(화) 저녁

신학이란?

하늘을 향해서 부르짖는 사람의 기도 소리요 꿈을 그리는 몸부림치는 우리의 소망이 될 수도 있겠습니다. 골목 안에 있으면 골목이 세상의 전부 같고 시야도 국한됩니다. 골목의 환경과 삶의 여건 속에서 울고 웃고 꿈꾸는 가운데 막다른 골목길, 한계 상황에 이르게 되는 것입니다.

이제 우리는 지붕 위에 올라가야 합니다.
내 집과 이웃집을 이 골목과 저 골목을 연결한 큰 길, 뚫린 길이 나타나면서 골목 안 풍경이, 골목 안의 인간 생태가 한눈에 다 드러나 보이게 될 것입니다. 비로소 골목 안의 삶을 제대로 알게 됩니다. 골목의 모순과 시정사항을 바로 진단하게 됩니다. 비로소 골목 안은 새롭고 바른 소망과 바람직하고 효과적인 바른 꿈을 설계할 수 있게 되는 줄로 믿습니다.

지붕에 올라가서 골목을 살펴봐야 합니다.
올라가서 보고 들어야만 아는 것입니다. 올라가는 자만이 골목의 비밀을 알게 됩니다. 올라가는 사람만이 새 동네와 새 삶의 꿈을 꾸게 되는 것입니다. 또 우리는 여기에 머물지 말고 거리에 나아가야 합니다. 내가 사는 골목이 거리와 연결되어 있기 때문입니다. 수많은 인파가 밀려 다니는 군상, 빨리 달리는 교통, 삶은 활발해집니다. 골목 안의 조용함과는 대조적이라고 말할 수 있겠습니다. 넓은 세계입니다. 그러나 내 집 가는 그 골목이 이 거리와 연결되어 있는 것입니다. 내 집은 이 거리에 연속되어 있는 것이라고 말할 수 있겠습니다.

그러나 빌딩에 시야가 막혀서 건너편 거리가 보이지 않습니다. 우리의 지식, 우리의 경험은 여기에 국한돼 있습니다. 이 거리에 문제가 많습니다. 교통은 막힙니다. 시정할 것이 있습니다. 어디론가 소통이 되지 않고는 사람이 살 수가 없습니다.

우리는 남산 타워에 올라가서 서울을 한눈에 내려다 볼 수가 있습니다. 비로소 서울 거리의 전경을 눈앞에 자세히 살펴볼 수 있게 되는 것입니다. 우리는 비행기를 타고 하늘을 날 때 이 나라와 저 나라 사이의 국경을 보게 됩니다. 대기권을 벗어난 인공위성에 몸을 싣고 있는 우주인들은 금새 깨어질 듯하게 불안해 보이는 감색과 같이 보이는 지구의 전부를 살펴보게 된다는 말이 있습니다. 비로소 한눈에 지구의 전면을 바라볼 수가 있습니다. 한눈에 세계를 다 바라볼 수 있게 되는 것입니다. 오늘날 20세기 말엽의 과학이라는 것은 대기권을 벗으니 우주를 항진하거나 지구를 감돌고 있는 그 자리에서 길거리를 지나가는 시민이 잡지 책을 펴 들었다든가 들여다보는 신문의 내용을 그 자리에서 사진 찍어 다른 곳에 전송할 수 있을 만큼 과학이 발달했습니다. 또 지구 어느 구석에서든지 핑퐁 알(탁구공)이 부딪히는 소리까지 포착해서 그 소리를 다른 데로 보낼 수 있을 만큼 오늘의 과학은 발달한 것입니다.

그러나 여러분들!

우리는 거기에서 우주의 전부를 살펴볼 수 없습니다. 하늘과 땅과 그 안에 있는 모든 것을 지으신 그 하나님만이 우주 이 끝에서 저 끝까지의 우주의 전면을, 우주의 크고 작은 모든 것을 살필 수 있는 유일한 분인 줄로 믿는 것입니다. "이리로 올라오라"는 음성을 듣고 하늘에 올라간 사도 요한은 하나님의 성령의 감동하심을 입어서 거기에서 천지와 만물을 창조하신 하늘 보좌에 계시는 하나님의 영광을 바라볼 수 있었던 것입니다. 하나님이 지으신 우주의 모든 것과 세상의 모든 일을 거기에서 살피면서 하나님 비밀의 경륜이 어떠한 것이며 하나님의 일이 어떻게 시작되어 어떻게 진행되며 마침내 어떠한 결과를 가져오게 되리라는 엄청난 계시를 받은 것을 기록하고 있는 것이 요한계시록이요, 신구약 성경 전체의 내용인 줄로 믿습니다.

- 1987년 11월 16일(월) 저녁

믿음은 자기 확신이 아닙니다.

옛날 제가 20대 초반 시절에 있었던 일입니다.

어느 형제 한 분이 제게 찾아와서는
"회장님!"
"왜요?"
"나 오늘 저 바다 위로 걸어야 하겠습니다. 믿음이 생겼습니다. 그런데 증인이 없으면 하나님의 영광이 드러나지를 않습니다. 회장님이 오늘 내 증인이 되어주시오!"

"이제 뭐라고 그랬어?"
"나 바다 위로 걷는다니까요!"

믿음이 생겼대요. 그 말을 듣고는
'나 같은 놈은 죽어야 돼! 어렸을 때부터 내가 예수를 믿고 교회 안에서 자라났지마는 물 위로 걸어보자는 생각도 못했고 용기도 못 가졌는데 이 사람 지금 예수 믿은 지 얼마 되지 않은 사람인데 나 같은 것은 죽어야 돼!'

그러면서 따라 갔어요. 따라 가면서도,
'나 같은 놈은 죽어야지!'

어떻게 위대하게 보이는지, 부둣가 가까이 갈 때까지는 개선장군처럼 삼국지에 나오는 관우, 장비처럼 용맹스럽게 달려나갔는데 부두 끄트머리에 가서는 물을 한참 들여다보더니. 벌써 얼굴 표정과 태도가 달라졌어요. 한참 쳐다보더니
"회장님!"
"왜요!"
"빠지면 죽겠지요?"

내가 속으로
'김샜구나!'
"수심이 얼마나 될까요?"

"한 길 반은 넘을 걸!"
"빠지면 죽겠네요."

내가 속으로
"꽉 샜구나!"
"오늘은 안 되겠어요."

그래서는 손을 뒤로 돌려서는 물속에 밀어 넣는 것처럼 등에다가 손을 댔더니,
"이거 사람 죽이려고 그래요 이거"
"걸어! 걸어!" 그랬더니.
"오늘은 믿음이 조금 부족하다고."

그래서는 맥이 빠져서 돌아왔습니다. 얼마 후에는 또
"회장님! 갑시다. 아 가자고요!"

따라갔더니 어느 집으로 들어갔습니다. 그래서 얻어 먹을 국물이 있는가 보다 하고는 따라 들어갔지요. 따라 들어갔더니 큰 고무대야에다가 물을 하나 꽉 채워 놓았는데 그 앞에서 양말을 척척 벗습니다.
"왜 그래요?"
"바닷물 위로 걷기나 고무대야 물 위로 걷기나 물 위로 걷기는 마찬가지 아니요? 회장님이 증인 좀 되시오!"

양말 벗고 대야 물 위에 올라서서는 "주여! 쉿 쉿" 하는데,
"그만둬!"

바다에는 빠지면 죽고 고무대야 물에는 빠져봐야 무릎도 안 찰 것이다 하는 해프닝을 벌인 형제 한 사람이 있었습니다.

- 1989년 3월 13일(월) 저녁

스스로 굳세게 할지어다

여러분!
영안(靈眼)이 열려야 합니다. 눈이 밝아져야 합니다. 비전을 봐야 합니다. 이 민족과 나라는 아주 절망적인 것이 아니라 신령한 눈으로 볼 때 희망이 있습니다. 그러니까 스스로 굳세게 하여 일하자는 것입니다. 하나님이 "진동시킬 것이기 때문"이지요. 이 민족과 나라를 결코 버리지 아니하시며 원수에게 던져버리지 아니하며 눈물 뿌리고 피 뿌려 가꾸어 놓은 한국교회를 하나님께서 저버리지 아니하시고 반드시 귀하게 들어 쓰실 줄로 믿습니다.

'이가봇'이 아니라 '영광이' 크리라! 저수와 멸망이 아니라 평강을 주실 것입니다. 주의 종들이 믿음으로 일어나 스스로 굳세게 하여 일하게 될 때 한국교회 성도들의 마음이 성령으로 말미암아 뜨거워지고 흥분하여 역사하게 될 때 하나님이 이제부터는 우리에게 복을 주실 줄로 믿습니다. 종들이 일어나 스스로 굳세게 하여 힘 있게 역사할 때 하나님이 함께 하십니다.

우리는 "진리의 복음과 은혜의 성령"을 위해서 일해야 합니다. 진리의 복음을 전하며 은혜와 성령의 역사를 다시 한번 불일 듯 일으켜야 될 줄로 믿습니다.

- 1989년 3월 16일(목) 새벽

하나씩 차곡차곡 쌓아갑시다.

신앙생활을 잘못하면 허영으로 뒤집어쓰기가 쉬워요. 신앙생활에 비약, 거저먹기, 요행수는 없어요. 진지하고 진실하게 하나님 앞에서 벽돌 한 장 한 장을 쌓아 올려 나가는 것입니다.

미국 권위의 상징이라면 뉴욕 맨해튼에 있는 102층짜리 엠파이어 스테이트 빌딩이라 할 수 있습니다. 걸어 올라가는 데 꼬박 한 시간이 걸립니다. 제일 높은 곳에 올라가면 유리 상자 속에 벽돌 하나가 전시되어 있습니다. 거기에 쓰인 글의 내용은,
'엠파이어 스테이트 빌딩은
이 벽돌 100만 개로 쌓아 올린 집이다'

이렇게 쓰여 있어요. 신앙생활도 그렇고 주의 종들의 사명의 역사도 그렇습니다. 한 장, 한 장 쌓아 올려지는 가운데 높아지고 이루어지는 것입니다.

- 1989년 11월 14일(화) 저녁

경건한 나그네(디아스포라)

유대인들은 고향 땅을 그리며 외방에서(낯선 땅에서) 울부짖는 나그네 생활을 했습니다. 시편 137편 1~9절은 시온을 생각하며 부른 노래입니다.

'우리가 바벨론의 여러 강변 거기 앉아서 시온을 기억하며 울었도다'(시 137:1).

이들을 가리켜 '디아스포라'(Diaspora)라 부릅니다. 주후 70년 유다나라는 완전히 멸망하고 말았습니다. 그들은 이방 땅에서 회당(Synagogue)을 짓고 그곳에서 고향 땅(본향)을 그리며 눈물 뿌려 기도하면서 믿음을 지켰던 것입니다.

'나그네'는 본향을 전제하고 부르는 명칭입니다. '외국인'이란 본국을 전제하고 부르는 이름입니다. 우리는 경건함으로 하나님을 섬기는 디아스포라가 되어야 합니다.

'나그네 삶'이란 잠깐 머무르다가 떠나가는 것입니다. 쓰다가 버리는 것입니다. 맛을 보다가 던지는 것입니다. '이 세상이나 세상에 있는 것들을 사랑치 말라'(요일2:15)한 이유는 '이 세상도 그 정욕도 지나가되 오직 하나님의 뜻을 행하는 이는 영원히 거하느니라'(요일2:17)고 한 때문입니다.

- 1983년 7월 13일(수) 새벽

교회와 북한

교회와 목회

믿음의 선한 싸움을 싸우라!

믿음의 선한 싸움을 싸워야 영생을 취할 수 있습니다. 기독교의 성격은 싸우는 것이기 때문에 기독교가 가는 곳에 사회정의가 실현됩니다.

기독교는 싸우는 종교입니다. 교회는 싸워서 이기는 신자를 만들어야 합니다. 선한 싸움을 싸워 이기는 자를 위하여 주님께서 의의 면류관을 예비하십니다.

- 1982년 7월 14일(수) 오후

안 되는 것 없습니다.

열심히 해보세요. 안 되는 것이 무엇이 있어요? 목회에 한번 미쳐보세요. 잠자는 가운데서도 교회 부흥에 대해서 염려하고 눈을 뜨고 길을 걸어갈 때나 식사할 때도 신자를 생각하면서
'부흥시켜야지, 바로 키워야지, 내 사명 감당해야지!'

그러면서 노력해보세요. 안 되는 것이 어디 있어요? 하나님께서는 장애물을 제거해 주시고 몹쓸 것이 제 발로 물러서게 해주시고 산을 가르고 바위를 깨치는 것처럼 홍해를 가르시는 것처럼 사명을 위해서 힘쓰고, 복을 받기 위해서 노력하는 사람을 도우시고 함께 하시는 줄 믿습니다.

- 1983년 3월 16일(수) 새벽

힘쓰고 애쓰는 자가 복을 받습니다.

감나무 밑에 누워서 자기 입에 홍시가 뚝 떨어져 들어오기를 바라는 사람들은 세상에서도 거지 팔자 면하지 못하고 목회에 있어서도 큰 성공을 기대할 수 없습니다. 안 떨어지면 나무에 올라가야지요. 한 번 해서 안 되면 두 번 해야지요. 남들 잠잘 때 자지 말고 나처럼 뛰어다녀야지요. 그리스도 안에 안 되는 것이 어디 있습니까? 은사를 못 받았다든가 능력을 안 주셨다든가 그런 핑계할 것 없어요. 전도를 자기가 안 했지 하나님이 전도할 수 있는 능력을 안 주셨나요? 능력 주시라고 자기가 기도를 안 했지 하나님이 안 주셨나요?

야곱은 힘씀으로 복을 받았습니다. 가장 좋은, 더 좋은 복을 받기 위해 힘쓰십시오. 그러면서도 세상에서도 부끄러움 당하지 않기 위해 야곱처럼 눈붙일 겨를 없이 노력하십시오. 그런 사람은 세상에서도 복을 받고 더 좋은 복인 하나님의 기업을 받게 될 것입니다.

- 1983년 3월 18일(금) 새벽

엎드리고 또 엎드리자

"믿습니다. 믿습니다." 하면서 성경구절도 외우지만 무슨 문제가 생기면 인간의 생각, 염려가 빨라지는 사람, 10년 가도 해결 못 해요! 20년 애를 써도 하나님의 응답을 받지를 못합니다. 그런 분이 있습니다. 목회할 때 정면으로 돌파할 생각을 하지 않고 인간의 잔재주가 앞서기 때문에 생각지 못한 시험이 계속 꼬리를 물면서 문제가 커지고 확대되는 일을 경험하는 사람!

일을 하다가 못하겠으면 엎드리세요. 출애굽 사건에서 많이 찾아보는 말씀, 그 성경 구절이 바로 이것입니다.
'모세가 엎드러지니라'
'모세와 아론이 엎드러지니라'

기절했다는 말이 아닙니다. 낙심해 쓰러졌다는 말이 아닙니다. 사람은 전적으로 연약한 존재입니다. 사람의 힘으로 최선을 다할지라도 자기 힘으로 할 수 없는 큰일이 생기면 엎드려야 하는 것입니다.

그래서 바울 사도는 말씀하기를
"내가 약할 때 오히려 강함이라.
나는 약한 것들 외에 자랑할 것이 없느니라."

나는 최선을 다했지만 힘이 미치지 못할 때, 약해서 감당할 수 없을 때, 하나님 앞에 엎드러지느냐 아니냐? 거기에 따라 성공과 실패가 좌우되는 것입니다. 어떤 사람은 옛날의 못된 습성들을 버리지 못했습니다. 아직도 잔재주를 부리려고 합니다. 인간적인 염려와 근심이 앞서요. 그러기 때문에 문제를 해결하지를 못하는 것입니다. 교회를 다녀도 변화되지를 않는 것입니다. 20년 동안 한 교회를 다녔는데도 끝을 내지 못해요. 하나님의 미련한 것이 사람의 지혜로움보다 낫습니다(고전 1:25). 하나님 앞에 정직하게 정면으로 맞서서 엎드리고, 엎드리고 또 엎드려보세요. 하나님께서 능히 이루어 주실 것입니다.

- 1998년 11월 10일(화) 오전

오늘날 한국교회와 주의 종들은 회개하고 정신차려야 합니다.

구소련권 내에서 찾아오신 훌륭한 목사님들과 이스라엘에서 언제 무슨 일을 당할지 알지 못하는 긴장된 위험 속에서도 순교를 각오하고 복음을 전하는 주의 종들이 계십니다. 그런데 한국에 계시는 분들 가운데는 너무 배부르고 편안해서 영적으로 졸고 자는 이도 있어요.

저는 26년 전부터 미국을 방문하면서 미국에서 사명자성회를 인도해 오고 있습니다. 쉰한 번째 다녀왔습니다.

이십 년 전에 미국을 방문했을 때
'참 광활한 땅이로구나! 기름진 땅이로구나! 너무나도 자유로운 천지로구나! 자기가 원하는 것이면 모든 것을 실현할 수 있는 희망의 나라로구나!'

남북이 대치한 상황 가운데 언제 남북전쟁이 재발할는지 알지 못하는 위험 속에서 두려움에 사로잡혀 사는 한국 사람과 미국 사람들을 비교해 볼 때 너무나도 큰 천양지차(天壤之差)를 느꼈습니다.

그런데도 우리는 어쩌면 마비 되었거나 만성이 되어 감각조차 없습니다. 그저 배부르고 편안한 것뿐입니다. 지난날의 긴장과 사명에 날카롭게 서 있던 주의 종들의 모습을 찾아볼 수가 없습니다. 차라리 이곳(성산수도원)을 찾아오신 귀한 손님들에게서 그 긴장 자세를 보는 것입니다.

한국교회는 회개해야 합니다.

한국교회 교역자들은 다시 거듭나야 합니다. 배부르고 따뜻해서 코를 골면서 영적 깊은 잠에 빠져 있습니다. 이번에 하나님께 기도해야 합니다.
"아브라함과 이삭과 야곱의 하나님 여호와여!
상천하지에 여호와만이 참 하나님이신 것을 불로 응답하사 증거하여 주시옵소서!
내가 하나님의 부르심을 받고 하나님이 함께 하시는 주의 종인 것을 증거하여 주시옵소서!
배도하는 자들처럼 한국교회가 변질되고 있습니다. 신학적으로 표류하고 있습니다. 교회들이 병들어 점점 시들어가고 있습니다. 한국교회를 살려 주시옵소서!
주의 종들을 새롭게 하여 주시옵소서!
이 민족과 한국교회에 맡기신 마지막 사명의 역사를 감당할 수 있도록 은혜 부어 주시옵소서"

이렇게 기도해야 합니다. 다 된 줄 알지 마세요. 한국교회는 회개해야 합니다. 목사들은 정신 차려야 합니다. 순교자들의 터 위에 세워진 한국교회가 왜 변질되고 있습니까? 지금은 엘리야와 같은 심정으로 기도해야 할 때입니다.

이 성회를 통하여 한국교회는 새로워지고 긴장된 분위기 속에서 순교를 각오하고 열심히 복음을 전하는 외국에서 오신 주의 종들은 큰 능력과 권세를 받고 돌아가는 기회가 되시기를 바랍니다.

- 2002년 11월 4일(월) 저녁

목회자의 심정

제가 목회를 시작한 지 일 년이 조금 지났을 때의 일입니다. 교회문제로 고뇌스럽고 억울하기도 하고 이 감정을 어떻게 처리할 수가 없었어요. 밤에 잠을 이루지를 못했습니다. 그래서 제 신앙의 선배가 되는 어느 목사님에게 밤 12시가 가까운 시각에 전화를 걸었습니다. 그랬더니 잠이 깨지 않은 목소리로,

"강사님! 밤중에 왜 전화했어?"
"목사님! 못해 먹겠어요."
"뭘 못해!"
"목회가 다 이렇게 힘든 것입니까?"

그랬더니 갑자기 책상을 치면서 "아멘 할렐루야!" 그러는 것입니다. 이거나 죽으라는 소린가? 나 잘못되니까 기분이 저렇게 좋은 것인가 싶어서는 아니, 목사님! 아멘 할렐루야가 뭐요? 위로하고 감싸 주어도 시원치 않을 터인데. 그것이 뭡니까?

그랬더니.
"아멘이지! 목회를 안 해본 강사가 어떻게 목회하는 교역자들을 위한 집회를 인도할 수 있어요? 이제 진짜 교역자를 위해서, 교회 일꾼들을 위해서 집회를 인도할 수 있는 강사의 자격증을 이제 딴 것입니다."

그 말 들으니까 '그렇구나!' 그러면서 나도 모르게 눈물이 쏟아지더군요. 그런 경험이 있었어요. 과부가 과부 사정 안다고 서로 이해할 수 있는 분

들, 깊이 동정하고 이해할 수 있는 처지에 계신 분들이 모이신 것 같습니다.

- 2001년 11월 5일(월) 저녁

말씀 바로 전하세요.

그래서 목회에 가장 중요한 것이 설교입니다. 목회하면서 신자들과 돈으로 얽매이지 말고 좋은 데 다니면서 개 잡아먹고 오골계탕 끓여 먹으면서 사교적으로만 목회하지도 말고, 때로는 한 대 쥐어박고 위협하면서 사람들을 억압하지 마세요.

가장 중요한 것은 예수님이 우리 교회에 보내신 편지를 주의 종이 그것을 받아 하나라도 더하지 않도록 하나라도 감하지 아니하도록 하나님 앞에서 성령을 힘입어 읽어 주는 것, 말씀을 바로 증거 하는 것, 진리대로 바르게 교훈하는 것, 이것이 우리에게 주어진 사명인 줄로 믿습니다.

그래서 골로새서 1장에는 말씀하시기를
"내가 교회의 일꾼이 된 것은 내게 주신 하나님의 경륜을 따라 하나님의 말씀을 이루려 함이니라"(골 1:25)

바로 읽어 주지 않으면 진리를 바로 깨닫지를 못해요. 진리를 바로 깨닫지 못하면 성령이 함께 하지를 않아요. 성령을 힘입어 하나님의 말씀을 붙들고 지켜나갈 때, 이기고 벗어난 자 될 때, '하나님 낙원에 있는 생명나무의 과실을 주어 먹게 하리라' 말씀을 제멋대로 요리하지 말라는 것입니다.

제가 미국에 가서 들었더니 어느 목사님이 이북 평안도 출신인데 그저 대뜸 만나면서,
"나 평양 가서 냉면 먹어봤어."
"어때요?"
"서울의 '우리옥' 것만 못해"
"어땠습니까?"
"LA에 있는 그 어느 냉면만 못해"
"아니 왜 그렇게 못하다고 느껴지십니까?" 그랬더니.
"아, 이남이야 조미료가 얼마나 발전했어. 그래서 우리도 모르는 사이에 얼마나 혀끝이 사치해졌는지 몰라, 이북에는 조미료가 없어. 지금으로부터 4~50년 전에 평양에서 먹던 냉면, 그때 냉면처럼 맛있을 줄 알고 먹었더니 맛이 형편없어"

그래도 하도 먹고 싶었던 냉면이라 세 번 먹었다나요. 같은 재료를 가지고 식구들이 새 맛을 느끼면서 즐겁게 식사할 수 있도록 요리하는 것이야 해야지요. "여보! 잡수세요" "이것은 생무요. 이것은 생고기요" 그렇게만 주면 무슨 맛이 있겠어요?

- 1989년 7월 11일(화) 오전

하나님 앞에 먼저 묻고 말씀 준비하세요
32년 전에 저와 만나 함께 하신 홍성성결교회 송○○ 목사님 이야깁니

다. 대전 동부장로교회에서 첫 집회를 할 때 그분이 무엇엔가 딱 사로잡혔습니다.

먼저, 여러분들은 설교하실 때 '하나님! 다음 주일 날 우리 교회에서 무슨 제목으로, 어떤 내용으로 설교하길 원하십니까?' 설교하기 전에, 설교를 준비할 때 하나님 앞에 나아가 무릎을 꿇고, 물어보고 설교를 작성했느냐? 하나님이 시키시는 내용 그대로를 증거했느냐? 그렇지 않으면 적당히 이것저것 뒤지다가 '이것이 괜찮을 것 같은데' 그렇게 했느냐? 하는 것입니다. 여러분들은 어떻게 하고 계십니까?

그런데 송 목사님이 그 말에 딱 사로잡히고 말았어요.
'내가 목회를 오래 했지만, "하나님 무슨 설교 할까요? 하나님! 우리 교회 신자들에게 다음 주일 날 무슨 말씀하기를 원하십니까?" 나는 물어서 하지를 않았구나! 내가 하나님 앞에서 아주 몹쓸 종이었구나!'

그러면서 회개의 역사가 일어나 은혜를 받으셨습니다. 그리고 저와 같이 32년 동안 변함없이 신앙의 동지로서 교제하면서 함께 수고를 하셨습니다.

- 1992년 7월 9일(목) 새벽

자명자

사 명 자

먼저 자기를 닦아야 합니다

자기 닦음이 있지 않고는 하나님의 쓰심에 합당한 일꾼이 될 수 없습니다.

"너를 찾으라, 너를 닦으라, 너를 이루라!"

- 1972년 1월 4일(화) 새벽

우리의 소원은?

날마다 우리의 소원이 되어야 하는 것은 첫째 하나님과 동행하는 사람이 되는 것이요, 둘째 성령이 거하시는 하나님의 전이 되는 것이며, 셋째 예수님의 참된 제자가 되고, 넷째 하나님이 쓰시기에 합당한 병기가 되는 것입니다.

- 1972년 1월 4일(화) 오전 / 5일(수) 새벽

훈련이 필요합니다.

"훈련받을 때 땀방울을 많이 흘리면 싸울 때 피를 적게 흘린다"는 말이 있습니다.

- 1978년 7월 21일(금) 저녁

준비하는 사람

"오늘에 충실하고 내일을 준비하자!"

평안할 때 준비하고 환난 날에 권세있게 일하시기 바랍니다.

- 1979년 11월 8일(목) 새벽

주의 종의 걸음(1)

주의 종은 앞서서 경솔하게 일하다가 실수하지 말고 뒤처져서 사명의 반열에서 탈락되지 말아야 합니다.

- 1979년 11월 8일(목) 새벽

주의 종의 걸음(2)

주님보다 앞서지 말고 주님보다 뒤처지지 말고 동역하십시다.

- 1985년 11월 5일(화) 오후

겸손하게 준비하자

스스로 자족하지 않고, 더 낮은 자세로 꾸준히 배우고 준비하면서 일하는 것입니다.

- 1980년 2월 21일(목) 새벽

속 빈 자, 교만한 자

속이 빈 수레가 요란한 법입니다. 자기가 할 수 있다고 자신하고 자랑하는 자는 교만한 자입니다.

- 1980년 2월 22일(금) 새벽

사명자가 갖추어야 할 세 가지는?

첫째, 하나님께서 나에게 하고자 하시는 그 일을 바로 아는 것입니다(암 3:7, 롬 12:1-2)

둘째, 하나님의 종들은 인격을 다듬어야 합니다(행 13:22, 행 7:54-60)

셋째, 능력의 지팡이를 붙잡아야 합니다(출 4:2).

- 1980년 7월 11일(금) 새벽

바른 자세와 정신을 가져야 합니다.

주의 종들은 다니엘과 같이 마음을 정하고 뜻을 정하며 사도 요한과 같이 주님의 환난과 나라와 참음에 동참하는 일꾼, 사명자의 바른 자세와 정신을 갖기 위해 노력해야 합니다. 한번 소리치고 지나가는 바람같이 되지 마십시오! 상대적이고 비교적이며 남보다 앞서고 한번 크게 무엇을 해보고자 하는 영웅심을 버리고 오직 하나님 앞에 진실하게 일하며 준비함으로, 엄청난 큰일을 당할지라도 조금도 두려워하지 않고 비겁하지 않고 제 사명 바로 감당하는 일꾼, 사명자가 되시기 바랍니다.

- 1980년 11월 18일(화) 새벽

귀 뚫린 종입니까?

귀 뚫린 종은 그 집에서 평생토록 그 주인을 섬기며 일하는 그 집의 재산 목록입니다. 귀 뚫리지 않은 종은 6년간 봉사하다가 그 후에는 자유롭게 되지만, 자원하여 그 집에서 평생토록 섬기며 주인의 뜻을 행하기를 원하는 사람은 그 집 기둥에 귀를 대고 송곳으로 그 귀를 뚫어 표하는 것입니다. 그 사람은 평생토록 그 집 주인과 그 집 사람과 생사고락을 같이하며 괴로우나 즐거우나 사나 죽으나 그 집의 권속으로 자기 생애를 마치려 하는 사람입니다. 이 사람에게는 그 집 주인이 모든 것을 다 맡기고 그 비밀을 말할 수 있습니다.

굉장히 잘 일해 보고 싶지 않은 사람은 없지만, 귀 뚫린 종인지 아닌지 그것이 문제인 것입니다.

- 1980년 11월 19일(수) 새벽

온전히 붙들린 자

나는 어떤 종입니까? 얼마나 나를 쳐서 주인에게 복종시키고 있습니까? 얼마나 나를 부인하고 주님의 뜻에만 순종하고 있습니까? 얼마나 인간적인 내 모습을 지워버리고 내 안에 주인의 모습만 드러내기 위해 힘을 쓰고 있는지 우리는 깊이 생각해 볼 필요가 있습니다.
'내가 삶을 위하여 일하는지? 주인을 기뻐함으로 자원하는 마음으로 온전한 봉사를 하고 있는 붙들린 종이냐?'

이것을 생각해 볼 필요가 있는 것입니다. 우리는 생각하면서 세상을 살아가는 뜻있는 사람들입니다. 바른 뜻을 세우고 하나님 앞에서 끝까지 자세를 흩트리지 아니하며 발걸음이 비틀거리지 않기를 바라는 하늘의 부르심을 받은 종들입니다 그런데 지난날 저의 일한 것을 살펴보면 몸이 부서지도록 일을 하고 열심히 하나님 앞에 봉사했지만 늘 마음에 자문자답하면서 괴로웠던 적이 있습니다.
'네 마음을 다하고 성품을 다하고 또 뜻을 다하여 주 너의 하나님을 오

로지 온전히 사랑하느냐?'

제가 제게 물을 때 제 마음 속에서는,
'아니다!
어느 정도 하는 것이지 온전히 사랑하는 것은 아니다.'

이런 내 마음의 소리를 들을 수 있었습니다.
'네가 붙들린 종이냐? 즐거운 마음으로 주인을 사랑하며 주인의 뜻만을 받드는, 영영히 주님을 떠나지 아니할 주님의 종이냐?'

이와 같이 물을 때마다
'하나님!
어느 정도는 나를 쳐서 주인의 뜻에 복종시키지만 완전히 그러지는 못했습니다. 끌려가기는 가도 어딘지 모르게 끌려가는 것이 거북하게 느껴지면서 한 번 뒤로 돌이켜보는 나를 사랑하는, 세상을 사랑하는, 땅에 속한 것이 있는, 어느 때나 온전히, 어느 때나 오직, 어느 때나 전폭을 다, 주 앞에 드릴 수 있는 하나님의 것이 될 수 있겠습니까?'

이런 생각을 하면서 만물보다 거짓된 나의 신념을 살펴보고 나의 거짓된 봉사를 뉘우치면서 하나님 앞에 눈물 뿌려본 것이 한두 번이 아닙니다!

붙들린 종이 되었습니까? 삯을 위해서 품을 파는, 빚만 갚아버리고 속히 자유 하여 자기의 집으로 돌아가고자 하는 그러한 종이 되었습니까?

- 1986년 3월 11일(화) 새벽

배움의 자세를 잃지 마세요(1)

배움의 자세를 흩트리지 말고, 정신적 자세가 흐려지지 않고, 처음 받은 것을 굳게 잡고 나아가야 합니다.

주 앞에서 배우는 자세, 하나님 앞에 쓰임 받을 수 있는 그 사람이 되기 위하여 두려운 마음으로 준비하는 자세가 필요합니다. 주님 앞에 서는 그때까지 사명의 자세를 잃지 않고 배움의 자세를 잃지 말고 순간순간 자기를 닦고 살피면서 주님 앞에 서십시오!

- 1981년 11월 11일(수) 오후

배움의 자세를 잃지 마세요(2)

우리는 하나님의 말씀을 맡은 자입니다. 저는 지금까지 선배님들이나 후배들이, 동료들이 성경을 강해하는 시간에 빠진 일이 없습니다.

후배들이 받은 은혜를 강론할 때 들으면서 내 나름대로 상상을 전개하고 성경을 살피면서 은혜받는 일에 힘쓰면서 지금까지 살아왔다고 할 수 있습니다. 선배님들이 성경 강론할 때 한 말씀 놓치지 않으려 했고 받아쓸 때 토씨 하나 틀리지 않도록 열심히 기록하면서 성경을 배웠습니다. 또 후배님들이 성경을 강론할 때 좀 어색하고 허점이 많을지라도 성경을 살피면서 열심히 성경을 연구하는 데 힘썼습니다

이러한 자세, 이러한 노력을 계속하게 되면 점점 발전하게 되리라 확신합니다.

그런데 요즘 좀 이상한 것은 뭐 좀 알았다 하면 다 안 것처럼 뭐 좀 체험했으면 자기 혼자 신령 세계를 다 통달한 것처럼 자족하는 마음, 자만하는 마음 때문에 발전하지 못하고 머물러 있는 분들이 많은 것을 보게 됩니다.

물은 흘러 내리지 않으면 죽는 것입니다. 모든 생명체는 성장하지 않으면 병들었거나 죽어가는 것입니다. 마음공부 하면서 인격을 닦아 가는 것, 진리를 깊이 알기 위해서 계속 노력하면서 공부하는 것, 우리는 이런 자세를 가져야 합니다. 배움의 자세가 흐트러지면 이미 그것으로 끝나는 것입니다.

- 1986년 3월 12일(수) 저녁

정권과 교회

지금 세계 도처에서는 순수한 복음증거와 순수한 복음적인 신앙 운동을 허용치 않고 있습니다. 그저 어용 목회자를 양성합니다. 정권과 교회가 야합하면 교회는 타락할 것입니다.
"오늘에 충실하고 내일을 준비하자"

- 1982년 3월 16일(화) 저녁

작은 것 하나에도

작은 것 하나 깨끗하고 반듯하게 제 할 일, 해 나가시기 바랍니다. 진실하고 충성스럽게 경건하게 살면 존귀함을 받게 하십니다.

- 1982년 11월 9일(화) 저녁

내 갈 길 믿음으로!
사람의 얼굴을 두려워하지 말고, 세상과 타협하지 말고 내 갈 길을 믿음으로 가십시오!

- 1982년 11월 10일(수) 오후

자신을 닦으라!
혈기를 참을 수 없을 때, 이를 악물고, 굶어가며, 자기 몸을 꼬집어 뜯으면서, 충동을 억제하느라 얼음구덩이에 뛰어들어가 보고 샤워장에서 몸부림쳐보면서, 그러면서 자기를 닦고 틀을 잡으면서 그 자세를 잡아가는 것입니다.

- 1983년 3월 16일(수) 새벽

자신을 쳐서 복종시키는 주의 종
순교를 각오하고 날마다 자기를 쳐서 복종시키고 성결케 하는 생활과 순교를 각오한 충성된 봉사를 위하여 바쳐지는 일꾼이 되기를 바랍니다.
남을 위로하나 위로받을 길이 없는 사람이 종들입니다.
남을 도와주나 도움받을 길이 없는 사람이 종들입니다.

- 1984년 3월 12일(월) 저녁

지금은 어떤 때입니까?
말은 적게 하고 생각을 깊게 하는 시간을 가지십시오. 말을 피하고 깊이 묵상하는 시간을 가지시기 바랍니다. 이제 사람의 지혜, 능력으로 감당할 수 없는 때가 다가옵니다.

지금은

① 하나님께 물어야 할 때,

② 대답을 기다릴 때,

③ 기도할 때입니다.

복음만이 해답입니다.

- 1984년 3월 13일(화) 새벽

피하지 말고 정면으로 부딪치라!

생활을 회피하지 마십시오.

순간 순간 부딪치는 숙제를 풀어나가십시오.

연단되어야 합니다. 연단 받아야 합니다.

피하지 말고 부딪쳐 풀어 나가시기 바랍니다.

교회에 일어나는 크고 작은 문제를 의미있는 것으로 알고

앞에 일어날 일을 앞의 목회를 미리 연습하는 것으로 알고

피하지 않고 정면으로 부딪쳐 풀어나가십시오.

- 1984년 3월 13일(화) 오후

욕심을 버리고 자신을 비우고...

제가 한참 사명을 위해서 준비하고 애를 쓸 때입니다. 그때는 눈알이 이렇게 흐리멍텅하지 않았어요. 정말 금강석처럼 반짝반짝 빛났어요. 칼날처럼 예리했어요. 얼굴 표정이 동태눈처럼 희미하지를 않았어요. 지금은 제 얼굴 표정이 여러분과 같이 동태눈처럼 다 흐릿하게 되고 말았지만 옛날 제 모습은 그러지 않았어요.

그리고 기도를 할 때도
"하나님!
이왕 주를 위해서 봉사할 바에는 한국에서 대표적인 인물이 되게 해주십시오! 주를 위해서 고생할 바에는 바울보다도 더 고생하게 해 주시고 모세보다도 더 고생 많이 하게 해주십시오!"

기도의 반 이상은 욕심이 나를 사로잡고 있었던 것 같습니다. 그러다가 언제부터인가 기도 가운데 희미하지만,
'내가 가는 길에 어떤 험한 일이 있을 것이다. 내가 무슨 일을 당하게 될 것이다. 어떤 죽음을 맞이하게 되지 않겠느냐?'

기도하다가 이것을 희미하게 느끼고는 그 다음부터는 자리에 누워서 사흘 동안 일어나지를 않았어요. 화장실 갈 때만 할 수 없이 일어났어요. 먹지도 않았어요. 맥이 풀렸어요.
'신나게 내가 한번 날려보려고 준비를 했지. 그 고생하려고 내가 준비를 했나? 한 번 일어날 바에는 남에게 뒤지지 아니하고 앞서가면서 한번 굉장하게 요란스럽게 살아보려고 했지. 내가 그 무서운 고난과 죽음을 맞이하기 위해서 준비했나?'

그래서는 맥이 쭉 빠져버리고 말았어요. 그러고는 사흘 후에 회개하고 부스스 털고 일어나서는,
"하나님!
입으로 사명을 말하고 큰 은혜를 구했지만 따져보니 내 속에는 욕심이

꽉 들어차 있었습니다. 주를 위해서 봉사하는 주의 종이 아니라 복음을 위해서 아낌없이 다 쏟아 바치고 불사르는 제물이 아니라 주의 이름을 빙자해서 내 이익을 챙기고, 사명의 큰 역사를 구한다 하면서도 나를 드러내고 내 욕심을 채우려고 하는 인간적인 욕망이 너무나도 많습니다."

그렇게 회개하면서 한참 기도했던 일이 있습니다. 그런데 지금 생각하면 어떤 줄 아세요? 사람은 별수 없더군요. 피곤함을 느낍니다. 일에서 완전히 벗어나서 일주일만 푹 쉬어 봤으면… 이것이 지금의 제 소원이 되었습니다.

- 1986년 3월 11일(화) 오전

죽어서 돌아가는 사람

죽고 돌아갑시다.
나를 꺾고 돌아가십시다.
나를 낮추어서 돌아가시기를 바랍니다.
옛사람 부서지고 진흙과 같은 날 빚으사 주님의 형상 이루소서!
이같은 기도, 이같이 모든 것을 주께 맡기는 일이 있어야 되지 않겠습니까?

제가 사명자성회를 처음 인도한 것이 계룡산에 있는 어느 기도원이었습니다. 저는 평신도 신분의 강사였고, 교역자 백 이삼십 명이 모인 집회였습니다.

그런데 강사가 두 사람이었습니다.

그 한 분은 지금 부산에 계시면서 큰 목회를 하시고 일을 많이 하시는 의욕적이신 분이신데, 그분 아는 분들이 7~80명이었고 저는 생소하게 처음 대하는 분이 대부분이었습니다. 제가 아는 사람은 불과 세 분의 목사님뿐이었습니다. 참 힘에 겨운 어려운 집회였지만 최선을 다했습니다. 제가 주 강사로서 그 집회를 끌고 나갔습니다.

이제 집회를 마치는 마지막 날 밤입니다. 많은 목사님이 차례로 강단에 올라오셔서는 받은 바 은혜를 간증합니다.

대만에서 중국교회 목사님들 성회를 인도하면 중국 사람들이 집회 이끌어 나가는 방법이 한국과는 좀 다릅니다.

꼭 마지막 시간에는 차례차례 나와서 받은 은혜를 간증합니다. 그 시간에는 강사가 인도한 집회를 채점 받는 시간처럼 느껴지기 때문에 강사가 몹시 긴장하게 됩니다.

그런데 그 집회에 여러 목사님이 차례로 나오셔서 간증하면서 은혜받은 내용들, 또 희한한 일들을 체험하고 느낀 것들을 다 말씀해 주셨어요. 그런데 연세 지긋한 반백이 되신 어느 목사님이 강단에 올라오시더니,

"여러분들 간증하는 말씀을 듣고 보니 참 많이 받으셨습니다. 많이 배우셨습니다. 큰 것을 얻어서 돌아가시는 것을 알 수가 있었습니다. 그런데 나는 가지고 돌아가는 것이 하나도 없습니다."

이런 말씀을 하실 때 가슴이 철렁했어요. 그러면서,

"나는 오히려 하나 남겨 놓고 돌아갑니다. 옛날의 아무개 목사 죽여서 무덤 속에 장사해 놓고 나 새사람이 되어 빈 마음으로 돌아갑니다."

이 말씀을 하실 때 처음에는 의아해 했던 많은 사람이 같이 은혜가 돼서 아멘을 했어요.
남기고 돌아가십시오!
죽고 돌아가십시다.
자신을 꺾어 놓고 돌아가십시오!
자신을 부서뜨리고 돌아가십시오!

- 1986년 3월 13일(목) 새벽

시험 중에 말씀을 증명하는 기회

제게는 이런 경험이 여러 번 있었습니다. 하지만 그런 일이 있을 때 저는 피하지를 않습니다.

제가 미국에 처음에 건너갔을 때 첫 집회를 워싱턴 DC에 있는 어느 침례교회에서 인도했습니다. 그런데 그 무렵 어느 형제 한 분이 하는 말이
"김 강사! 워싱턴 DC에는 내려가지 마시오!"
"왜요?"
"아니 김형태라는 놈이 미국에 와? 아 그놈이 워싱턴 DC에 와? 나한테 맞아 죽을 줄 모르고? 그놈 오기만 하면 죽여 버릴 것이네"

그러면서 칼을 가는 사람이 있다는 말을 들었어요. 그 얘기를 들은 형제

들이

"김 강사! 가지 마시오! 맞아 죽으려고 가오? 그 사람 옛날에 깡패 출신이요. 그 사람의 신분과 기질, 행동을 다 아는데 어떻게 갈려고 그래요?"
"아뇨. 이것 겁이 나서 못 간다면 앞으로 내가 일을 할 수 있겠습니까? 나는 갑니다."
"하! 김 강사 이거 마지막 여행이 되겠군"

그러면서 갔어요. 하나님만을 의지하고 갔어요. 엘리야의 하나님만을 의지하고 갔어요.
그런데 그 사람이 회개했어요. 그리고는 자기 집으로 초대하고 저의 하는 일을 도우면서 여기까지 왔습니다. 그것이 절로 생긴 줄 아십니까?

한번은 연단 받고 준비할 때 예배드리는 장소에 불을 질러서 불태워 죽이고 끌어내서 마당에서 몽둥이로 패 죽이려는 사람들이 몰려들었어요. 지서(파출소)에 연락해서 도움을 청할 수도 있고 삼십 리 밖에 있는 경찰서 정보계에 연락해서 사상이 좋지 않은 사람들의 위협에서 나 자신을 보호할 수도 있지만
'하나님!
이 자리에서 사람의 힘을 기대하거나 어떤 방법으로 내 몸을 지킨다면 내가 어찌 하나님의 일을 할 수 있겠습니까? 불을 지를 때 하나님 치십시오! 달려들 때 나는 믿음으로 칠 것입니다. 엘리야의 하나님은 살아계십니까? 나와 같이하십니까? 이것을 실험해서 확신을 가질 수 있는 좋은 숙제를 하나님께서 내게 주셨습니다."

그래서는 그날 하나님 나와 같이 하시느냐? 아니면 불타 죽느냐? 맞아 죽느냐? 엘리야의 하나님이 지금도 살아계시느냐? 그것을 한 번 실험해봤어요. 만들어서 실험도 하는데 하나님께서 갖다 주시는 실험 왜 피합니까? 그런 기회 얻기가 참 힘들거든요. 불을 지르려 성냥개비를 켜대는 착착 소리가 옆에서 들리는데 문 열고 몽둥이 들고 저를 끌어내다가 때려 죽이려고 문을 쾅 열고 문턱 넘어 한 발을 들여놓았을 때, 오른손을 들고는 "주여!" 부르짖어서 엘리야의 하나님이 살아계시면 그놈 새까맣게 타 죽을 것이고…

극한 상황에 도달해 봐요. 뭐 인내고 사랑이고 어디에 있어요? 저놈 죽지 않으면 내가 죽는데…
딱 들어왔어요. 손을 번쩍 들었어요. 마지막 한 발만 들어오면…
지금 어찌 생각해 보면 돈키호테 같은 짓이라 여길 것입니다만, 하나님 살아 계시면 저놈 새까맣게 비후까스 될 것이고, 살아계시지 않는 세상이라면 나 같은 것 살아서 뭐하겠는가? 그렇게 확신이 없고 체험이 없이 사명을 위해서 일한들 무슨 소용이 있겠느냐 싶어서는 손을 번쩍 들었어요. 이상하지요? 남은 한 발 문턱 넘어 들어오지 못하고는 문기둥을 붙잡고는 덜덜덜 떨고 있습니다. 그래서 내가 살아났어요.

그 연단 받은 내가 깡패 무섭다고 해서 워싱턴 DC에 못 내려가요?
그때의 연단은 괴로웠지만
"연단 받은 자는 강하여 두려워하지 않느니라!"

그런 연단 속에서 우리가 지난날 훈련을 받았고 오늘과 같이 쓰임 받는 주의 종이 되기 위해서 힘을 키운 줄로 믿습니다.

- 1986년 7월 10일(목) 새벽

사명자 양성의 목적

지금 우리는 목회를 합니다. 혹은 신학을 공부합니다. 교회에서 주의 종들을 섬기면서 교회에 봉사하는 일꾼으로 일을 하고 있습니다. 국내에서 일하는 사람, 때로는 외국에 보내져서 선교현장을 견학하기도 하고 때로는 직접 외국에 나가서 선교도 하면서 여러 가지 경험을 쌓고 영적으로 체험을 얻고 강하게 알차게 다지면서 무장시키려고 하는 목적이 어디에 있는 것입니까?

계시록 10장 5~6절 말씀과 같이 확신 있게 오른손을 하나님 앞에서 들고 맹세하면서 땅과 바다를 밟고 큰 소리로 사자처럼 부르짖을
말세의 사명자들을 키우자는 데 목적이 있습니다. 저는 그래서 계시록 10장 5~7절까지 말씀에 굉장한 매력을 느끼고 있습니다.

수도원에 모이는 사명의 동지들!
내가 접하게 되는 성도들과 일꾼들과 모든 주의 종들은 5~7절까지 기록돼 있는 사명자, 하나가 백을 감당할 수 있는, 하나가 천을 감당할 수 있는, 하나가 전 세계를 짊어지고 나갈 수 있는, 사명자가 나왔으면 하는 바람입니다. 우리는 이러한 사람을 만들기 위해 이러한 주의 종이 되기 위해서 뜻을 높이 두고 꾸준히 노력하며 힘써 준비하는 하나님의 사람들입

니다.

- 1992년 11월 12일(목) 새벽

불을 붙입시다.

불 꺼진 등대와 같은 사람
이 자리에 계시지 않습니까?
지난 날 받았던 은혜를 소멸하신 분 계시지 않습니까?
하나님의 뜻대로 살아보려고 애를 썼지만 살아지지 않는 것입니다.
자기를 쳐서 복종시키면서 성결한 생활을 하려 하지마는 되지 않고 오히려 죄에 사로잡혀 날마다 쓰러지기만을 되풀이하는 분들 계시지 않습니까?
할 일은 많은데,
갈 길은 먼데,
되지 않아서 견딜 수 없는 고통과 고민 중에 계시는 분들,
이 자리에 계시지 않습니까?
시대마다 세움을 받은 모든 주의 종들은
우리와 성정이 같은 사람이요, 우리처럼 약한 존재들이었습니다.
그러나 하나님께서 성령을, 능력을 기름 붓듯 하셨을 때
빛을 발하며 사명을 감당할 수가 있었던 것입니다.
불을 붙입시다.
꺼진 등대에 성령으로 말미암아 불을 붙이고 빛나는 순금등대의 사명을 감당하기 위해서 열심히 은혜를 구합시다.

- 1993년 3월 9일(화) 새벽

감람나무란 어떤 사람입니까?

한동안 우리 교계에, 영계에 감람나무 사태가 일어났습니다.
조금만 열심히 기도하는 사람이면
"내가 감람나무다."
"내가 감람나무인데 저 자식이 또 내 자리를 뺏으려나?"

그러면서 은근히 시샘하고 또 서로 다투던 사람들이 있었습니다.

아주 오래 전의 일입니다마는 제주도 부흥회를 인도하기 위해 갔더니
제주도에 감람나무가 또 하나 있었습니다. 어느 교회의 장로입니다.
"섬에서 하나 나오고 육지에서 하나 나온다. 육지에서 나온 것은 박태선이고, 섬에서 나온 것은 나다"

그래서는 감람나무 행세를 하는데 그 교회 목사님이 골치를 썩고
그 교회가 크게 시험 들고 멍들어 있는 것을 본 적이 있습니다.

두 감람나무와 두 촛대, 기름 발라진 자 둘,
하나님께서 권세를 주사 베옷을 입고 역사케 하신 두 증인,
시대마다 하나님께서 귀하게 쓰시기 위해서 특별히 세우신 하나님의 종들을 말할 때 이와 같이 말하는 것입니다.

― 1989년 3월 15일(수) 저녁

영적으로 무장해야 합니다.

요새 저는 자나 깨나 마음이 쫓기는 상태입니다. 부흥사로 데뷔한지 벌써 35년 세월이 지나고 있습니다. 요새 느끼는 것은 30년에서 35년 전, 영계에서 일하면서 생땅을 기경하는 작업을 하는 것처럼 참 어려움이 많았습니다.

'설교하려고 강단에 올라서면서 내가 살아서 이 강단에서 내려올 수 있을까?'

집에서 짐을 들고 대문을 나설 때,
'내가 살아서 내 가족들이 있는 이곳으로 다시 돌아올 수 있을까?'

그랬기 때문에 강단에서 설교할 때마다
목숨을 내걸고 하나님만을 의지하고 부르짖는 그런 역사를 할 수밖에 없었습니다.

지금 그 기도원이 있는지 없는지 모르겠습니다마는 계룡산에 양정 기도원이라고 있었습니다. 낮 집회를 마치고 목사님들과 같이 그 잔디밭에 앉아서 이것저것 이야기를 하는데, 갑자기 소름이 쫙 끼치면서 이상하게 긴장됩니다. 놀라서 돌아다 봤더니 어느 교파에 소속된 남자 집사가 영적인 충격을 받아서 눈이 벌겋게 충혈이 됐어요. 그러고는 삽을 들어서 목사님들과 둘러 앉아서 얘기하고 있는 저를 위에서 찍어 죽이려고 삽을 번쩍 들었습디다. 영계의 역사에는 참 험한 일이 많습니다.
'이 자식 죽이지 아니하면 내가 큰 손해를 보겠구나!'

이렇게 강하게 그 사람을 영적으로 충격을 줘서 사탄이가 주의 종을 직접 찍어 죽이려고 삽을 휘둘렀던 것입니다. 지난날의 비상한 각오, 바늘 끝 하나 들어갈 수 없었던 그 무장된 틈 없는 그런 영적 자세를 가지고 일을 해야 할 때가 온 것이 아니겠습니까?

- 1993년 3월 9일(화) 오전

불칼을 뽑아 든 소녀

우리는 간혹 귀신들린 사람을 고치기 위해서 심방 할 때가 있습니다. 귀신이 들어도 사납게 고급 귀신에게 완전히 사로잡힌 그러한 정신병자들을 위해서 예배를 드릴 때가 있습니다.

오래전에 성결교단에 속한 마산 어느 교회에 시무하시던 ○○○ 목사님의 얘기를 빌리겠습니다.

그 교회에는 눈이 오나 비가 오나 춘하추동을 막론하고 새벽기도 한번 빠지지 않는 열한 살 먹은 소녀가 있었습니다. 그래서 별명이 기도 소녀로 소문이 났습니다.
어느 날 목사님이 새벽기도회를 인도하고 있는데 어느 집사님 가정에서 급히 목사님을 청하는 연락이 왔습니다. 사납게 귀신들린 사람을 고치기 위해서 목사님하고 장로님하고 여전도사님, 이렇게 세 분이 달려갔습니다. 도착해서는, "우리들의 싸울 것은 육체 아니요~" 열심히 찬송을 부르는데, 이 미친 사람이 눈을 뜨고는 싱글싱글 웃더니 열심히 기도하고 있는 장로님을 손바닥으로 따귀를 후려치는 바람에

장로님이 저만큼 나가떨어지고 말았어요. 장로님이 나가떨어졌으니 목사님이 어떻게 합니까? "사탄아 물러가라!" 소리치니까 이번에도 손바닥으로 얼굴을 팍 치는 바람에 나가 떨어졌어요.

이제 누가 남았어요?
여전도사님 한 분 남았는데 여자들이 보기에는 얌전하지마는 악이 나면 무섭지요. 너 죽고 나 죽자 하는 식으로 "사탄아 물러가라!"하고 덤비니까 발로 걷어차 버리는 바람에 저기 떨어지고 말았어요. 감히 그 앞에서 일어날 엄두도 내지 못하고
"장로님 좀 일어나시오! 목사님 왜 안 일어납니까? 여전도사님 좀 일어나 보지!"

그런데 열한 살 먹은 소녀가 이상했어요. 왜 나만 떼버리고 저희끼리만 갔을까? 무엇하러 갔을까? 궁금해서는 살금살금 뒤를 따라갔습니다. 그 집 안에서 나가떨어지는 소리가 나고 부서지는 소리가 나는데 큰일 났어요. 이 귀신들린 사람은 더 기승을 부리면서 세 사람을 밟아 죽이려고 덤빕니다. 그런데 방문을 열면서 "목사님!" 소리 지르면서 열한 살 먹은 소녀가 방문을 열고 들어오자 밟아 죽일 것처럼 야단치던 귀신들린 사람이 벌벌 떨더니 무릎을 꿇고 딱 앉았어요. 그때 세 분이 일어나서 합세해 가지고 열심히 기도해서 고쳤다는 얘기를 들었습니다.

그런데 귀신 들렸다 고침을 받은 그 사람에게 "당신은 왜 우리는 둘러메치고, 소녀가 들어오니까 꼼짝없이 벌벌 떨고 주저앉았느냐?" 물어봤더

니 여 전도사님이 사탄아 물러가라고 덤비는데 나무젓가락 하나 들고는 "사탄아 물러가라!" 이렇게 산초처럼 덤볐다는 겁니다. 하도 가소로워서 탁 쳐버렸대요. 또 덤비는데 빈주먹 가지고는 뭐 공갈치는 것처럼 덤벼서 한 번 탁 차버리고 그랬던 차에 이 소녀가 "목사님" 그러면서 그리고 방문 열고 들어오는데 큰 불칼을 뽑아 들고 눈을 부릅뜨고 다가오는 것을 보고 그 앞에는 꼼짝없이 항복할 수밖에 없었다는 것입니다.

주의 종들이 역사하는 곳에 하나님이 함께하십니다. 하나님이 함께하실 때 천군 천사들이, 하늘의 권능들이 함께 역사 하시는 줄로 믿습니다.

- 1993년 3월 10일(수) 저녁

작은 것에 최선을 다해야 합니다.

제가 근 30년 전에 부흥 집회를 인도하러 갔다가 저 자신이 철저히 회개하고 은혜를 받고 돌아온 적이 있었습니다. 집회를 인도하면 그때 왜 그렇게 사람들이 많이 모여드는지, 교역자를 대상으로 한 사명자성회도 아닌데, 왜 그렇게 많은 교역자들이 모여드는지, 그때 역사가 크게 일어났습니다. 그때는 큰 교회 작은 교회, 도시교회, 농촌교회 가리지 않고 어느 교회에서 부탁하든지 간에 신청순서대로 충실하게 그 스케줄을 따라서 일을 할 때입니다. 바로 전 주간에 큰 집회를 대도시에서 인도했습니다. 그리고 그다음 주간에 시골교회 집회 인도하러 가서 첫날 밤에 모인 사람 수를 봤더니 열다섯명 밖에 안보였습니다. 어떻게 화가 나는지 "이거 사람 무시하는 거야? 겨우 이 사람들 모아놓고 나를 불러다가 부흥회 인도하라고 하나?"

이런 생각이 났습니다. 솔직하게 고백하지요. 설교하는데 힘이 나지 않습니다. 제 느낌엔 맨 병신들만 모아놓은 것처럼 사람같이 보이지도 않았어요. 그다음 날 새벽에는 여섯 명 나왔어요. 하, 이거 사람 죽겠데요. 교역자를 주먹으로 한번 때려 줄 수도 없고, 그렇다고 달아날 수도 없고, 새벽기도도 엉성하게 적당히 시간을 때우고 말았어요. 강단에 엎드려져서 기도하는데,

"이놈아 네 힘으로 집회 인도하는 줄 아느냐? 한 사람이 모였어도 너는 최선을 다하여 나와 함께 일할 것이 아니냐? 천 사람이 모이고 만 사람이 모여도 너는 나를 의지하고 나와 함께 일할 것이 아니냐? 크고 작은 것이 구별되는 것을 보니 아직 멀었구나! 많은 사람이 모이고 적게 모이는 것으로 인해서 기분이 나고 기분이 떨어지고 하는 것을 보니까. 너는 아직 멀었다!"

그 생각이 들 때 어떻게 울고 회개를 많이 했는지요. 그날 밤에 스무 명 나왔는데 꼭 2천 명 모인 것 같았어요.

저도 그런 경험 다 했습니다. 숫자에 좌우되고 분위기에 좌우되고, 대접에 따라서 마음이 이리저리 흔들리면 하나님이 옳게 보시지 않습니다.

- 1993년 3월 10일(수) 저녁

다시 원점으로 돌아가야 합니다.

옛날엔 수도원에 에어컨이 없었습니다. 방충망도 없었고요. 여름 밤 집회 땐 전기 불을 켜놓고 예배를 인도하면 산중에 있는 모기들이 큰 잔치가

벌어진 것처럼 다 모여들었어요. 설교하다 입으로 댓 마리 곤충들이 들어가고 잡아뜯고, 모기 쫓느라 얼마나 고생들 많이 했습니까?

그런데 옛날 고생한 것은 까마득한 옛 시절 이야기가 되어버리고 나와 상관이 없는 얘기처럼 이제는 멀리 사라지고 있습니다. 이런 온상에서 큰 사람은 세계에 나가서 일 못합니다. 굶주리면서 추위에 떨면서 더위에 허덕이면서 그저 사명 하나 붙들고 나무 뿌리를 잡아 뽑던 그때의 열심, 그때의 각오, 그 정신없이는 제대로 쓰임받는 일꾼들이 나올 수가 없습니다. 사치품만 모이고, 고급화 되어버려서 알지 못하는 사이에 정신적으로 나태해져 버린 쓸모없는 사람들만 모이는 곳이라면 무엇을 할 수 있겠습니까?

세계는 넓습니다. 여러분들을 기다리고 있는 세계는 복잡하고 다양합니다. 정신 차려야 합니다. 지금 수도원 분위기를 가만히 보면 생명을 내어 바쳐 몸이 부스러지도록 부르짖던 그 열심, 그것 다 사라지고 말았어요!

오직 사명 하나, 하나님과 깊이 대면하면서 어디에 보내시든지, 어디에 쓰시든지, 내 모든 것, 100퍼센트를 쏟아 바쳐서 생명까지 드리려 했던, 시작 할 때의 그 각오를 이제는 찾아볼 수가 없어요! 영적으로 더 나태해지고 정신적인 자세도 흐트러지고 생활하는 것도 그저 그렇게 되어 버림으로 결과적으로는 하나님께서 섭섭하게 생각하시는 사람, 필요 할 때 쓰기에는 너무나도 거리가 먼, 이러한 사치품으로 타락해 버린 사람들 이 자리에 계시지 않습니까?

떳떳하게 신분을 노출시키면서, 큰 소리로 전도하지 못하는 지역이 얼마나 많은 줄 아십니까? 전도하다가 발각되어 매를 맞고 죽임을 당하는 그러한 주의 종들도 세상에는 수다히 많은 것입니다. 다시 한번 반성해야 합니다.

이제 새로 시작해야 합니다. 다시 시작해야 합니다. 에스라와 같이, 하나님 앞에 새롭게 결심한 사람들이 나와야 합니다. 사치스러운 시대가 아닙니다. 오늘의 좋은 환경, 고급스러운 생활, 이것이 영원히 보장되는 것은 아닙니다. 세계는 돌고 돌며, 바뀌고 바뀌면서 예언하신 말씀대로 진행 해 가다가 마침내 그 뜻만 이루어질 것입니다. 정신 차립시다. 꿈꾸는 자 되지 마십시오! 허영에 들뜨지 마십시오! 다시 시작해야 합니다. 원점으로 돌아가서 다시 다져야 합니다.

- 1993년 7월 6일(화) 새벽

배불러서 잃어버린 감사

세계는 넓습니다. 다양하고 복잡합니다. 세계가 다 우리 한국과 같은 것이 아닙니다. 우리의 생활환경과 같은 것은 결코 아닙니다. 제가 이번에 파키스탄에서 첫 번째 사명자 성회를 인도했습니다. 회교의 나라에서 사명자 성회를 인도하기는 이번이 처음이었습니다. 그곳 선교사님의 말을 들었더니 120명이 모여서 한 때 식사하는 것이 미국 달러로 100불이면 된다는 것입니다. 120명의 교역자가 둘러앉아서 한 때의 밥을 먹는데 우리나라 돈으로 8만원이면 됩니다. 세상이 다 우리와 같은 것이 아닙니다. 지역을 밝힐 수는 없습니다만 아주 험하고 깊은 죽음의 땅을 찾아 헤매면서 복음을 전하는 어느 선교사님 한 분이 이 자리에 참석을 했습니다. 지난 주일 저와 함께 냉면을 나누었는데, 그분이 식사시간에 그랬습니다.
"강사님! 여기에서 먹는 냉면 한 그릇이면 내가 일하는 그곳에서는 한 달 동안 먹을 수가 있습니다."

그 말을 듣고는
'야~ 너무 배부르구나! 너무 행복하구나!'

요새 우리 한국사람 냉면집에 가서 냉면 먹을 때, 계란 먹는 사람 별로 없어요. 그것은 하나의 장식으로 올려 놓지. 옛날처럼 계란, 그러면 눈이 뒤집혀서 허겁지겁 먹던 때가 아니네요. 그 세월은 아직도 기억에 남았는데 배가 불러서, 등이 따뜻해서 생활수준이 너무 높아져서, 환경이 좋아져서, 우리는 감사한 줄 모르고 사는 것입니다.

외국에 나가 보십시오. 세계를 둘러보십시오! 주의 종들이 비틀거리면서도 순교를 각오하고 애를 쓰면서 복음을 전하는 여러 곳을 살펴보십시오!

- 1993년 7월 6일(화) 새벽

시세를 알고 준비하라!

아프리카에서 미국에 온 선교사에게 제가 그런 말을 했습니다.
"아무리 힘들고 험한 곳이라도 교역자 30명 내지 50명만 모인다면 나는 어디든지 갈 것입니다."

"아마 강사님이 아프리카에 오시면 아프리카에 있는 교역자들 500명 내지 1,000명은 모일 것 같습니다. 내가 가서 준비 할 것입니다."

아프리카에서는 주의 종을 기다립니다. 진정 저희를 이해하고 호흡을 같이 하며 가감 없는 복음을 바로 전하는 하나님의 사람을 기다립니다. 내년 저의 계획 속에 들어있습니다.

그러면서 그 선교사님을 통해서 아프리카 얘기를 조금 들었습니다. 아프리카에 사는 사람들 가운데서는 자기 가문에서 자기 집안에서 마법사가 탄생하는 것이 큰 축복이요, 명예로 생각한다는 것입니다. 우리가 말할 때 마법사지, 저들이 말할 적에는 고상한 말로 하나님과 사람 사이에 중보적인 존재, 냉정하게 말하면 영매, 성서적으로 말하면 종교적인 지도자 제사장을 말하는 것이지요.
그래서 그러한 욕심이 있는 가정에서는 세상에 애기가 태어날 때부터 해골바가지를 갖다가 애기 옆에 둔다네요. 바짝 마른 팔다리의 뼈를 애기 잠자리에 같이 섞어 줍니다. 무서운 짐승의 소리, 귀신 우는 것 같은 괴상한 소리를 들려주면서 어렸을 때부터 내 아들이 마법사가 되었으면, 신이 임했으면, 신들렸으면…, 그러면서 그 마법사를 만들기 위해서 애를 쓴다는 것입니다.

영력있는 마법사로서 오래 활동한 사람 가운데 '엔디'라는 사람이 있었습니다. 그것이 그 사람의 아프리카에서 부르는 이름인 것 같습니다. 알파벳으로 표기할 때, '엔디' 이렇게 표현하는 모양입니다. 그가 목사가 됐습니다. 그래서 임마누엘 엔디입니다. 탄자니아에서 한 1,000명 모이는 교회의 목사님으로 열심히 일을 하고 계시다고 합니다.

이분의 얘기입니다.
이 임마누엘 엔디도 마법사였습니다. 마법사들 총회가 있는데 그 총회에 가면 그 마법사들이 신과 영적으로 직통하면서 계시를 받고 직접적으로 신에게 보고하는 그 이상한 영적작용이 일어나는 모양입니다. 그런데 엔디는 신으로부터 무슨 계시를 받았는가 하면 아프리카의 유명한 목사 여섯 사람을 죽이라는 계시를 받았어요. 엔디는 신의 직접적인 계시를 받아서 다섯 사람의 목사를 죽였습니다. 그런데 한 사람의 목사는 죽일 수가 없습니다. 밤중에 습격을 해도, 대낮에 숲속에 숨어 있다가 지나가는 것을 기습을 하려고 해도 천군천사들이 에워싸고 있고, 하늘에서 빛이 나고 감히 범접할 수 없는 불담으로 둘러 있기 때문에 그 목사를 죽일 수가 없습니다.
몇 년을 쫓아 다니면서 죽이려고 기회를 엿봤지만 그 목사만은 죽이지를 못했습니다. 다시 말하면 그 목사는 하늘의 불 말과 불 병거로 하나님께서 두루 지키고 있었습니다. 불 담으로 하나님께서 에워싸서 악한 자의 손이 미치지 못하도록 그 종을 붙들고 계셨던 것입니다.

그러다가 몇 년 지난 다음에 일년에 한 번씩 모이는 마법사 총회에 참석을 했습니다. 거기서 직접 신에게 묻습니다. 내가 누구 누구 목사를 죽이라는 명령을 하셨음으로 여섯 사람 가운데 다섯은 죽였습니다. 왜 하나는 죽일 수가 없습니까? 죽이려고 하면 하늘의 천군천사들이 불 담으로 에워싸고 감히 범접할 수 없는 무서운 위험이 함께 하기 때문에 나는 그를 죽이지를 못했습니다. 내 불충한 죄를 용서하십시오! 왜 내가 그를 죽일 수가 없습니까? 다섯은 죽였는데… ,그랬더니 마법사들이 많이 둘러 있는 그 자리에 음성이 들리기를 "예수 때문에~"

그 소리가 벼락치는 것처럼 떨어졌다는 것입니다. 거기에 모였던 마법사들이 다 뒤로 나가 떨어지고 말았어요.
'예수 때문에', 예수가 그를 그렇게 지키고 있었구나! 예수가 붙들고 있었구나! 예수가 함께 할 때는 우리 신도 그를 죽일 수가 없구나!

그때 동료 마법사들에게 말하지 않고, 예수가 누구냐? 예수가 왜 그렇게 무서운 존재냐? 예수가 우리 신보다 왜 강하냐? 그것을 연구하기 시작하다가 회개하고 예수 믿어 지금은 목사가 된 것입니다. 하나님이 오른손으로 붙들지 아니하시면, 엘리사를 지키고 있었던 하늘의 불 말과 불 병거가 주의 종들과 함께 하지 아니하면, 성령의 불 담으로 두루 지키시고 악한 자가 엿보지 못하도록 만지지 못하도록 해하지 못하도록 하나님의 능력이 함께 하지 아니하면 일할 수 없는 때가 오지 않겠습니까? 세계가 한국과 다 같다고 생각하면 안됩니다.

여러분들이 임마누엘 엔디가 신의 계시를 받아 악한 일을 하던 그 지대에 들어갔다고 생각해 보십시오! 회교의 나라, 원리주의 자들이 혈안이 되어 날뛰는 무서운 사자 굴에 들어갔다고 생각해 보십시오! 세상이 더 악해져서 정상적인 인격을 가지고 생활하는 것이 아니라 사람의 마음이 뒤집히고 눈이 뒤집혀 버린, 그런 시대가 온다고 생각을 해보십시오. 지금의 상태, 이 영역, 이런 자세로 그날을 감당 할 수 있겠습니까?
"준비하자! 시세를 알고, 미리 준비하자!"

- 1993년 7월 6일(화) 저녁

자기를 살피며 준비하세요

목사가 되었다고, 전도사가 되었다고, 선교사나 일꾼으로 지금 활동하고 있다고 다 된 줄로 생각하면서 자만하는 사람, 정신 상태가 흐트러진 사람, 긴장감을 잃어버린 분들 혹 이 자리에 계시지 않습니까? 지난 날에 귀하게 쓰임 받은 것으로 다 된 줄 알지 말고 앞으로도 귀하게 쓰임 받는 일꾼이 되기 위해서 우리는 날마다 조심스럽게 하나님 앞에서 자기를 살피며 준비해 나가야 하는 것입니다.

제가 근무하는 시온교회, 한 교회에서 봉사하는 동안에 좋은 일만 있었던 것은 결코 아닙니다. 낙심될 때, 분을 참지 못해서 잠들지 못하고 엎치락 뒤치락하면서 고민하면서 밤을 새우는 그러한 나날이 하루 이틀 있었던 것은 아닙니다. 목회를 훌륭하게 잘했다고 생각지는 않습니다만 한 가지 분명한 것이 있습니다.

'나는 목회하는 것이 아니라 목회학을 연구하는 것이다. 이 일터가 내 일의 전부는 아니다. 앞으로의 일을 위해서 준비하는 훈련소다.'

그러한 각오를 가지고 그러한 정신 상태에서 목회하고 있습니다. 그래서 제게는 내일이 있습니다. 앞으로 할 일이 있습니다. 괴로운 일에 부딪칠 때, 저도 둔한 사람이 아니기 때문에 컴퓨터처럼 이렇게 해야지! 하는 마음이 생깁니다만 그렇게 하지 않았습니다. 문제가 생기면서 하나에서 열을 내다 볼 수 있는 지혜를 가졌다 하지마는 그대로 하지를 않고,
'예수님이었으면 이 문제를 어떻게 푸셨을까? 구약의 선지자들은 이 문제를 어떻게 다루었을까? 이 문제의 크고 작은 심각성을 떠나서 하나님 앞에서 어떻게 헤쳐 나가는 것이 공부하는 사람으로서 바른 것이냐?'

그러면서 여기까지 하나 하나, 한고비 한고비를 헤쳐 왔습니다. 그래서 제게는 앞날이 있습니다. 앞으로 할 일이 있습니다.

여러분들!
어떻게 사셨습니까? 이제라도 다시 시작해야 되지 않겠습니까?
"부르심을 받은 자는, 많으나, 택함을 받은 자는, 적으니라"

- 1993년 7월 7일(수) 새벽

연단 받아야 사명 감당할 수 있습니다.

한 사람의 사명자가 연단 과정을 거쳐 권세 있는 하나님의 사람으로 역사를 하기까지는 예수님이 경험하신 이 과정을 다 거치게 되는 것 같습니다. 이 과정을 거치지 않고는 성령의 권능으로 역사하는 권세 있고 능력 있는 하나님의 사람이 될 수가 없습니다. 시험받을 때 탈락하는 사람이 있습니다. 다른 종교에 심취해서 깊이 어떤 신과의 관계를 갖고 생활하던 분들이 복음을 받아들이면서 그것을 끊어 버린 후에 하나님께 돌아오면 그때 여러 가지 역사들, 방해하는 일들이 많이 생기는 것을 봅니다. 그런

생활을 하다가 돌아오신 분들 가운데는 그런 경험 이야기가 많습니다.

어떤 분은 잠을 자는데, 뱀이 꾸물꾸물하면서 방바닥이고 벽이고 천장에 뱀이 가득찼더라, 귀신들이 떼로 몰려드는데, 예수 포기하지 아니하면 죽는다고 위협을 하더라, 쌩쌩하고 건강했던 아기가 갑자기 아프더라, 집안에 우환 질고가 생겼다, 이런 여러 가지 시험이 일어나는데, "아이고! 예수 믿으면 복 받는 줄 알았더니 예수 믿으니 더 못 살게 되겠구나!"

그래서 예수 포기하고 지난 날에 심취했던 그 귀신에게 다시 돌아가는 사람들을 비롯해서 별별 사람들이 많이 있는 것을 봅니다. 은혜받은 후에 은혜의 자리에서 떨어뜨리기 위해서, 은혜의 충만하심을 받은 후에 사명자의 자리에서 탈락시키기 위해서, 이런저런 일이 있는 것을 많은 분이 경험한다는 것입니다. 그러나 제가 설명하는 것은 어떤 사람의 체험, 영계에서만 알 수 있는 특별한 지식의 경험을 들어서 말할 수는 없습니다. 성경에 기록돼 있는 이 원리가 있다 하는 것을 설명할 수밖에 없습니다.
"성령의 충만하심을 받고 나가서 일하기 전에 성령에 이끌려 마귀에게 시험받는 일들이 있느니라."

얼만큼 연단을 받았느냐? 얼만큼 강한 연단 속에서 피어났느냐? 하는 것입니다. 일하는 모습을 볼 때
'저 사람은 연단을 별로 받지 못했구나! 저 사람은 깊이 있는 영적 체험이 없는 사람이로구나! 생활하는 것이나 나가서 일하는 것을 보니 저분

은 평신도 겨우 면할 정도이지 사명자로서 기대하진 못하겠구나!'

일하는 것을 보면 어떻게 연단을 받았는가? 그 사람을 통해서 나타나는 역사를 보면 얼마나 깊이 있는 연단 속에서 훈련을 거친 사람이냐 아니냐? 그것이 드러나는 것입니다. 예수님이 행하신 것은 하나의 모델 케이스지요. 모세도 이 과정을 거쳤습니다. 바울도 이 과정을 거쳤습니다. 초대교회 사도들도 이 과정을 거쳤습니다. 주의 재림이 임박한 오늘날 부르심을 받은 여러 주의 종들도 예수님이 거치셨던 이 과정을 거칠 때 두려움 없는 큰 일꾼으로 역사할 수 있는 것입니다.

은혜받은 것으로 자만하지 말고, 하나님의 섭리 가운데서, 마귀에게 시험을 받는 연단 속에서, 강하게 여물어지시기 바랍니다. 그래야 제구실하는 것입니다. 그 사람을 혼자 어디에 집어 던져도 거기에서 뿌리를 내고 잎을 피우고 열매를 맺을 수 있는 사람, 오직 하나님만을 의지하고 기대하면서 사람에게 자신을 의존하지 않고 오직 믿음으로 역사하며 하나님의 뜻을 이루어나가는 강하게 여물어진 주의 종들을 보면 다 큰 연단들을 거친 사람들입니다. 이 광야의 시험, 연단이 없으면 나가서 일하지 못합니다. 세상이 점점 악해지고 사나워지는데, 온상 속에서 자리난 연한 순처럼 물주고 다듬어 주어야 하는, 그저 아름다운 한 송이의 꽃과 같은 상태로 어떻게 일을 하겠습니까?

성령의 충만하심을 받고 나가서 역사하기 위해 강하게 연단되고, 시험을 이긴 후에 오는 시대를 감당할 수 있기를 바랍니다.

- 1993년 7월 7일(수) 오전

일하면서도 준비합시다.

이제는 옛날 얘기입니다만 저를 통해 은혜를 받고, 제가 보는 데서 부흥사로 크게 활동하시는 어느 목사님이 계십니다. 한때 한국을 휩쓸었어요.

전라도 어느 지방에 집회를 갔다가 서울 방향으로 돌아오는데, 기차 안에서 딱 만났어요. 그 자리에서 사람들이 있는 데도 불구하고 목소리 톤을 높이면서 저를 책망하기 시작하는데
"강사님은 왜 그렇게 시시하게 일을 하십니까? 불이 번쩍 나게 일 좀 하시지!"

그분이 하는 말을 다 들었습니다. 할 만큼 한 다음에는 제가 이렇게 말했습니다.
"지금 일하는 것으로 다 되는 것은 아닙니다. 일하면서 준비하십시다. 준비 없이 일하는 것은 수명이 길지 못합니다."

그렇게 조용히 충고를 했는데도, 몇 년 후에는 완전히 쓰러지고 이제는 이름 없는 존재로 아주 떨어져 버리고 말데요. 몇 년 쓰임 받다가 버림당하는 일꾼 되지 말고, 진실하게, 충성되게 봉사하면서도 남모르게 준비하시기 바랍니다. 하나님 앞에서 자신을 살피고 하나님께서 계속 쓰실 수 있는 그릇이 되기 위해서 자신을 닦는 사람 되십시오. "너희는 스스로

성결케 하라"

"여러 가지 여건들을 볼 때 난 끝난 사람인데… 그러지 마십시오."

이렇게 말하는 이도 있습니다만 숨이 끊어지기 전까지는 우리는 하나님 앞에 부르심을 받은 종들입니다. 세상 떠나기까지는 사명자로서 일하다가 세상을 마쳐야 합니다.

"양식을 예비하라!"

"용사들은 무장하라!"

"너희는 스스로 성결케 하라"

- 1994년 3월 17일(목) 새벽

걸음, 태도, 자세 모두 바꿔야 합니다.

제가 어제 하나 좀 섭섭한 것을 느꼈어요. 마당에 파라솔이 있고 의자들이 많이 놓여있는데 의자가 제멋대로 나둥그러져 있더군요. '저기에 앉았던 사람은 목회를 해도 거지처럼 할 것이다. 저기에 앉아서 밥 먹고 일어난 사람은 세상을 살아도 거지 면치 못할 것이다. 저런 사람이 어떻게 수도원에 왔을까?'

수도원에서 걸어가는 뒷모습을 봤더니 싸우기도 전에 벌써 매 맞아 죽었더구만! '저런 사람이 무엇하려고 수도원에 왔을까? 좀 허리를 빳빳이 펴고, 하늘이 무너져도 허리가 부서지면 부서졌지 나는 기울어지지 않을 것이다. 땅을 굳게 디디고 앞을 날카롭게 쏘아보면서 하늘을 떠받칠 수 있는 그런 사람들이 와야 할 것인데, 저 걸어가는 뒷모습 봐! 저래서야 앞

으로 오는 시대를 어떻게 감당할까?'

답답한데요, 오늘 낮 시간부터 여러분의 걸음걸이, 태도, 식사하는 자세, 앉았다 일어난 자리를 다시 한번 살펴보면 모든 것이 달라질 줄로 믿습니다.

- 1994년 7월 6일(수) 오전

생선 눈에서 얻은 교훈

옛날에 제가 부산에 부흥집회 인도하러 갔더니 이북에서 월남한 어느 할머니가 식사 당번을 맡으셨는데 어느 날 아침에 밥상을 들고 들어와서는 이북 말로 그럽디다.
"강사님! 오늘 아침은 반찬이 없어요!"

이북 사람들이 말하는 반찬은 생선을 말하는 것입니다. 김치며 찌개며 다른 요리가 많아도 그것은 반찬이 아니에요. 이북 사람들이 말하는 반찬은 생선입니다.
"반찬 많은데 왜 없다고 그러세요?"
"아 강사님! 다 아시면서 늙은이 놀려요? 자갈치 시장에 가 봤는데 생선 눈이 다 허연 것들만 있어서 안 사왔습니다."

생선 눈이 허연 것도 있고, 어떤 것도 있나요? 파란 것도 있지요. 그다음엔 빨간 것도 있습니다. '아 생선 눈도 색깔이 다르구나'

살아서 물속에서 꼬리치고 다닐 때는 생선 눈이 파래요. 막 건져 놓으면 눈이 빨개져요. 썩기 시작하면 허얘진대요. 여기 허연 사람 몇이 있는 것 같아요! 자! 허얘진 것을 파랗게 고칩시다.

- 1994년 7월 6일(수) 오전

하나님의 섭리와 종의 자세

물이라는 것은 골을 따라 흘러 내려가게끔 되어있습니다.
인류의 역사라는 것은 성경 예언의 말씀을 성취하기 위해서 하나님의 섭리를 따라 전개되고 진행되고 마침내 완성되는 줄을 우리가 믿습니다.
그러기 때문에 골목의 음침한 구석진 자리에서 무엇인가를 이해하고 바른 판단을 내리려고 할 것이 아니라 하나님의 은혜를 힘입어 높은 자리로 올라가서 거기에서 하나님께서 계시하시는 하나님의 큰일을
성령의 조명을 힘입어 바로 깨닫고 하나님의 말씀을 이루어 드리기 위해서 우리 안에 역사하시는 성령의 능력을 힘입어 충성스럽게 역사하는 하나님의 종이 되어야 할 줄로 믿습니다.

- 1987년 11월 17일(화) 오전

공부하고 준비하세요.

부흥사로서 일을 시작한 지 만 36년이 지났습니다. 하나님 앞에서 최선을 다해 충성스러운 종으로 일을 하려고 애를 썼습니다마는 그동안의 많은 실패, 허물이 있었던 것을 자인하면서 그래도 중심만은 하나님 앞에 흠 없이 살아드리며 가장 모범적인 주의 종으로 역사하려고 애를 쓰면서 이 시간까지 나왔다고 말할 수 있겠습니다

공부하면 할수록, 살아보면 살아볼수록, 일하면 일할수록 자신의 부족함을 너무나도 크게 절감하면서 하나님 앞에 겸비한 심령으로 엎드려져 주의 도우심을 간절히 바랄 수밖에 없는 인생이라는 것을 지금 더욱 마음 깊이 느끼고 있습니다.

진짜 일할 때가 이제부터 오는 것 같은데 선배님들은 세상을 떠나셨고 같이 일하시던 분들은 나이가 점점 많아지고 점점 무기력해지는 것을 봅니다. 이제부터 진짜 메인 게임이 벌어지는 것 같은데 많은 사람이 힘을 내지 못하고 지쳐 있는 모습을 볼 때 더욱 마음이 안타까운 것 같습니다

세계는 초긴장 속에 정말 복음을 애타게 기다리고 있습니다. 오늘 다시 한번 우리 스스로를 가다듬으면서 사명을 잘 마치는 일꾼이 되고자 간절한 뜻을 가지고 말씀을 전하고 또 말씀을 받으면서 함께 은혜를 받읍시다.

- 1994년 11월 7일(월) 저녁

자기를 낮추고 죽어야 합니다.

우리 이 자리에 모인 동역자들 가운데는 자기를 얼마나 죽이느냐? 자기를 죽이면 자기가 살 것인데! 자기를 얼마나 낮추느냐? 낮추면 하나님이 높여 주실 것인데! 그분의 기질로 봐서, 그분의 지금까지의 생활로 봐서, 틀 잡히고 껍질이 딱딱하게 굳어진 그것으로 봐서 능히 그것을 감당할 수 있겠느냐? 상당히 염려되는 형제도 있습니다.

'죽으면 살려주실 것인데, 낮추면 높여주실 것인데, 깨어버리면, 자아가 떨어지면 그리스도로 옷 입혀 주시고 존귀케 하실 것인데, 과연 그 일을

할 수 있을까? 그분의 살고 죽는 것이, 높아지고 낮아지는 것이 여기에 달렸구나!'

이렇게 생각되는 형제가 있습니다. "자신이 죽어지면 주가 살리실 것이요. 자신을 낮추면 주가 높이실 것이니라."

제일 힘든 것이 '나' 아닙니까? 옥합을 깨십시오!
죽을 때까지 갖고 있다가 관속에 넣어 감으로 한 번도 냄새를 풍기지 못하는 어리석은 자 되지 마십시오! 그러나 자기를 깬다는 것, 자기를 죽인다는 것, 그것은 죽기보다도 힘든 것이고, 너무나도 어려운 문제라는 것을 저도 경험하고 있습니다.

- 1994년 11월 10일(목) 새벽

완전히 쏟아붓자!

저는 하나님의 말씀을 전할 때 있는 정성, 힘을 다하려고 애를 씁니다.
'사명을 위해서! 다 쏟아붓자'

그깃 없이는 하나님의 역사가 일이니지 않습니다. 제 것 디 챙기고, 제 욕심 다 부리고, 다른 것도 다 계산해 넣고, 그다음에 남은 것 갖고 하나님의 일 하려고 하지 마세요. 그러면 하나님이 함께하시지 않아요.
"네 마음을 다하고 성품을 다하고 뜻을 다하고 힘을 다하고 목숨을 다하여 주 너의 하나님을 사랑하라"

여러분은 '다시 예언할 자'입니다. 힘을 다해서 전심전력, 하나에다가 완전히 쏟아부으십시오!

- 1994년 11월 10일(목) 새벽

나 자신과의 싸움은 참 힘듭니다.
욕심, 허욕, 하나님과 같이 되려고 하는 것, 하나님의 사람들 가운데서 그 위로 올라가려고 하는 그 야심, 이 모든 교만이, 욕심이 죄의 근원이 되는 것이며 사람을 더럽히고 사명의 자리에서 떨어지게 하는 제일 원인이라는 것을 우리는 기억할 필요가 있겠습니다.

저는 부흥강사로서 37년 동안, 오늘날까지 봉사하고 있습니다. 그러면서 제가 언제나 조심스럽게 지키는 것 하나가 있습니다.
'밖에 나가서 큰일을 하기보다는 나 자신을 지키자! 많은 일, 굉장한 일을 하려는 생각보다는 날마다 하나님을 가까이하며 하나님 앞에서 거룩함을 지키도록 노력하자!'

이것을 붙들고 지금까지 살아왔습니다. 이것이 강사의 수명을 오래 연장시킨 근본적인 요인이 되는지 모르겠습니다. 저는 집회를 마친 다음에 외국에서는 할 수 없이 그 나라 풍속대로 인사를 합니다마는 한국에서는 가급적 예배를 마친 후 강단에서 기도하다가 신자들이 거의 나가버린 다음에 밖으로 나옵니다. 그렇지 않으면 성도들이 마지막 축도를 받고 마지막 송영을 듣는 동안에 저는 밖으로 나와서 사람을 만나지 않고 제 사무실로 들어 가버립니다. 그것은 제 약점을 너무나도 잘 알고 있기에 나를 지키려고 하는 부득이한 행동입니다.

"강사님 은혜받았습니다. 강사님 은혜를 회복했습니다. 강사님 말씀 듣는 시간에 뜨거워지면서 병이 깨끗이 나았습니다. 강사님 말씀 듣는 동안에 말씀이 밝아지고 성경이 뚫렸습니다."

이런 얘기를 들으면 이제 60이 지난 나이니까 이제는 안정이 되어야 할 터인데, 아직도 그런 말을 들으면 기분이 좋아요. 그러면서 으쓱해져요. '야! 이거 나도 괜찮구나!' 고개를 흔들게 되더군요. 그러다가 찍혀 떨어질까 봐, 그 시험을 피하려고 웬만하면 사람을 만나지 않습니다. 설교하기 전에 강단에서 엎드려 기도하고 설교하기 직전에 성가대가 찬양할 때 분위기를 살피기 위해서 강대상 의자에 앉고 설교 마치면 밑에 앉습니다. 나를 지키는 나와의 싸움, 그것이 그렇게 힘드네요. 교만은 사명자들을 떨어뜨리는 근본 요인이 됩니다.

- 1995년 7월 12일(수) 오전

죽기를 각오하고 복음 증거 해야 역사가 일어납니다.

어느 분이 그런 말을 물었습니다.

"강사님이 외국에 나가서 사명자 성회를 인도하시는 것을 첫 시간부터 끝 시간까지 다 우리가 듣고 봤습니다. 특별한 설교의 내용은 없었습니다. 우리가 알고 있는 그러한 부류의 말씀을 강론했습니다. 그 정도의 내용은 우리도 할 수 있을 것 같습니다. 그런데 나타나는 역사가 왜 판이합니까? 강사님이 하면 역사가 일어나고,

우리가 하면 역사가 일어나지를 않습니다. 같은 내용인데 누구는 일어나

고, 누구는 일어나지 않는 까닭이 어디에 있습니까?"

제가 그 질문을 받으면서 '상당히 생각을 많이 했구나! 무엇인가 생각하는 차원이 높아졌구나!' 그런 생각이 들었습니다.
그런데 다른 것이 하나 있어요. 저는 복음을 위하여 죽기를 각오하고 결사적으로 말씀을 증거합니다. 그래서 역사가 일어나는 것입니다. 생명 바치는 곳에 생명 살리는 역사가 안 일어나겠어요? 복음을 전하기는 열심히 전했으나 죽기를 각오하지 않았습니다. 그래서 역사가 미지근한 것입니다.
이 자리를 떠나기 전에 이것을 결단하고 돌아가야 합니다. '나는 살아서는 나가지 않을 것이다.' 어떻게 하고 나가야 돼요? 죽어서 나가야 돼요!

- 1995년 7월 13일(목) 새벽

주 앞에 부끄럽지 않도록

40년 가까운 제 체험 가운데, 이것만은 확실히 말할 수가 있습니다.
주를 위하여, 복음을 위하여, 죽기로 각오하고 역사할 때, 하나님은 도우셔서 살리는 역사, 생명의 역사를 일으켜 주셨습니다.

저는 한동안 집회를 인도하면서 옛날 고속버스가 없을 때, 기차를 타고 부산이나 대구에서, 대전이나 서울로 올라올 때, 갑자기 심장이 탁 멎는 것 같고 화장실에 갈 힘도 없고 손끝에 힘이 하나도 없이 쭉 빠져버리는 것을 경험할 때가 있습니다. 그러면,
'하나님!

집회 인도하는 동안에 밥 얻어먹은 것이 부끄럽지 않습니다. 주의 종으로 대접받은 것이 부끄럽지 않습니다. 내게는 힘이 하나도 남지 않았습니다. 거리낌이 없이 가벼운 마음으로 돌아가게 하시니 감사합니다.'
그러면서 돌아왔습니다.

그런데 어떤 때는 자는 것도 잘 자게 되고 편히 쉬고 편안해서 그런지 집회를 인도하고 돌아갈 때 힘이 좀 남았어요. 엉뚱한 생각이 좀 나요. 세상을 둘러보게(구경하게) 돼요.
'주의 이름으로 밤낮 퍼먹다가 돌아간다. 교회만 농락하다가 돌아간다. 불충하고 악한 놈이 지금도 살아있구나!'

그러면서 회개하면서 돌아왔어요! 여러분들이 저를 위해서 기도해 주실 것은 죽을 때까지, 마지막 숨이 끊어질 때까지 그 자세, 그 정신을 가지고 주를 봉사할 수 있도록 기도해 주셔야 하겠습니다.

- 1995년 7월 13일(목) 새벽

사냥개의 본능

아주 오래전 일입니다.
제가 대전에 살고 있을 때 똥개라도 한 마리 키우고 싶은 마음이 간절했습니다. 그런데 어느 집사님 댁에 갔더니 피부병으로 아주 엉망진창 되어 버린 포인터 종 개 한 마리가 있었습니다. 제가 그 개를 가만히 들여다봤더니

"강사님! 개 좋아하세요?"

"예, 제가 지렁이하고 뱀 빼놓고는 다 좋아합니다." 그랬더니
"이것 지금 비리비리하게 죽어가는데 이 포인터 드리면 가지고 가실래요?"

보기에는 꼭 송장 치를 것 같은데, 그래도 한 번 갖다가 씻겨보고 약 발라 볼 욕심으로 "주시면 가져가겠습니다."

그것을 끌고 집에까지 오는데요, 어떻게 고생을 했는지 모르겠습니다. 서너 발자국 가다가는 주저앉고 질질 끌리면서 안 간대요. 안고 오기에는 너무나도 더러웠습니다. 아주 피부병으로 냄새가 풀풀 납니다. 그것을 억지로 끌고 왔어요. 그래서는 목욕도 시키고 집에서 밥도 먹이는데, 이것 개 구실 못하네요. 포인터는 본래 사냥개인데, 개구실을 못해요. 그래서는 그냥 마당에 풀어놓았습니다.

그다음에 무슨 일을 하다가 요만한 막대기가 마당에 있어서 집어서 휙 집어던졌더니 갑자기 우당탕 소리가 났어요. 봤더니 포인터가 공중으로 던진 막대기를 잡으려고 우당탕 뛰어올랐어요. '아! 저것이 포인터의 본능이로구나!'

약한 것 같아도, 다 쓰러져서 못 일어날 것 같아도 문제가 딱 생기면 '주님이 나와 함께 하신다' 그러면서 눈에서 불이 나야 하는 것이 여러분들입니다. 하나님의 성령이 여러분들 속에 내주하고 계시기 때문에, 주님이 여러분들 곁에 계셔서 떠나시지 않기 때문에, 어려울 적에는 속에서 불

이 나고 성령의 감동으로 강해지는 것이 우리들 아닙니까?

- 1995년 11월 7일(화) 저녁

죽고자 하는 자는 살리라

제가 옛날에 깊은 산중에서 농촌사업을 하고 있을 때입니다. 아무런 경험도 기본적인 지식도 갖추지 못한 채 그저 열정만으로 산중으로 뛰어들어서 열심히 생활하던 때가 있습니다. 그림을 그리는 선배들과 함께 여러 가지 책자를 뒤적거리는 가운데, 프랑스 사람들이 경치 좋은 곳에 집을 짓고 판판한 돌을 가져다가 바닥에 깔아 놓은 멋진 집 구경을 사진으로 본 일이 있습니다. 그래서는 흙집을 지어놓고 바닥에 돌로 깔고 거기에서 그림도 그리고 노래도 하고, 다른 공부도 하고 또 다른 선한 봉사도 하기 위해서 작업을 시작했습니다. 어디에 갔더니 판판한 돌이 하나 있는데, 멋있었습니다. '이것을 내가 지게에다가 지고 운반할 것이다.' 마음먹고 지게를 받쳐놓았어요. 제가 지게를 언제 져봤나요? 지게를 받쳐놓고 끙끙대면서 돌을 굴려서는 지게에다 실었습니다. 경사진 곳입니다. 지게를 지고 일어나는데, 삼분의 일쯤은 일어났는데, 무릎을 써서 일어날 수가 없어요. 다리가 벌벌 떨리고, 금방 쓰러질 것 같습니다. 그대로 주저앉으면 지게 부서지고 내 발도 부러지고 모든 것이 다 망가질 것 같아요.

그 순간에 한 가지 생각이 아주 빨리 빨리 돌아갔습니다.
'나는 이제 다리 부러진다. 지게는 부서진다. 돌이 내 몸 위로 굴러 내릴 것이다. 이제는 지게를 벗어버리지도 못하고 일어나지도 못하고 어떻게

할 것이냐? 이러지도 못하고 저러지도 못할 바에는 죽을 각오를 하고 일어나자!'

그렇게 결심하고는 온 힘을 다 주었더니 일어나지더군요! 그래서 그 자리까지 옮겨 놓고 지게를 벗은 다음에는 나가떨어졌습니다. 한 삼십 분 동안 일어나지도 못했어요.

그 경험을 통해서 깨달은 것이 있습니다.
'죽고자 하면 사는 수가 있구나! 자기 생명을 아끼지 않고 순교를 각오하고 믿음을 지키면 머리털 하나도 상하지 않도록 보호하신다.'

만일 그 자리에서 두려워했다면 지게가 부서지면서 돌에 깔려 죽었을 것입니다. 자기의 생명을 아끼지 않는 사람은 머리털 하나 상하지 아니하도록 하나님의 보호를 받으면서 승리하게 될 줄로 믿습니다.

- 1989년 3월 16일(목) 새벽

얼마나 죽어졌습니까?

하나님 앞에 좀 더 가까이 나아가는 사람, 주 앞에 좀 더 깊이 파고드는 사람, 큰 은혜와 큰 사명의 역사를 바로 감당하기 위해서 진지하게 주 앞에 엎드리는 사람이라면
'내가 얼마나 죽었느냐? 완전히 그리스도와 연합하여 십자가에 못 박혀 장사 지낸 바 되었느냐? 내가 그리스도로 말미암아 세상에 대하여 십자가에 못 박히고 세상이 또한 내게 대하여 완전히 죽었느냐?'

그 정도에 비례해서 하나님께서는 은혜를 주십니다.

어느 형제가 그런 말을 했습니다.
"강사님!
재주 부리는 사람들은 목회도 잘하고 출세도 잘하는데, 꼭 우리는 이렇게 살고 이렇게 정도만을 행해야 하겠습니까?"

상당히 고통스러운 탄식 소리로 들렸습니다. 그렇습니다. 세상이 떠들썩하게 그를 칭송하든지, 그가 굉장하게 인기를 끌고 많은 사람에게 추앙을 받든지 그것은 우리와 상관이 없습니다. 다른 사람이 백 가지 일을 할 때, 우리는 비록 한두 가지를 한다 해도 도를 행해야 합니다. 다른 사람들이 우리를 향하여 조롱하고 돌을 던져도, 세상 것 부러워하지 말고 하나님 앞에 살아가야 합니다.

그렇게 틀을 잡고, 그렇게 다지고, 그렇게 진지하게 나아가게 될 때, 하나님께서 아브라함을 시험해 보신 후에 하신 말씀과 같이
"네가 네 아들 독자 이삭을 아끼지 아니하였으니 네가 참으로 나를 경외하는 줄을 알았노라!"

그리고는 넘치도록 가장 크고 위대한 것을 아브라함에게 축복하신 하나님입니다.
여기는 기도원이 아닙니다. 수도원입니다. 하나님 앞에 도를 닦는 사람들입니다. 마음으로 하나님을 섬기는 사람들입니다. 인간적인 허영, 헛된

욕망과 사람의 눈속임을 하는 그러한 일이라면 우리에게 아무 상관이 없습니다. 비록 가장 적을지라도 순수하게, 순수한 그것을 통해서 큰일을 행하시는 주님의 역사를 우리는 바라고 기도합니다.

얼마나 내가 죽었느냐?
얼마나 나를 낮추었느냐?
얼마나 나를 버렸느냐?

거기에 따라 정비례하도록 우리에게 은혜를 부으시고, 큰일을 맡기시고 하나님께서 기뻐하시는 그 뜻을 다 이루게 하실 줄로 믿습니다. 그래야 수도원에 찾아오는 가치가 있습니다.

- 1995년 11월 9일(목) 새벽

내 것 지우고 주님의 것 그려주소서!

저는 한때, 정치인들에게 전도를 열심히 하던 때가 있었습니다. 그리고 타 종교인들에게도 열심히 미친 듯 전도하던 때가 있었습니다. 제가 전도해서 목사님 되신 분들이 벌써 나이가 차서 다 은퇴하셨네요. 그런데 전도자였던 저는 아직 몇 년 더 있어야 은퇴할 것 같습니다.

어쨌든 그 무렵입니다. 어느 장관 댁에 초대를 받아서 한 방에서 같이 잠을 잤습니다. 그런데 그 장관 집 응접실에는 이상한 그림 석 점이 걸려 있었어요. 하나는 산신령, 하나는 부처, 하나는 예수님, 예수님을 귀신 단지 옆에다가 걸어놓았어요. 기분이 나빠서는 나도 모르게 목소리 톤이 올라갔습니다. "장관님! 하나는 산신령, 하나는 부처, 하나는 예수님 아닙니까? 왜 예수님을 저 귀신들 옆에 걸어 놓았어요?"

큰 음성으로 따지듯 물었더니, 그 장관이 하는 말이
"선생님! 나야 어느 것이 진짜 하나님인 줄 압니까? 셋 다 걸어놓고 셋 다 믿어두면 셋 중에 하나는 맞을 것 아닙니까?"

그날 밤에 한 자리에서 같이 잤습니다. 그런데 자다가 일어나서는 땅이 꺼지듯 한숨을 푹 내쉽니다. 그리고는 담배만 옆에서 피워댑니다. 그래서 일어나서는 "무슨 고민이 있으세요?" 물어봤더니,
"김 선생님! 나를 위해서 기도를 좀 해주십시오! 민족과 나라를 위해서 참으로 귀한 봉사를 하고 싶습니다. 하지만 내게 힘이 없습니다. 김 선생님이 믿는 하나님에게 나를 위해서 기도해 주십시오!"

전도할 수 있는 좋은 기회다 싶어서는
"기독교는 그런 것이 아닙니다."
"그러면 기독교는 어떤 것입니까?"
"자기기 지향히는 것이 선이든 악이든 자기의 목저을 위해서 신의 힘을 빌리는 것은 기독교가 아닙니다."

이분은 법학을 한 법무부 장관이었습니다.
"그러면 기독교는 어떤 것입니까?"
"나의 원대로 마옵시고 아버지의 뜻대로 하시옵소서! 그것이 기독교입니

다."
"기독교가 그런 것인가요? 기독교란 종교가 그런 종교입니까? 그러면 진리 같으네요."

그렇게 마음이 열려서 전도할 수 있는 시간을 가진 일이 있습니다. 우리 속에는 항상 내가 그리는 그 그림이 들어있어요. 우리 속에 자기가 희망하는 어떠한 조각품들이 조각되어 있습니다.
'이것을 지우고 이것을 부수고 주님의 손으로 내 속에 주님의 그림을 그려주시옵소서! 이것 부서뜨리시고 주님의 손으로 새롭게 나를 빚어 만들어 주시옵소서!'

지울 때 얼마나 아픈 줄 아세요? 부술 때, 부스러져 깨지고 떨어질 때 얼마나 비참하고 고통스러운지 아세요? 한때 이런 문제로 고민하면서 병원에서 치료를 받고 있을 때입니다.

연세 지긋한 할머니 전도사님이
"김 선생님! 무엇 때문에 그러세요?"
"이러이러한 것 때문에 고민하고 잠이 오지를 않고, 먹고 싶지도 않고, 살고 싶지도 않습니다."

아주 노숙한 할머니라 그런지 모르겠지마는
"김 선생, 자기를 부인해요! 자기를 부인하고 제 십자가를 지고 나를 좇으라고 했어요!"

아주 쉽게 말씀하시는데, 그 소리가 어떻게 역겹고 화가 났던지 말은 안 했지만 잘못하면 입에서 욕이 터져 나올 뻔했어요.
'자기를 부인한다는 말이 얼마나 힘든 줄 압니까? 자기 것을 지운다는 것이 얼마나 아픈 줄 압니까? 자기 것 찢어서 깨뜨린다는 것이, 부순다는 것이 얼마나 고통스러운 줄 당신이 압니까? 그 말을 당신이 함부로 할 수 있습니까?'

어떻게 밀고 대들고 싶은지 그런 충동을 받은 일이 있습니다. 왜 모세에게 자기 것이 없었겠습니까? 자기의 그림이, 자기의 조각이, 자기의 세계가 왜 그에게 없었겠습니까? 그럼에도,
"모세는 지우고 헐어버리고 주와 연합하여 하나님의 사람이 되었느니라!"

- 1996년 11월 13일(수) 오전

닦고 다듬읍시다.

돌아가시면 공부하십시오!
준비하십시오!
자기를 닦으십시오!
저도 집회를 마치고 올라가면
열심히 공부할 것입니다.
열심히 준비할 것입니다.

마지막 때는

도를 말하는 사람은 많이 있으나
수도에 정진하는 사람은
보기 드물다는 얘기가 있습니다.
도를 말하는 사람은 많이 있으나
수도에 정진하는 사람은 적은 것입니다.
닦으십시오!
잘 다듬으십시오!
훌륭하게 이루십시오!
하나님께서 귀하게 쓰실 수 있는
그릇이 되시기를 바랍니다.

- 1996년 11월 14일(목) 새벽

인내를 이루라!

연단 없이는 일을 못합니다.

육체적인 연단, 정신적인 연단, 사명적인 강한 훈련을 받지 않으면 우리가 일할 수 없습니다. 연단이라는 것은 괴롭습니다. 시련이라는 것은 마음이 상하고 속이 썩는 것입니다. 그러나 하나님께서는 섭리 가운데서 주의 종들을 앞으로 더 귀하게, 큰일에 강한 일에 쓰시기 위해서 우리를 훈련시키고 연단을 받게도 하시는 것입니다. 욥이 이것을 깨달았기에 낙망하지 않고 자포자기하지 않고 믿음으로 다시 일어날 수 있었습니다.

"나의 가는 길을 오직 그가 아시나니 그가 나를 단련하신 후에는 내가 정금같이 나오리라"

"인내를 온전히 이루라. 이는 너희로 온전하고 구비하여 조금도 부족함이 없게 하려함이라"

이것이 같은 땅에서 사는 성도들이 받는 시련의 목적입니다.

- 1997년 3월 11일(화) 저녁

실패 속에서 연단되는 사명자

독수리는 자기 새끼를 어미 독수리의 수준까지 이르도록 지혜와 능력과 강함과 권위를 철저하게 키우며 훈련시킵니다. 연단 받지 않는 사람 어디 있어요?
'하나님!
오늘밤은 여기서 자렵니다.
내일 새벽에 내가 강단에 서서 다시 설교할 수 있겠습니까?
이 시간은 믿음으로 강단에 올라갑니다.
살아서 강단에서 내려올 수 있을까요?
낯선 나라 이국땅, 이교도들에게 복음을 전합니다.
내가 살아서 고국으로 돌아가 내가 섬기는 강단에서 사랑하는 성도들의 얼굴을 볼 수 있을까요?'

아찔한 순간, 목숨을 내건 도박처럼 생명을 바쳐 역사하는 모든 복음의 수고는 저절로 되는 것이 아닙니다. 저는 전에 연단 받는 가운데 험한 지역에서 전도를 했습니다. 한 사람의 신자를 처음 얻었을 때 충청도 말로 삼삼했고, 천하를 얻은 것 같더군요. 그렇게 반년 동안 수고를 했는데, 신자 열둘이 생겼어요. 그때는 서울영락교회가 제일 컸을 때입니다. '서울의 영락교회? 아무것도 아니다.' 영락교회보다 더 큰 것 같았어요! 그렇게 기분이 좋았습니다.

그런데 이북에서 남파된 빨치산들과 지방에 있는 빨치산들이 그 일대를 하룻밤에 모조리 쓸어버렸어요. 사람 잡아가고, 닭 모가지를 비틀고 허리에 꿰차고 짐승들을 몰고 달아났습니다. 그 다음 날 보니까 열둘이 전부인데, 하나 남고 열하나가 다 떨어지고 말았어요. 젊은 기분이 어땠는 줄 아세요? 바위를 들이받고 머리라도 깨서 죽을까? 달아날 수도 없고, 죽을 수도 없고, 살수도 없고 그러다가 마침내,
'여기에서 실패하면 다음은 내게 기회가 없다. 여기에서 다시 한번 일어나자!'

또 열심히 이를 악물고 애를 썼어요. 먹을 것은 고구마뿐이었습니다. 내 손으로 재배한 고구마 먹고 열심히 반년 일을 했더니 또 열둘로 불었어요. 무너졌던 영락교회가 다시 서는 것 같았습니다. 그런데 또 쳐들어왔어요! 싹 잡아서 몽땅 끌어갔는데 그 다음 주일날 신자 둘 나왔습니다. 지난번 열둘 중에 남았던 하나, 열심히 전도해서 열하나를 만들었는데 겨우 한사람 더 남아서 도합 둘 남았습니다.

그러면서 다지고 다졌습니다.
낙심했다가, 죽고 싶었다가 다시 일어나고 이를 악물고 몸부림치는 가운데 지금 이 나이가 된 것 같습니다. 하나님의 섭리 가운데서 귀하게 쓰임 받기 위해 훈련받으시는 분 이 자리에 계십니까?

그 마음의 아픔, 그 어려운 사정,

잘났으나 못났으나 사람에게는 얼굴이라는 것이 있는데, 체면과 자존심 말이 아닌 사람 이 자리에 계십니까?

"여호와는 그 얼굴로 우리를 향하여 드사 지켜보시느니라"

- 1988년 7월 11일(월) 저녁

여러분의 사명의 걸음은 어떻습니까?

흰돌교회 이종하 목사님 세상 떠나셨지요. 목요일 날 아침에 세상 떠났습니다. 수요일 날 밤 설교했습니다. 아주 힘 있게 하셨습니다. 목요일 날 새벽 시간에 설교했습니다. 그리고 방으로 돌아와서는 "가슴 답답해! 청심환 있으면 하나 줘!" 사모님이 그것 갖다 드렸더니 그것 잡수시고 세상 떠났어요.

마지막 순간까지 설교하시다가 말씀으로 성도들을 양육하고 그 다음에 깨끗이 떠났어요! 인간적인 유언 한마디 못하고 사모님 잘 있으라고 인사도 못하고, 그대로 세상을 떠났어요! 우리의 신앙의 동지들, 앞서간 우리의 선배들, 다 이렇게 사셨어요. 이렇게 일하고 가셨습니다.

어느 정도의 사람으로 여러분들은 성장하고 성숙 되어가고 있습니까? 여러분들의 정신상태, 사명의 걸음은 어떻습니까? 여러 가지 과정들을 통해서 요단을 건너 가나안에 쳐들어가 싸워 이기고, 백성들에게 기업을 나누어 주는 사명자 되시기 바랍니다.

- 1998년 7월 9일(목) 새벽

싸움에 나갈만한 자
"능히, 싸움에 나갈 만한 자!"

여러분들 어떻습니까?
사관학교 들어갔다고 해서 장교 계급장 다는 것입니까?
과정들을 거쳐서 학점을 따야만 계급장 다는 것 아닙니까?
여러분들은 싸움에 나갈만한 자로 부르심을 받은 일꾼들입니다.
그러나 여러분들 가운데는 능히 싸움에 나갈만한 자로 무장하지 못한 사람이 있을는지 모릅니다. 기독교인들의 눈은 빛이 나야 합니다. 주의 종들의 눈은 원수들의 심장을 뚫어보는 위력과 위엄이 있어야 합니다. 죽은 동태 눈 같은 것으로는 아무것도 하지 못합니다.
"능히 싸움에 나갈만한 자!"

왜 하나님께서 애굽에서 자기 백성을 건져내셨습니까? 아브라함과 이삭과 야곱에게 주마 하신 말씀대로 아브라함과 그 자손에게 주신 가나안 땅에 들어가 안식의 복을 얻게 하려고 하나님께서 애굽에서 건져내시고 광야 길로 인도하시고 마침내 요단을 건너 가나안에 들어가게 하신 것이 아닙니까?

- 1998년 11월 10일(화) 저녁

확실하고 권세있게 전하자!
엘리야는 무엇을 목적으로 역사를 했습니까?
모세는 무엇을 목적으로 역사를 이루었습니까?

우리는 무엇을 목적하고 일을 해야 합니까?

그것이 분명한 사람,

그것을 위해서 신명(身命)을 바치는 사람,

그 뜻을 위해서 전폭을 쏟아붓는 사람,

그 사람들을 가리켜서 사명자다, 하나님의 종이다,

하나님과 함께 일을 하는 하나님의 동역자다,

이렇게 부르는 것입니다.

'김형태는 인물도 반반하고 말재주도 좋고, 집회 분위기를 아주 재미있게 잘 끌고 나가는데, 무슨 말 하는지 모르겠어! 무엇을 전하려는지 모르겠어! 그가 증거 하는 내용은 희미해!'

만약 이렇다면 김형태가 아니라 동태, 명태지요.

일곱째 나팔 불 때 이루어진다. 무엇이 이루어지느냐? '하나님의 비밀이'

'하나님의 비밀이 그 종 선지자들에게 전하신 복음과 같이 이루어진다.' 전하는 내용이 확실해야 되지 않아요? 듣는 사람들이 확신을 가져야 되지 않아요? 있으나마나 들으나마나 한 소리로 종교적인 쇼를 부려서는 안 됩니다.

"작은 책을 갖다 먹어버리고 확실하게 분명하게 권세 있게 전하자!"

다시 예언할 자들은,

"내가 나의 두 증인에게 권세를 주리니 저희가 굵은 베옷을 입고 일천 이백 육십 일을 예언하리라"

내가 나의 증인에게 권세를 준다고 하셨습니다. 왜 권세를 받습니까? 누구와 싸우기 위함입니까? 짐승과 싸우기 위함입니다. 짐승과 싸우기 위해서는 하나님께서 주시는 권세를 받아야 합니다.

- 1999년 3월 10일(수) 새벽

싸우다가 죽어야 합니다.

저도 건강이 별로 좋은 사람이 아닙니다.

어젯밤에는 열심히 설교를 하다가 성경이 잘 보이지도 않고 아물아물해서는 눈을 아마 수십 번 만졌을 것입니다. 그런데요 저는 초등학교 다니기 전부터 눈이 나빴어요.

초등학교 때는요. 얼마나 기침을 많이 했던지 제 아버지 어머니가 원시적인 방법으로 고쳐 보려고 당나귀하고 입 맞추게 해주면 깜짝 놀라서 기침 떨어진다고 마구간에 끌고 가서는 당나귀에다가 자꾸 입을 대게 했는데, 기절하지 않은 것도 다행입니다.

사람 구실 할 수 없는 것이 지금까지 하나님의 손에 의해서 살아왔고 일해 왔습니다. 앞으로도 주의 손에 이끌림을 받고, 앞으로도 주와 함께 내 사명 다할 때까지 봉사할 줄로 믿습니다.

이대로 죽을 수는 없지요. 어떻게 죽어야 할까요?
계시록 11장 7절,
우리는 짐승과 싸우다가 죽어야 할 사람들입니다.

- 1999년 3월 10일(수) 새벽

신자의 신앙이 여물도록 키워야 합니다.
우리교회 성도님들은 "싸우면 반드시 이기라. 하면 반드시 되는 것이다. 믿음으로 일어나서 앞으로 전진하라!"

그렇게 훈련을 시켰습니다. IMF가 들어와 쓰러지고 낙심하고 요란하게 무너지는 소리가 날 때 교회를 담임하고 있는 목사, 얼마나 피곤하고 어렵습니까?
먹어도 맛이 없고, 잠을 자도 편안하지 않고, 어느 장로님 가정, 어느 집사님 가정, 어느 할머니 가정 걱정에 밤낮 편안할 날이 없었습니다. 그래서는 가끔 염려스러운 가정에 전화를 해봤습니다.
"집사님 가정은 어떻습니까?"
"목사님! 우리에 대해서는 걱정하지 마십시오. 그동안 교회를 통해서 연단을 받았습니다. 이것쯤은 문제가 없습니다."

이런 대답을 들을 때
'참 고맙구나! 이래서 목회할 맛이 나는 것이다. 주의 종들의 수고가 헛되지 않게 성도의 신앙이 여물어서 이것쯤은 능히 감당할 수 있는 믿음의 장부로 성장했구나!'

그러면서 위로를 받을 때가 많습니다.

지금 연단시키지 않으면 지금 훈련을 해서 강한 그리스도의 정병으로 무장시키지 않으면 앞으로 오는 때, 요단 물이 창일할 때는 어찌할 것입니까? 그때는 신자들을, 한국교회를, 우리 민족을 어떻게 할 것입니까? 앞을 내다보고 준비하고 앞에 있을 일을 예상하면서 신자들을 양육하고 훈련시켜서 넉넉히 싸워 이기고 벗어나 그리스도의 나라를 유업으로 얻게 해야 할 책임이 이 자리에 모인 주의 종들, 사명의 동지들 손에 달린 것이 아니겠습니까?

- 1999년 3월 11일(목) 새벽

말씀으로 채우고 성령으로 무장하라!
"내가 너희에게 뱀과 전갈을 밟으며 원수의 모든 능력을 제어할 권세를 너희에게 주었으니 너희를 해할 자가 결단코 없으리라"(눅 10:19)

어디에 보내도, 어디에 던져져도, 어떠한 일에 부딪히게 될지라도, 능히 사명을 바로 감당 할 수 있는 하나님의 종으로서의 준비를 지금 빨리 서둘러야 할 때입니다. 사명자들이 무장해야 할 때입니다.
저는 한때 제법 된 줄 알고 마음이 좀 들뜨고 가볍게 행동하는 그런 일이 있었는지 모르겠습니다. 세계 여러 곳으로 두루 다니면서 영계를 개척하고 사명자들을 불러일으키고 저들을 통해서 그 나라 그 지역 백성들을 복음으로 구원하기 위해서 애를 쓰는 동안에
"하나님! 형편없네요. 이것 가지고 안 되겠습니다. 내가 무슨 일을 감당할 수 있겠습니까?"

그러면서 하나님 앞에 자연히 머리 숙이고 엎드러지는 때가 종종 있습니다. 여러분 준비하십시오!

"말씀으로 채우고, 성령과 능력과 권세로, 무장하자!"

지금 하지 않으면, 준비가 안 된 사람 무장되지 않은 사람은 앞으로 쓰임받지 못하고 그대로 도태를 당하는 때가 있을는지 모릅니다.
사명자들이 무장하고 준비해야 하는 때입니다.

- 2000년 7월 5일(수) 저녁

내가 아닌 하나님을 믿는 것이다.

우리는 나의 노력을 믿다가 낙심을 합니다. 재주를 믿다가 실망합니다. 열심히 잘해보려고 애를 쓰다가 그대로 되지 않을 때 좌절하게 되는 것입니다. 주의 종들은 내 지식이나 노력을 믿는 것이 아닙니다. 나를 택하신 하나님을 믿는 것입니다. 나를 종으로 세우신 하나님의 능력을 의지하는 것입니다. 나를 믿느냐, 나를 부르신 미쁘신 하나님을 믿느냐? 여기에 따라서 성공과 실패는 좌우되는 것입니다.

- 2000년 11월 6일(월) 저녁

미쁘신 하나님의 말씀을 붙잡읍시다.
하나님이 여러분에게서 떠난 것처럼 느껴지는 분 계십니까? 하나님이 여리분들을 버리신 것처럼 낙심되는 분 계십니까? '너는 몹쓸 놈이니 너와 함께 일하지 않을 것이다'

주님이 토해버린 것처럼 낙심되는 분들 이 자리에 계십니까? 이제는 사명 감당할 힘이 없고 버림을 당했다고 절망감에 빠져있는 사람 계십니까? 우리는 열 번, 백 번 그럴 수밖에 없는 허물 많은 인생입니다. 그러나 나를 부르신 하나님은 우리 같지 않습니다. 알면서도 택하셨습니다. 허물 많은 줄 아시면서도 이날까지 함께 하셨습니다. 자기의 부족한 것을 깨닫고 십자가 붙드는 그 마음을 보시고 함께 일하셨습니다. 미쁘신 말씀 다시 붙잡으십시오!

- 2000년 11월 6일(월) 저녁

사명의 칼날을 세웁시다.

우리가 성산수도원에 왜 모입니까?

흐트러진 사명의 자세를 가다듬기 위해서 해이해진 정신을 바로 세우기 위해서 무딘 칼날을 다시 갈아 날을 세우기 위해서 우리가 모이는 것 아닙니까? 오늘 준비하고, 은혜받고, 사명자로서 칼날을 세웁시다.

- 2000년 11월 8일(수) 새벽

이로울 때나 해로울 때도 변치않는 사명의 사람

저 부흥강사로 43년(2000년 현재) 일했습니다.

같이 기도하던 기도의 동지들, 함께 역사하던 동역자들, 그 시대에 혜성처럼 나타나서 빛을 발하며 크게 일을 하던 훌륭한 많은 분이 계셨습니다.

그런데 한 가지 안타까움이 있었습니다. 성령으로 시작하였다가 육체로 마치는 사람들이 제법 많이 생기더군요.

'어떻게 하면 유리하냐?

어떻게 하면 내게 득이 될 것이냐?

어떻게 하면 교단에서 출세하는 데 도움이 되겠느냐?'

이것에 연연하고 득실의 주판을 놓다가 마지막에는 다 변질하고 말았습니다. 저 미국 마흔일곱 번 다녀왔습니다. 뉴욕에서만 마흔다섯 번 사명자성회를 인도했습니다. 이번에 뉴욕지구 교회연합회 회장과 임원 여러분이 참석했습니다. 듣기에 좋기도 하고, 조금은 마음이 무겁기도 한 말이 있었습니다.

"강사님을 우리가 20년 이상 지켜봤습니다. 그리고 내린 결론은 세상이 뭐라 하든, 하늘이 무너지든 땅이 꺼지든 김형태는 제길 가는 사람이다. 제 할 일을 하는 사람이다. 제소리 외치는 사람이다. 이것이 우리가 내린 결론입니다. 고국을 떠나 미국 땅으로 이민 와서 잘살아보려고 애를 쓰고 하루에 투잡, 쓰리잡 뛰는 많은 교포들, 그런 교인들을 대상으로 목회하는 목사님들 모인 자리에서 잘된다. 부자된다. 출세한다. 그런 말을 안 하고 성경 그대로 가감없이 증거 할 적에는 좀 기분이 상했습니다. 20년 이상 교제하고 보니 당신이 하는 말을 이제 믿을 수가 있습니다."

그 말을 듣고는, '참 어려운 말 한마디 듣는구나!' 그러면서 스스로 위로했던 일이 있습니다. 왜 그러지요? 성령으로 시작하였다가 육체로 마치는 사람, 우스운 말로, 성령 운동을 하면
"우리 목사님 괜찮아! 야~ 아무개 떴어! 굉장하다니까!"

야~ 소리가 연발되고 주위에 찬사가 많을 적에는 은혜 혼자 다 받은 것 같아요. 성령의 역사로 말미암아 핍박을 받거나 불이익이 돌아올 적에는,

"내가 언제 그랬어? 김형태란 놈이 그랬지!"

그런 사람은 오래가지 못하고 다 버림을 당합니다. 그런 사람은 하나님이 안 씁니다.
"듣든지 아니 듣든지 너는 전파하라! 네게 이롭든지 해롭든지 너는 그대로 전파하라!"

이것이 하나님의 말씀을 대언하는 사명자의 자세가 아닙니까?

- 2000년 11월 8일(수) 새벽

주신 소명 이루소서!

수도원이 언제까지 존재가치가 있을 것이며 언제까지 쓰임을 받을 것입니까? 주 강림하시는 마지막 순간까지 쓰임을 받을 줄로 믿습니다. 여러분들은 마지막 순간까지 가셔야 합니다. 그러나 저는 은퇴하는 날 답사하는 시간에 그렇게 말했습니다.
"나는 목회자로서 오늘 은퇴합니다. 그러나 사명에 은퇴란 없습니다. 앞으로 10년 동안 더 열심히 일할 것입니다."

이렇게 말을 했는데, 허풍떠는 소리는 아니었고 그 속에 내 장래를 그려보며 한 말이었습니다. 저는 여러분과 같이 라스트 라인까지는 가지 못합니다. 어느 지점까지는 여러분과 함께할 것입니다.
'나는 죽으나 하나님께서 말씀하신 대로 이루실 것이다. 나는 죽으나 하나님은 언약하신 말씀대로 이루실 것이다. 나는 여기에서 무너지지만 너

희는 앞으로 이렇게 하고 거기까지 이르러야 할 것이다.'

그렇게 여러분이 사명 잘 감당하는 주의 종 되기를 소원하고 있습니다. 잘 사는 것, 오래 사는 것, 요란하게 이름 떨치는 것, 다 무익한 것입니다.
"주신 소명, 이루소서!"

잘 살면 무엇합니까? 오래 살면 무엇합니까? 누구를 밟고 올라서면 무슨 이익이 있습니까?
"하나님께 받은 사명, 하나님의 나라와, 주의 복음을 위하여, 주신 소명, 이루소서!"

- 2002년 3월 14일(목) 새벽

스스로 굳세게 할지어다

'하나님이 나와 함께 하실 때, 두려워 할 것이 없고, 안 될 것이 없다.'

칠십이 넘은 오늘의 제가 이 믿음의 확신을 가지고 후배들과 여러 신앙의 동지들에게 이 말씀을 확실하게 증거 합니다. 두 사이에서 머뭇거리는, 바람에 밀려 요동하는 바다 물결과 같은 사람은 하나님의 일을 못합니다. 앞으로 오는 세대는 더구나 감당 할 수가 없습니다.
"스스로 굳세게 할지어다.
스스로 굳세게 할지어다.
스스로 굳세게 하여 일할지어다.
나 여호와가, 너와 함께 하느니라."

성경의 하나님은 어떤 하나님이십니까?

가라고 명하시며, 갈 길을 열어주시며, 앞서 행하사 주의 종들과 성도들로 하여금 그 곳에 넉넉히 이르게 하시는 하나님이심을 믿습니다. 우리에게 할 일이 너무나도 많습니다. '하나님이 내게 조금 더 축복하시면 그때 해보지' 그런 사람은 아예 포기하십시오! 그런 사람은 하나님께 쓰임 받지 못합니다.

"스스로 굳세게 할지어다,
스스로 굳세게 하여 일할지어다.
하나님이 함께 하시느니라"

이 믿음으로 사명 감당합시다.

- 2002년 7월 17일(수) 오전

높고 낮음이 무슨 소용입니까?

저는 여러분과 오랫동안 뜻을 같이했습니다.
어떤 분은 40년, 어떤 분은 30년, 어떤 분은 20년, 저는 사람을 한번 사귀면 오래 사귀는 습관을 갖고 있습니다.

그 틀을 벗지 못한 사람, 세 사람이 모이면 누가 크냐? 열 사람이 모이면 누가 더 잘났나? 이런 문제 때문에 마음이 상하고 신경이 쓰이고 은근히 눌러보려고 하고, '저 자식이 나를 누르네' 분노하는. 그 정도를 갖고는 앞으로 절대 일하지 못합니다. 큰 뜻을 가진 동지들이 모였다가 부끄럽게 흩어지는 것은 이것 때문입니다. 외국에 나가서 큰일을 하려고 당당히 출발했다가 패배자가 되어서 부끄럽게 꼬리내리는 것이 이것 때문입니다. 동역자의 마음을 상하게 하고 신앙의 동지들을 배신하면서 자기 자신까지 망쳐버리는 원인이 무엇입니까?

그 틀을 벗어버리십시오! 주를 위해서 죽기로 작정한 사람에게 높고 낮음은 없습니다. 이 자리에는 저보다 연세 많으신 어른들 몇 분이 계십니다. 연세 많으신 어른들의 얘기를 들어보세요. 잘났다. 못났다. 높다. 낮다. 어린 시절에 철없이 하는 짓들이지요. 정말 연세 많으신 그 지경에서 뒤를 돌아보면서 뒤를 따라오는 사람들을 볼 때, 또 밑에서 정상을 향해서 올라오는 사람들을 살필 때 많은 느낌이 있을 수밖에 없습니다.

그것 벗으세요! 그 틀을 깨세요! 거기에서 뛰쳐 나와야만 영적으로 깊어지고 높아지고 큰 그릇으로 성령님에게 사로잡힌 바 되어 온전한 그릇으로 쓰임받게 되는 줄로 믿습니다.

- 2002년 11월 5일(화) 새벽

주 앞에 삽니다.

제가 작년에 시카고에서 사명자성회를 인도할 때입니다.

몇몇 목사님들이 제 거동과 태도가 이상했는지 조용히 물었습니다.

"강사님! 현역군인이 아니지요."

"예, 저 제대한지 아주 오래 됐습니다. 명예제대한 저는 상이군인입니다."

"그런데 강사님은 지금도 꼭 군인 같아요!"

"뭘 봐서 그렇게 느꼈습니까?"

"걸음걸이, 자세 하나하나, 강단에 서는 태도, 꼭 현역군인 같습니다. 어떻게 그러십니까?"

가장 소중하게 간직하고 있는 비밀이 폭로가 되는 것 같아서 한참 망설이다가 이렇게 대답을 했습니다.

"나는 지금 하나님의 보좌 앞에 서 있습니다. 내 주님이 하나님 보좌 우편에 서 계십니다. 언제나 그 주님을 바라봅니다. 언제나 하늘 보좌에 앉으신 하나님을 바라봅니다. 강단에 설 때, 그 주님 앞에서 설교합니다. 강단에서 설교할 때, 하늘 보좌 우편에 계시는 주님이 나와 함께 역사하십니다. 화장실에 가든지, 커피 마시기 위해서 커피숍에 가든지, 어디에 가든지 언제나 나는 하나님 앞에 있다. 주님이 나와 함께 계신다. 주님이 나를 지켜보고 계신다. 종이 상전의 손을, 여종이 주모의 손을 바라봄과 같이 하나님이여 내가 하늘을 바라봅니다. 한 시도 거기에서 눈을 떼지 않고, 한순간도 주님을 떠나서는 존재할 수 없는 나 이기 때문에 언제나 주 앞에서 살고, 주 앞에서 일하고, 주와 함께 역사하다가, 주와 함께 끝을 맺으려고 합니다."

이 말을 했더니.
"그래서 달랐구나! 김 강사의 비밀이, 매력이 바로 거기 있었구나!"
그러면서 같이 웃었던 일이 있습니다.

- 2002년 11월 7일(목) 새벽

진짜를 진짜답게!

어느 목사에게 연극배우 친구가 있었습니다.
목회를 하다 지쳐버렸습니다. 하나님의 말씀을 증거 하지만 자기 속에 만족이 없습니다. 그래서는 연극배우 친구에게

"여보게! 자네가 연기를 할 적에는 많은 사람을 울리기도 하고, 웃기기도 하고, 슬프게도 하고, 기쁨이 넘치는 새로운 힘도 주는 것 같은데, 나는 왜 하나님의 말씀을 증거 할 때 반응이 없을까?"

물었더니 연극배우 친구가 하는 말이,
"나는 가짜를 진짜처럼 연기 하네. 그래서 반응이 일어나는 것이야! 자네는 진짜를 가짜처럼 자신 없이 말해. 그래서 역사가 일어나지를 않아!"

그 말을 들은 목사가 큰 깨달음을 얻었다는 것입니다. 가짜를 진짜처럼 연기해도 반응이 일어나는데, 진짜를 가지고도 확신이 없기 때문에 마치 가짜처럼 힘이 없어요. 그래서 역사가 일어나지를 않는 것입니다.

저와 가까운 목사님이 언제 그런 얘기를 하더군요.
"강사님!
강사님은 같은 설교를 해도 사람들의 심령을 강하게 감동시킵니다. 설교 후에는 반드시 역사가 일어납니다. 나는 수도원에서 배운 말씀 그대로 본 교회에 돌아가서 토씨 하나 틀리지 않도록 그대로 설교를 했는데 아무 반응도 나타나지 않습니다. 왜 그렇습니까?"

한참 듣고 있다가 이렇게 말했습니다.
"목사님은 아는 것을 말을 했고, 나는 아는 것을 확신 있는 믿음을 가지고 증거 했습니다."
"아~ 그러네요."

그리고는 그 목사님과 같이 기도했던 일이 있습니다.
아는 것만 말하지 말고, 아는 것을 확신 있게, 성령을 힘입어 바로 증거하는 종들 되시기를 바랍니다.

- 2003년 3월 11일(화) 새벽

주의 종이 붙잡아야 할 두 가지

제가 지금까지 일해온 것을 보더라도 여러분들이 보시는 것과는 다르게 저는 마음이 약한 사람입니다. 어떻게 보면 소심합니다. 뼈가 가는 사람입니다. 매사에 자신이 없습니다. 그렇지만 주의 손이 나를 붙드셔서 여기까지 인도해 주셨습니다. 어려움이 많을 때, 쓰러지고 쓰러져서 다시 일어날 수 없는 시련 속에서 상처를 입고 신음할 때,
저는 이것을 붙들고 일어났습니다.
"하나님!
옛날에 나를 부르실 때, 하나님이 언약한 말씀이 있지 않았습니까? 처음 나를 부르실 때 하나님의 성령을 부으시지 않았습니까? 많은 세월이 흘러갔지만 내가 너무나도 피곤해 지쳐 약해지고 말았지만 옛날에 주신 언약의 말씀과 하나님의 성령은 변하지 않고 살아있음을 내가 믿습니다."

그러면서 그 말씀을 지팡이 삼아 비틀거렸다가도 다시 붙들고 일어났고, 다시 걸음을 떼어 옮기면서 여기까지 왔습니다. 앞으로 몇 년은 여러분들과 더 있을 것이지만 오래 있지는 않을 것입니다.
학개서 2장 5절입니다.
"너희가 애굽에서 나올 때에 내가 너희와 언약한 말과 나의 신이 오히려

너희 중에 머물러 있나니 너희는 두려워하지 말라."

사람들이 언약한 말씀을 믿고 성령을 힘입어 젊은 독수리처럼 힘있게 솟아오르든지, 또는 맥이 빠져서 쓰러져 있든지 그 어떻든 간에 하나님의 말씀은 변하지 아니하며, 하나님의 성령은 우리에게서 떠나지 않는 줄로 믿습니다.
나 바보 노릇 하던 것, 여러분들도 다 그 짓 하고 있어요! 때로는 맥이 쭉 빠지고, 상처투성이가 돼서 힘을 잃어 버리고 찾아오는 분들을 볼 때, '야, 옛날의 나를 보는 것 같구나! 옛날 내가 저랬지!'

그런 생각을 하면서 '못난 놈! 제 구실도 못할 것!' 이렇게 싹 무시하지 않고,
"하나님! 그때 아팠습니다. 너무 힘들었습니다. 나는 버림을 당한 줄로 알았습니다. 그런데 주님이 나를 붙드셨습니다."

그때 일을 생각하면서 동역자들을 이해하고, 깊이 동정하고 위해서 기도하게 되고, 붙들어 드릴 수 있게 되는 것은 나도 지난날에 실패를 경험했기 때문입니다.

히브리서에 그런 말씀이 있지요.
"자기가 시험을 받아 고난을 당하셨은즉 시험받는 자들을 능히 도우시느니라"(히 2:18)

- 2003년 3월 11일(화) 오전

하나님보다 앞서지 마세요.

이제는 우리 모두 나이가 들었습니다.

미안한 말입니다마는 저는 여러분들과 같이 끝까지는 함께하지 못할 사람입니다. 벌써 라스트 라인이 제 눈에 보입니다. 마치 이스라엘 백성들을 인도하여 애굽에서 모압 평지까지 인도했던 모세가 요단강 저 건너편의 약속의 땅을 바라보면서 "나는 요단을 건너 너희와 함께 가나안에 들어가지 못하지만 너희는 들어갈 것이다."

그러면서 마지막 교훈을 하였던 모세처럼 저는 어느 시점까지는 여러분과 함께하지만 나이도 많이 들었고, 또 사명의 증거 기간도 거의 끝나가는 사람이기 때문에 끝까지는 여러분과 함께하지 못합니다. 그러기 때문에 아는 것을 바로 증거 해야 하고 알아야 할 것을 바로 알게 하기 위하여 애를 써야 하는 것이 제 역할이 아니겠나 싶습니다.

하나님의 일을 승리롭게 잘 감당하는 사람이 있습니다. 성공적으로 수행하는 사람이 있습니다. 좋은 열매를 맺는 사람이 있습니다. 반면 그렇지 못한 사람이 있습니다. 그 근원적인 이유가 어디에 있는 것입니까? '하나님이 하시는 일을 내가 한다. 내가 할 것이다.'

이 같은 인간의 욕망, 지나친 야심으로 하나님보다 앞서기 때문에 성공하지 못하는 것입니다. 하나님과 함께 일을 하는 하나님의 동역자가 될 때, 매사에 하나님이 앞서 행하시게 될 때, 그 사람에게는 승리와 성공이 있지만 일의 의욕이 지나쳐서 영웅심에 사로잡히거나 상대적인 비교의식을 갖고 다른 사람보다 앞서려고 하는 욕망이 있다면 하나님은 그 사람을 쓰시지 않습니다.

- 2003년 7월 8일(화) 새벽

주의 종이 무시당할 때

전에 저 한번 이런 시험에 들었던 일이 있어요.

서울에 있는 남산교회에서 있었던 일입니다. 그때는 감리교단의 감독이 여러 명이 아니고 한 분이 감독으로 감리교단을 지도할 때입니다. 그 교회에서 사명자성회를 인도하는데, 세 사람이 함께 일을 했습니다. 제가 주 강사이고, 다른 두 목사님이 부 강사로 일을 하셨습니다. 어느 집에 초대를 받아 갔는데 부 강사였던 두 분 목사님에게는,

"목사님 이리 앉으십시오. 예, 목사님 이것 물 좋은 것인데 더 드십시오."

전도사도, 목사도, 신학교 교수도 아닌 나에게는 어디에 앉아라, 먹어봐라, 이것 봐라, 그런 말 한마디도 안 했어요! 어떻게 속이 상하는지 '주 강사는 난데. 나를 이렇게 철저하게 무시를 해!' 그때 시험에 들면요, 집회 망치겠더군요.

'하나님, 김형태가 뭡니까? 얼마나 못생겼으면 형태, 명태, 동태라고 이름을 지었겠습니까? 내가 열 번 망신하고 백 번을 망신한들 뭐가 중요하겠습니까? 주님의 뜻을 이루시며, 이번 성회를 통해 많은 성도가 은혜받고 감리교단에 웨슬리 운동의 불이 다시 붙게 해 주십시오!'

그런 마음가짐으로 그 다음부터는 부 강사님들을 자꾸 높여드리면서

집회 전체 분위기를 살폈어요. 그랬더니 집회의 결과가 좋아지더군요.

- 2004년 11월 10일(수) 새벽

정말 중요한 것은 수가 아닙니다.

참 확신을 갖고 믿음으로 일어나는 그런 사명자 없을까요? 근 50년 전의 일입니다.

"하나님! 저에게 골방 하나만 주십시오! 지나가는 사람에게 전도하고 그 사람을 골방에 데려와서 하나님의 말씀으로 권면하고 등에 손을 한 번만 딱 대고 기도하면 그가 부서져서 그가 철저히 회개하고 거꾸러져서 새사람이 될 것입니다. 하나님이 나와 함께 하시면 못 할 일이 없는 줄로 믿습니다."

그러면서 하나님께 부르짖고 울면서 기도하고 준비하던 때가 제게도 있었습니다.

'겨우 15명밖에 안 돼? 한 달 교역자 생활비가 이것밖에 안 돼? 나 알아주는 사람 어디에 있나? 이것 가지고 내가 무엇을 해?'

그런 바보 같은 생각들 하지 마세요! 세상 면허와 지식과 권세와 능력을 다 지녔다 할지라도 하나님이 함께 하지 않으시면 그 사람은 지푸라기 같고 지렁이 같고 꺼져 가는 심지와 같은 것입니다.

"하나님이 우리와 함께 하시면 세상이 평지가 되리라!"

- 2005년 3월 15일(화) 새벽

새로운 역사, 새로운 일꾼

한 12년 동안 수도원에 오시지 못하다가 돌아가시기 얼마 전에 수도원에 찾아오셨던 제법 활동을 많이 하신 목사님 한 분이 계십니다.

그분이 마지막으로 수도원을 찾아오셔서 하신 말씀이
"강사님! 헛짓만 했어. 그저 돌아보니까 부끄러운 것뿐이야. 하나님이 나에게 건강을 주시면 이제라도 어떻게 할 텐데...!"

그러면서 수도원 벽을 만져보고 마당을 다니면서 나무도 한 번 잡아보고 여기저기 둘러보시고 돌아가셨는데, 집으로 가셨다가 아주 본집으로 돌아가시고 말았어요.

여러분이나 저나 언젠가는 가야 하는 인생입니다. 새로운 시대, 새로운 역사가 급히 다가오고 있습니다. 그때를 감당할 수 있는 새 일꾼을 하나님이 찾으십니다.

- 2005년 3월 15일(화) 새벽

우리는 지금 왜 여기에 모였습니까?

이 자리에 모인 동역자들은 사명을 자기의 생명으로 생각하는 사람입니다. 종교적인 도락을 위해서 정신적인 사치를 위해서 목사나 전도사 된 사람은 하나도 없습니다. 그런 사람들은 우리 수도원에 오라고 해도 왔다가 견디지 못하고 돌아갑니다. 재미있는 레크레이션이 없기 때문에, 세상 얘기가 없기 때문에, 육적인 욕망을 만족시켜주는 그러한 얘기를 하지 않기 때문에 다 떠나 버립니다.

자기의 생명과 사명을 맞바꿀 사람들만 모인 곳이 수도원성회입니다. 그렇지 않은 사람은 오후 시간에 돌아가십시오! 사치한 인간들, 여유 있는 사람들, 정신적인 도락을 즐기기 위해서 여기에 찾아온 사람들은 떠나야 합니다. 하나님은 참된 일꾼을 기다립니다. 예언자를 기다립니다.

어떤 분은 목회자로, 어떤 분은 신학을 바로잡기 위해서, 어떤 분은 기울어져 가는 서양교회를 순수한 복음의 터 위에 바로 세우기 위해 말없이 봉사하고 복음적인 착한 삶을 살아드림으로 그리스도의 향기가 되기 위해서 여기에 모였습니다. 우리가 맡은 바 직무와 하는 역사와 받은 은사는 다 각기 다릅니다. 그러나 사명은 동일합니다.

- 1987년 11월 17일(화) 오전

자기 몫의 분량을 채우면 됩니다.

저와 같이 기도하면서 함께 굶고, 때로는 썩음썩음 비릿내 나는 꽁치 뜯어 먹으면서 산골짜기에서 기도하던 그런 동지들이 교단의 총회장, 신학대학의 학장, 교수, 한국교회의 지도급 인사로 일을 하고 계시고, 또 이미 별세하신 분들도 많이 계신 것을 보니 일을 오래 하기는 한 모양입니다. 이제 한 달 반 지나면 제가 부흥사로서 데뷔해서 일한 지 만 30년이 됩니다.

어떤 분은 그러시더군요.
"목사님! 그만하면 일 많이 했지요? 참 세월이 빠른 것 같네요."

문제는 일을 많이 했느냐 아니냐 하는 것은 하나님만이 아신다는 것입니다. 다섯 맡은 사람은 다섯을 남길 때 100퍼센트 제 사명을 다한 것입니다. 둘 맡은 사람은 거기에 둘을 더 남겨야 자기 사명의 양을 100 퍼센트 채운 것입니다.

하나님께서 내게 어느 정도 기대하시는지는 몰라도 최선을 다해서 앞으로도 봉사하고 힘을 다해서 충성하려고 생각을 합니다. 그러면서도 가끔은 꾀가 나 엉뚱한 생각도 해보는 것이 접니다. 사람은 사람이지, 동물이 아닙니다. 언제나 자기의 부족을 깨닫고 온전하신 주님의 분량에 이르기 위하여 힘을 쓰면서 언제나 자신의 부족과 거짓됨을 통절히 느끼고 애통하면서 온전하고 거룩하신 주님의 모습을 본받기 위해서 힘써 나가는 것이 하나님 앞에서 우리의 최선의 삶이 아니겠나 싶은 것입니다.

- 1987년 11월 17일(수) 저녁

새 일꾼을 기다립니다.

제가 부흥사로서 데뷔해서 지금까지 31년을 맞이했습니다.
만 30년 동안 부흥사로서 일하는 동안에 너무 힘들고 어려운 일이 많이 있었기 때문에 육십이 된 오늘날의 저로서는 일에 용기가 나지를 않습니다. 그래서 가끔은 은근히 심술어린 생각이 들어요.
'젊은 목사, 전도사들 뭐하나? 나 29살 때 부흥사로서 역사를 시작했는데 교단적인 배경도, 사회적인 명성도 아무것도 없는 빈주먹으로 시작을 했는데 아, 무엇하고 일들 안 하나? 왜 바른 일이 한국에서 일어나지를 않나?'

그러면서 공연히 심술과 불평스런 생각이 들 때가 있습니다. 다른 길은 없어요. 여러분들이 일어나야 합니다. 여러분들이 정신을 차리고 띠를 묶고 일어나서 역사를 해야 돼요. 지난날에 역사하던 그 정신, 그것을 가지면 못할 일이 어디에 있겠습니까? 돌이켜 보면 강단에 설 때
'살아서 네가 이 강단에서 내려올 수 있겠는가?'

그 한 시간 설교를 목숨 내걸고 하나님 앞에서 정직하게 충성스럽게 외치려고 애를 썼습니다. 그때 하나님이 역사하셨습니다. 그때는 강단에 올라 설 때마다 '설교하다가 맞아 죽는 것 아닌가? 바른말 하다가 내 다리 부러지는 것 아닌가? 그러나 하나님께서 나를 이 시간 세우셨으니 바른 말씀 증거 해야지!'

그러면서 일해온 세월이 30년 지나 31년째 들어서고 있습니다. 이제는 지난날을 돌이켜 보면 피곤한 생각, 지긋지긋했던 어려운 일들, 그 피곤이 뼛속까지 배 가지고 이제는 앞서 일하기보다는 뒤로 물러서고 싶은 약한 마음도 있지, 없는 것이 아닙니다.

젊은 주의 종들이 일어나야 합니다. 수도원에 오시는 분들뿐만 아니라, 일 년 사계절 계속되는 각 교회의 집회 가운데서도 은혜를 함께 받는 신앙의 동지들이 일어나야 합니다.
나와 직접 얼굴을 대면하지 못했을지라도, 하나님께서 남모르게 숨겨 주시고 키우시는 하나님의 종들이 일어나야 할 때입니다. 지금 일하지 아니하면 일할 수 있는 기회가 없어집니다. 나라도 망하고 민족도 망하고 한

국교회도 변질되어 버림을 당한 다음에 후회해봐야 소용이 없습니다.

지금은 일할 때입니다.
일꾼이 나와야 할 때입니다.
새로운 역사가 기대되는 때입니다. 여러분들은 어떻게 하시겠습니까?

- 1989년 3월 15일(수) 오전

하나님의 종들이 역사할 때

영계에서 일하는 주의 종들의 이야기입니다. 요새는 그런 말이 별로 들리지를 않습니다. 또는 그런 말을 남발하고 엉뚱하게 지어서 하는 이들 때문에 부작용도 있었지만, 영적으로 맑고 밝고 깊은 은혜의 사람들은 주의 종들이나 사람을 볼 때,
'아하! 저분을 지키는 천사가 얼마나 있구나! 어려움을 당할 때 저 사람을 보호하기 위해서 싸우는 천군이 얼마나 따르고 있구나! 모습과 무장한 상태로 봐서 저분의 사명은 이러할 것이다.'

이것을 보면서 사람을 분별할 줄 아는 그런 이들도 있었어요. 영계에서 그런 일은 얼마든지 있을 수가 있고 가능합니다.

하나님의 종들이 역사할 때 하늘의 불 말과 불 병거가, 네 바람이, 하늘의 천군 천사 영물들이 한 목적을 위해서 같이 역사하는 것입니다.

- 1989년 3월 15일(수) 저녁

'누가 더 높으냐?'는 중요하지 않습니다.

세계적인 불길한 분위기나 국내적인 불안한 여러 가지 형편들을 살펴볼 때 정말 마음 답답하고 서글프기 짝이 없는 그러한 처지에 놓여 있다고 말할 수밖에 없겠습니다.

이런 상황에서 누구의 학문이 높으냐? 누구의 인격이 더 고상하냐? 누가 더 쟁쟁한 관록을 과시할 수 있느냐? 누가 큰 교회를 목회하면서 거드럭거리면서 행세를 하고 있느냐? 꿈꾸는 사람들, 할 짓 없어 거드럭거리는 그런 시대는 이미 지나간 것이 아니겠습니까?

우리가 살 것이냐, 죽을 것이냐? 하는 생사가 좌우되는 중대한 국면에 세계는 지금 들어서고 있는 것입니다. 이러한 삶과 죽음의 찰나에서 하나님을 찾는 간절한 심정을 가지고 이 자리에 모인 분들이 신앙의 동지들이며, 또 그런 사람들이 모이는 곳이 성산수도원입니다.

남보다 훌륭한 목회 더 좋은 대접을 받아가면서 더 많은 사람 앞에 거드럭거리면서 자기 과시나 하려고 하는 있으나 마나 한 그런 사람들은 이 성산수도원에 올 필요가 없습니다. 내가 살기 위해서, 내 가족과 내 이웃을 살리기 위해서 이번에 우리들은 하나님 앞에 부르짖으며 기도를 해야 되겠습니다.

내가 괴롭든지 즐겁든지, 인간적으로 볼 때 잘되든지 안 되든지 간에 주님의 뜻만을 이루어 드리고자 하는 신실하고 충성스러운 마음을 가진 사람들이 하나님께 부르짖을 때 하나님은 우리에게 응답하시며 우리가 알지 못하는 크고 비밀한 일을 보여 주실 뿐만 아니라 앞으로의 사명을 승리롭게 감당할 수 있는 새 힘도 겸하여 주실 줄로 믿습니다.

- 1990년 11월 5일(월) 저녁

저는 후배들에게서도 배웁니다.

제가 시무하는 교회에서 부목사님들이나 때론 전도사님들이 주일날 밤이나 수요일 밤에 제가 있는 자리에서 설교하실 때가 있습니다. 저는 그러면 그 설교 내용을 하나 빼놓지 않고 다 적습니다. 적는 이유는 성경에 어긋난 말을 할 때는 '너 재미없다. 설교가 A냐? B냐? C냐?' 그거 채점하려고 그러는 것 아닙니다.

'하나님!
오늘 밤에 주의 종을 세워 내게 말씀하시고 성도들에게 말씀하십니다. 나 믿음으로 그 말씀을 받습니다.'

그런 마음으로 열심히 적습니다. 그런데 언젠가 누가 그러더군요.
"강사님!
강사님의 후배고, 어떻게 보면 다 제자늘인데 그거 뭐 적을 거 있다니! 열심히 적고 또 성경도 펴보면서, 앞자리에 앉아서 그러십니까?"

그 말을 들었을 때 뭐라고 대답은 안 했지만
'이것이 내 특징이다. 이래서 내가 정신적으로 늙지 않는 것이다. 이래서 내가 계속 발전하는 것이다. 이 자세, 이 마음 변하지 않는 한 나는 더 발

전할 것이다.'

저 스스로 그렇게 말한 일이 있습니다. 그런데 요새 목사만 되면 다 졸업 하더군요. 신학교 졸업하고 과정 거쳐서 목사고시 합격만 하면 공부하던 펜, 책, 다 집어던져요. 이젠 다 된 것처럼! 그래서 발전이 없어요! 그래서 정신적으로 늙어 버리는 것입니다. 얼마 동안 기분 나는 대로 대세를 따라서 꽹과리 치고 돌아다니다가 다 늙어서 버림받고 마는 것입니다.

여러분!
배움의 자세, 언제나 하나님 앞에서 준비하는 생활, 저 높은 곳을 향해 날마다 나아가는 노력, 그것이 있는 한 하나님 앞에 버림당하지 않을 것입니다.

제가 금년 나이 만 60세, 세상에서 말하면 회갑입니다. 지난날을 돌이켜 볼 때, 제게 힘든 것이 두 가지가 있었습니다. 나가서 사명자로 역사할 때, 따르는 핍박, 시련, 갖가지의 어려움이 많았고, 또 그것 못지않게 나와의 싸움이 너무 힘들었습니다. 자기와의 싸움, 피투성이가 되도록 몸부림치는 일이 참 어려웠습니다.

사명 맡아 나가서 역사할 때, 목회할 때 따르는 그 어려움이 참 혹심했습니다. 그러나 거기에서 낙심하지 않고, 또 나가고, 또 바라보고, 또 몸부림치면서, 기어이 거기에 이르기 위해서, 그것을 이루어 보려고, 바른 사명 다하려고 피투성이가 된 상처뿐인 모습으로도 굴하지 않는 그 정신!

그것이 사명자의 참 모습이 아니겠습니까?

- 1990년 11월 8일(목) 새벽

착실하게 공부하고 꾸준하게 노력하세요.

이제 일어나십시오.

이제 머리를 들어야 합니다.

사명자들이 다시 한번 보링(boring)을 해야 합니다.

새로워지고, 충전하고, 칼날을 갈고 사명적인 자세를 다시 가다듬고 다음에 일을 감당할 수 있도록 큰 능력을 구해야 할 줄로 믿습니다.

은혜를 받고 우리는 헤어지지만 돌아가서 일을 할 뿐만 아니라 다음 일을 위해서 준비하는 착실한 공부가, 꾸준한 노력이 여러분과 함께하시기를 바랍니다.

- 1992년 3월 12일(목) 새벽

성산수도원

정찬주도원

성산수도원

하나님이 하십니다

수도원에 펌프를 박아서 물을 퍼 쓰려고 몇 군데 꽂아 봤습니다 마는 물이 없는, 물이 적은 지역이라 아주 곤란했습니다. 이 큰 건물을 지으려면 콘크리트를 비벼 넣어야 하는데, 어떻게 물을 구할 수 있겠습니까? 저는 하나님의 뜻이 있고 하나님이 시키시는 일인 줄 믿고 이곳에 자리를 잡고 수도원을 짓기로 작정했습니다. 물 때문에 걱정근심이 많아지고 저쪽에 물통을 짊어지고 다니면서 통에 담은 그것을 등짐으로 옮겨서 콘크리트를 비벼 넣을 수 있겠어요? 걱정을 하고 사람들이 여러 가지로 애를 쓰는 가운데

"하나님! 나는 지으라고 해서 짓는 것뿐입니다. 하나님께서 하라 하시면 하게 하실 줄 믿습니다. 어떻게 하실 것입니까?"

의자에 앉아서 하늘을 바라보고 간절히 한 삼십분 기도했어요. 그랬더니 큰비가 쏟아지는데 도랑에서 흘러내리는 물을 막아 그 물을 가시고 비벼서 집을 지었습니다. 하나님께서 명하셨으면 그 일을 가능케 하십니다.

― 1983년 3월 17일(목) 저녁

주님의 뜻을 이루소서!

옛날 우리가 기도하러 다닐 때 어떤 생활을 했습니까?

비를 피할 수 있는 자리가 없어, 이슬을 피할 수 있는 자리가 없어서, 비닐 몇 장 큰 것 사다가 이 나무에서 저 나무로 덮어서 하늘을 가리고 그 속에 쭈그리고 잠을 잤습니다. 먹는 것이 무엇 있었습니까? 쌀과 된장, 풋고추만 있으면 그것으로 족했습니다. 어느 날에는 꽁치를 몇 토막 살 수가 있었습니다. 그것 가지고 산기도 다니면서 밤새도록 부르짖었고 먹을 것이 없을 적에는 또 금식하면서 매달렸습니다. 정말 가난한 자리, 연약한 자리, 아무 것도 할 수 없는 무능한 이들이 하나님께 부르짖을 때, 하나님은 응답하시고 축복하셨습니다.

너무나도 많이 가졌어요. 배가 부릅니다. 피부에 와 닿는 위협과 고통이 우리에게는 없습니다. 그러나 멀지 않아 지구상에 거하는 모든 사람에게 그런 일이 일어날 것입니다. 그것을 바라보고, 그때를 대비하여 준비하는 것이 수도원 사명자성회입니다.
"심령이 가난한 자는, 복이 있나니, 천국이 저희 것임이요."

저는 평생 기도하는 가운데 첫 마디의 기도가
"주님의 뜻을 이루시옵소서!"

그래서 그 찬송가를 무척이나 좋아합니다. 부르면서 울고, 울면서 부르고, 가슴이 뜨거워서 부르고 하나님 앞에 겸비하게 엎드려져서 몸부림치며 불렀던 찬송이 425장 '주님의 뜻을 이루소서'입니다

- 1996년 7월 9일(화) 오전

수도원은 예수의 도를 닦는 곳입니다.
기도원과 수도원의 차이점이 무엇입니까?
열심히 부르짖고 성령의 충만함을 받으며 능력과 권세를 힘입기 위해서 목이 터져라 부르짖는 것이 기도원입니다.

수도원은 좀 다릅니다.
"잃어버린 너를 찾으라! 마음의 바탕을 닦으라! 내가 거룩하니 너희도 거룩할지니라!"

하나님의 백성들을 성화시키는 성도들의 믿음을 인격적으로 아름답게 다듬어서 하나님 앞에 세우는 것이 수도원의 역사가 아니겠습니까?
"내가 그리스도와 함께 십자가에 못 박혔나니 그런즉 이제 내가 산 것이 아니요 내 안에 그리스도께서 사신 것이라 내가 이제 육체 가운데 거하는 것은 나를 사랑하사 나를 위하여 자기 몸을 버리신 하나님의 아들을 믿음에서니라"

그 경지가 어떤 것일까? 그 맛이 어떤 것일까? 그것을 알려 하여 밤낮으로 묵상하고 기도하고 은혜를 구하는 생활을 지금까지 하고 있습니다.
"예수 그리스도의 십자가로 말미암아 내가 세상에 대하여 죽고 세상이 또한 내게 대하여 그러하니라."

이는 어떤 상태를 말씀하심입니까?
"하늘에 계신 너희 아버지의 온전하심과 같이 너희도 온전하라!"

하나님의 택하심을 입은 주의 성도들의 인격 형성을 목적으로 하는 것입니다.

인격을 닦지 아니하고는, 하나님을 닮은 그리스도를 이루지 아니하고는 하나님의 나라를 유업으로 얻지 못합니다. 본래 하나님의 형상대로 지음을 받은 우리 사람들, 그리스도 형상을 닮아야 하나님 앞에 귀하게 쓰임 받는 일꾼이 되는 것입니다.

- 1998년 11월 10일(화) 저녁

시간있으면 묵상하고 사색하세요

시간 있으면 나무 밑에 앉아서 또 파라솔 밑의 의자에 앉아서 조용한 길을 걸으면서 성경을 보고 깊은 사색에 잠기고 그러면서 영감을 느끼고 그것 하는 것이 수도원 아니에요?

모여서 얘기하는 사람들 보면 아무래도 이해가 안 돼요! 수도원에 와서 그것 해야 하지 않아요? 혼자서 주님 바라보는, 혼자서 깊은 명상에 잠겨보는, 혼자서 차분히 가라앉은 마음에 영감을 받기 위해서 힘쓰는 그 장소가 수도원 아닙니까?

- 1999년 7월 6일(화) 오전

사명자 성회를 통해 새 힘을 얻은 분

몇 년 전에 우리 수도원에 구소련 권내에 계시는 목사님들 21분이 방문했던 일이 있습니다. 그중에 어느 나라의 총회장으로 수고하시는 목사님 한 분도 계셨습니다. 말씀을 듣는 데는 열심입니다. 찬송하는 데도 열의가 대단했습니다. 그러나 표정에 기쁨이 없습니다. 집회가 거의 끝날 무렵 조용한 시간에 저와 주고받는 시간을 갖게 됐습니다.
"목사님은 왜 기쁨이 없습니까? 목사님은 왜 생기가 없습니까? 자신만만하게 두려움 없이 달려드는 다윗과 같은 기세를 갖지를 못했습니까? 말씀해 주십시오!"

그때 솔직한 고백을 제게 했습니다.
"우리는 지난날에 공산주의의 억압 속에서 살아왔습니다. 지금은 우리나라에 교회가 점점 부흥되고 주의 이름을 부르는 성도들이 많아지고 있습니다. 그러나 교회지도자로서 근심, 걱정, 두려움이 떠나지를 않습니다. 유동적인 오늘의 상황으로 봐서 아차 하는 순간이면, 상황이 바뀌면 목사들과 성도들은 다 죽임을 당하고 감옥에 갇히게 될 것입니다. 그래서 마음의 두려움이 떠나지 않고 언제나 불안하고 염려가 많습니다."

그런데 그 목사님이 집회가 끝나는 시간에 얼굴이 밝아졌어요. 힘이 넘쳐납니다. 혼자라도 태산을 깔아뭉개고 헤쳐 나갈 것 같은 자신감이 넘치게 되었습니다.
"왜 그렇게 돌변했습니까?" 물어봤더니, "열심히 기도하는 가운데 하늘 문이 열리고 성령의 충만하심이 뜨겁게 그에게 임했습니다. 마지막 시간에 방언의 은사도 받았습니다. 이제는 두려움이 사라졌습니다. 못 할 일이 없습니다! 어떤 상황에 처할지라도, 위험이 닥칠지라도 내 하나님께서 나와 함께 하시기 때문에 못할 일이 없다 하는 확신과 기쁨이 생겼습니다."

그런 얘기를 들으면서 그래서 사명자성회가 필요한 것이로구나! 그러면서 하나님께 감사했던 일이 있습니다.

- 2005년 7월 7일(목) 새벽

김형태 목사 일화

김형태목사 일화

어린 시절의 기도

저는 한국뿐만 아니라 세계 도처를 두루 다니면서 사명자성회를 인도하고 있습니다. 나이 생각 안 하고, 건강상태 헤아림이 없이 그저 열심으로 뛰다 보니까 지금 피곤에 지쳐 있는 상태입니다. 그러나 제가 인도하는 사명자성회 때는 주의 종들을 다 한 자리에 초대해서 음식을 대접하면서 마음으로부터 존경하고 섬기면서 하나님의 종들을 봉사하려고 애를 쓰면서 지금까지 일을 했습니다. 이 같은 일이 지금 생긴 것이 아닙니다.

저는 16살 때부터 교회학교 교사보조원 노릇을 했습니다. 16살부터 성가대에서 봉사했습니다. 제가 초등학교 시절에 아버지가 세상을 떠나셨습니다. 형님은 독립운동 한다고 만주 땅으로, 중국 전역을 헤치고 다니면서 집을 돌보지 않았습니다. 무척이나 가난하고 어렵게 비참할 정도로 생활을 했습니다. 그렇지만 부활절이나 크리스마스 때 교회에 특별행사가 있으면 교회 집사님, 권사님, 장로님들 가정에서 일꾼들을 많이 초대해서 기름진 음식, 맛 좋은 여러 음식을 후하게 대접했습니다. 제가 기름기 있는 음식을 먹는 것은 바로 그때뿐이었습니다. 맛있는 음식, 구미 당기는 음식을 보고 정신없이 집어 먹다가 배탈 나는 것도 그때였습니다. 어느 날 권사님 댁에 초대를 받아서 여러 사람과 함께 대접을 받다가 음식을 입에 넣을 수가 없었습니다. 음식이 목구멍을 통해서 속으로 들어가지를 않았습니다.

'하나님!

나는 왜 가난합니까?

나는 하필이면 가난한 가정에 태어났습니까?

나는 왜 좋은 옷을 입지 못합니까?

나는 왜 다른 사람을 대접하지 못하고 밤낮 대접만 받으면서

동정받아야 하는 그런 처지가 되고 말았습니까?

하나님!

내게 복을 주십시오! 내게 축복해 주십시오!

하나님께서 내게 복을 주시면 내가 장성한 후에

주의 종들을 대접하겠습니다. 마음으로부터 섬겨드리겠습니다.

충성된 하나님의 사람들을 사랑하고

그분들을 극진히 대접하면서 살아드릴 것입니다.

하나님 내게 복을 좀 주십시오!

잘 사는 사람 미워하지 않고,

거드럭거리는 사람 저주하지 않고,

사회에 대해서 반항하지 않겠습니다.

하나님, 내게 복을 주십시오!

복을 주시면 제가 커서

주의 종들을 대접하면서 살아드리겠습니다.'

그때의 16살 먹은 한 소년의 기도를 하나님이 들으시고 오늘날 이렇게 주의 종들을 대접하고 섬기는 자리에 있게 하신 것입니다.

- 1996년 7월 8일(월) 저녁

약한 나를 부르신 하나님

저는 태어날 때부터 체질이 약하게 타고났습니다.

사람 구실을 못할 줄로 알았습니다. 아마 이 가운데 외양간에 있는 당나귀하고 키스 세 번 이상 한 사람 없을 것입니다. 어렸을 때 하도 기침을 많이 하니까 그 기침을 당나귀 기침이라고 했거든요. 그 당나귀 기침을 떼는 것은 외양간에 있는 당나귀하고 키스해야만 깜짝 놀라서 떨어진다고 해서는 외양간에 끌고 가서는 당나귀한테 입을 맞추게 하는데 당나귀 이빨이 왜 그렇게 큽니까? 당나귀한테 잡혀 먹히는 줄 알고 얼마나 놀래서 울었는지 모릅니다. 나 당나귀하고 키스 세 번 했습니다.

저는 정말 사람 구실 못할 것이었습니다. 커서는 자칫하면 제가 혁명가가 된다든가 정치가가 되어서 세상을 시끄럽게 했을는지도 모릅니다. 하나님의 복음 외에는 세상을 구원할 길이 없는 것을 깨닫고 복음 전할 일꾼, 인간적으로 볼 때 보잘 것 없는 목사이지만 영광스러운 복음을 위하여 오늘날 봉사하는 하나님의 종이 되었습니다.

- 2000년 3월 14일(화) 오전

나의 죄를 씻기는 예수의 피밖에 없네

"나의 죄를 씻기는 예수의 피밖에 없네."

저 어렸을 때 이 찬송을 제일 싫어했어요!
교회당 주변에 살고 있었을 때 저녁만 되면 교회당 마당에 가서 배구를 한다고 하면서 교회 유리창도 깨 놓고 참새 잡는다고 교회당 지붕에 올라가서 기와장이라는 기와장은 다 들치면서 깨 놓았습니다. 보기에는 이렇게 명태, 동태, 형태로 생겼는데 장난도 짓궂었던 것 같아요.

어둑해지면 연세 많으신 권사님들, 또 집사님들 열 대여섯 명이 모여서는, 불을 켜면 전기값이 나간다고 교회당 불도 꺼놓고 그 할머니들이 강단 앞에 모여서 찬송을 부르는데, 한 곡 갖고 6백장 다 불러요.

"나의 죄를 씻기는~, 아멘!, 예수의 피밖에 없네, 아멘!"

이 곡조로 나가는데 어렸을 때 참 듣기 싫었어요. '더럽게도 징글징글 맞게 피 소리만 하네!' 저 타령조로 무슨 찬송을 저렇게 부르나? 할머니들의 찬송에 대해서 아주 기분 나쁘게 들었기 때문에 어렸을 때부터는 '나의 죄를 씻기는 예수의 피밖에 없네' 하는 찬송을 제일 싫어했어요. 그런데 은혜받은 후에는

'그렇구나! 나의 죄를 씻기는 예수의 피밖에 없구나!'

뒤늦게 깨달은 것입니다. 천국에 들어가 하나님의 보좌 앞과 어린양 앞에 서는 사람들은 흰옷을 입었습니다. 그런데 그 옷은 어린양의 피에 씻어 희게 한 옷입니다(계 7:14). 그 두루마기 옷을 빠는 자들은 생명나무에 나아가며 문들을 통해 성에 들어갈 권세를 얻는 것입니다(계22:14).

- 2004년 3월 10일(수) 새벽

교만한 인간 왕국

2차 대전 말기에 일본은 한국교회의 예배당 강단 오른쪽 벽에다가 '아마

데라스오미까미' [あまてらすおおみかみ [天照大神,天照大御神] ①일본 신화에서 高天原의 주신. ②해의 신. ③일본 황실의 조신으로 숭배되고 있음] 일본의 귀신을 모신 신단을 만들어 세웠어요. 예배드리기 전에 목사님이 일본말로 "다 일어나시요!" 그러면 다 일어납니다. 황국신민의 선서를 먼저 외웠습니다. 그다음에 전체가 이쪽을 향해서 '사이께이레' [さいけいれい [最敬礼] 허리를 많이 굽히는 가장 정중한 절] 경배를 했습니다.

일본 귀신에게 먼저 경배를 드리고 그다음에 예배를 시작했어요. 그 예배 누가 받았을까요? 하나님의 성전 안에 귀신 단지가 들어왔어요. 하나님을 예배드리기 전에 귀신에게 먼저 경배를 했어요. 그 후에 예배드렸습니다.

이렇게 하지 않는 목사님들은 다 체포되어 감옥에 들어갔어요. 절하지 않는 사람, 신사참배 안 하는 사람, 다 잡혀가서 감옥살이 하다가 많은 이들이 순교 당했습니다.

그때 일본사람이 일본 천황을 뭐라고 했는지 아세요? '아라히도가미' [あらひとがみ [現人神] 사람 모습으로 이 세상에 나타난 신] 라고 했어요.
 아라히도가미는 예수 그리스도밖에 없는데, 일본 천황을 사람으로 나타난 신이라고 믿었습니다. 또 하나 있어요. 일본 천황은 '이뗀노기미' [이뗀노기미 いってんのきみ [一天の君] 천하를 다스리는 군주, 천자, 천황] 입니다. 하늘과 땅의 유일한 임금입니다. 왕이 간이 부풀면 황제가 되기를 원하고 황제가 교만에 빠지고 더 부풀어지면 자기가 신이 되려고 하는 것입니다. 인간역사가 이것을 증명합니다.

- 2001년 3월 14일(수) 저녁

오직 복음만이 살 길입니다.

저는 어린아이 때 그런 경험이 있습니다.

평양역에 나갔습니다. 해방의 기쁨을 안고 수많은 사람이 조국의 광복을 기뻐하면서 해방된 조국 땅으로 돌아와서 복되게 살아보려고 짐을 꾸리고 업고 손에 끌고 모든 식구들이 한국으로 돌아왔습니다.

그렇지만 살길이 막연합니다. 얼마 후에 결국은 다시 울면서 만주 땅으로 돌아가는 광경을 보았습니다. 그 장면을 보면서 철없는 어린 시절,
'조금만 기다리십시오. 내가 당신들을 도와 드릴 것입니다. 고생스러워도 죽지만 말고 살아만 있으십시오. 내가 당신들을 도울 것입니다'

그러면서 저도 한없이 울었던 일이 있습니다. 열 몇 살 때 얘기입니다. 감상적인 소년 시절이었습니다. 기차를 타고 식구들을 다시 이끌고 만주 땅으로 돌아가면서 울고 슬퍼하는 동포들의 모습을 보면서 혼자 중얼거리면서 울었습니다.

무엇으로 구원할 수 있습니까? 정치적으로?, 종교적으로?, 혹은 문화적인 방법을 통해서? 다른 방법으로 구원할 길이 있다면 우리는 그 길을 택했을는지 모릅니다.

"복음은 믿는 자들을 구원하시는 하나님의 능력이 되느니라."

- 1999년 11월 9일(화) 오전

나를 부르신 말씀

저는 어렸을 때 '자라나면 고아원의 원장을 할 것이다' 그것이 가장 고상

하게 보였습니다. 좀 더 자라 철든 후에는 '농촌사업을 할 것이다. 덴마크의 그룬트비와 같이 농촌사업을 해서 한국 농촌을 낙원으로 한 번 만들어 볼 것이다'

그런 생각으로 뜻있는 동지들 몇 사람과 함께 깊은 산골짜기로 찾아 들어가서 일해 본 일이 있습니다. 그러면서 날마다 기도에 힘쓰고 정신적으로 가장 아름다운 황금시대를 살았다고 말할 수 있겠습니다.

그때 하나님께서는 저를 일꾼으로 부르셨습니다. 그때 저를 부르신 그 말씀이 로마서 1장 16절에 들어있습니다. "이 복음은 모든 믿는 자에게 구원을 주시는 하나님의 능력이 됨이라."
'농촌사업을 통해서 세상을 천국화 시킬 수 있는 것은 아니다. 농촌사업을 통해서 인생의 근본적인 문제를 해결할 수 있는 것이 아니다'

오직 복음만이 믿는 자를 구원하시는 하나님의 능력이라는 것을 가슴을 강하게 치는 것처럼 감동하시면서 저로 하여금 복음을 위해서 하나님께 헌신하도록 만드셨습니다. 그래서 지금도 로마서 1장 16절 말씀을 그렇게 좋아합니다.

- 1999년 11월 9일(화) 오전

구도의 시기

저는 6.25사변이 나던 해까지는 신학을 공부하면서 한편으로는 열심히 그림공부를 하고 있었습니다. 학병으로 종군하다가 부상을 입었습니다.

상이군인으로 명예제대를 했습니다. 어렸을 때부터 믿어 나오던 신앙, 확신이 없었던 제 믿음이 근본적으로 흔들리면서
'나는 20년 동안 예수에게 사기를 당했다. 기독교의 하나님은 절대자도 아니고 사랑의 하나님도 아니다.'

성경 찬송을 집어던져 버렸습니다. 무엇을 찾기 위해서, 누구를 만나기 위해서, 구원을 받기 위해서 산과 들로 헤매면서 참 많이 울었습니다. 어느 날은 마산 앞바다 합포 바다의 어스럼 달밤에 울면서 물속으로 첨벙거리고 들어가면서 죽으려고도 했습니다. 공동묘지에 가서 땅을 치면서 많이 울고 무덤 속에 있는 송장과 중얼거리면서 무엇인가 알아보려고도 했습니다. 어떤 때는 목매달아 죽어버리려고도 했습니다. 울어본 사람, 몸부림쳐 본 사람, 애타게 찾아본 사람 아니고는 이 간단한 표현이 무엇을 말하는지 실감을 못할 것입니다.
"내가 어떻게 해야 구원을 얻으리이까?"
"선생이여! 우리가 무엇을 하리이까?"
"우리가 어떻게 해야 하나님의 일을 하리이까?"

신음하며 절규하는 소리를 우리는 듣게 됩니다. 여기에 대해서 무엇이라 하십니까?
"주 예수를 믿으라 그리하면 너와 네 집이 구원을 얻으리라."(행 16:31).
"다른 이로서는 구원을 얻을 수 없나니 천하 인간에 구원을 얻을 만한 다른 이름을 우리에게 주신 일이 없음이니라."(행 4:12).
"하나님의 보내신 자를 믿는 일이 하나님의 일이니라"(요 6:29).

오늘도 구원받기 위해 몸부림치는 피를 토하면서 절규하는 영혼들 너무나도 많습니다. 이러한 세상, 이러한 운명을 타고난 인생들이기 때문에 구원받기를 그토록 애타게 부르짖는 것입니다. 그래서 로마서 1장의 전반부라 말할 수 있는 1~17절까지는 '하나님의 복음'입니다. 이 하나님의 복음은 무엇 하는 것이냐? 하는 것을 말씀합니다.
"내가 복음을 부끄러워하지 아니하노니 이 복음은 모든 믿는 자에게 구원을 주시는 하나님의 능력이 됨이라"(롬 1:16).

복음은 모든 믿는 자에게 구원을 주시는 '하나님의 능력'입니다. 저는 로마서 1장 16절로 말미암아 하나님의 부르심을 받았고 지금까지 전도자로 봉사하고 있습니다. 농촌사업을 통해서 구원해보려고, 자선사업을 통해서 구원해보려고, 정치적인 수단을 가지고 구원해보려고, 또는 다른 방법으로 구원의 길이 있는가 싶어서 몸부림치면서 헤매는 가운데 로마서 1장 16절이 나를 부르시고 나를 사로잡아 오늘날 하나님의 복음을 전하는 전도자를 만드신 것입니다. 여러분들 역시 다 그러하지 않습니까?

1997년 3월 12일(수) 저녁

예수를 만난 체험

저는 태어날 때 천성적으로, 체질적으로, 환경적으로 여러 가지 면에서 불리했습니다. 거기다가 하나님을 찾는 일에는 너무나도 고통스러웠던 몇 년의 기간이 제게 있었음을 저는 지금도 잊지를 못합니다.

"하나님, 내가 당신을 만나지 못한다면 오늘밤 9시에 뒷동산에 있는 소나무에 목을 맬 것입니다. 하나님을 만나지 못한 인생이, 진리를 발견하지 못한 인생이, 구원을 받지 못한 인생이라면 세상에 더 살아남아 있은들 무슨 의미가 있으며 기쁨이 있습니까?"

저녁이 어두워갑니다. 제가 땅에 머물러 있는 시간이 이제 한 시간 밖에 남지를 않았다고 생각하며 나무에 몸을 기대고 혼자 훌쩍거리면서 울면서 하나님 앞에 기도했던 그 시절을 잊을 수가 없습니다.
바닷가로 산으로 들로 헤매면서 도인이라면 도인을 비롯해서 그때 만날 수 있는 사람은 다 찾아 만나 헤매면서 무척이나 많이 울었던 일이 있습니다.

그러다가 예수를 만났습니다. 성경의 하나님을 다시 찾았습니다. 나는 그리스도의 구원을 받은 것을 확신합니다. 그때부터 확신을 갖고 이날까지 하나님의 복음을 위해서 봉사하고 있습니다.

- 1999년 11월 10일(수) 오전

가난한 신학생 시절

저는 6.25사변 전에 서울에서 야간신학이었던 중앙신학의 학생으로 공부하고 있었습니다. 월남 이후 공부하고 싶은 마음이 간절했지마는 의지할 곳, 내 떨리는 약한 손을 붙잡아 줄 사람은 하나도 없었습니다. 낮에는 열심히 일을 했고 밤에는 열심히 신학 공부를 했습니다.
그때 중앙신학교가 종로에 있는 옛 YMCA 회관에 있었습니다. 저는 용

산경찰서 옆에 살고 있었습니다. 그땐 서울 거리에 전차가 다니던 때입니다. 전차를 타고 학교 갈 수 있는 돈이 없었습니다. 학교를 마치고 전차를 타고 집에 돌아갈 여유가 없었습니다. 용산에서 종로까지 추운 겨울에 걸어 다녔습니다. 그러면서 공부를 했습니다.

- 2001년 3월 13일(화) 저녁

6.25 종군 때의 간절한 기도

저는 6.25사변 나던 해에 학병으로 종군하다가 부상을 당해서 상이용사로서 명예제대를 한 상이군인입니다. 저는 위생병으로 전방에서 복무를 했습니다만 인민군들에게 포위를 당해서 사단이 무너지는 그 와중에 많은 장병이 팔다리가 끊어지고 목이 부러지고 온몸이 파편 투성이가 되어 여기저기 쓰러지는 광경을 직접 목격했습니다. 그런 가운데서 제게는 간절한 소망이 있었습니다.

그것은, 누구보다 앞서기를, 누구보다 잘나기를, 누구보다 큰소리치기를 바라는, 이런 상대적인 욕망이 아니었습니다.

'살기만 하면 좋겠다. 이 자리에서 죽지 않고 살아남는다면 무엇이든지 내가 세상에서 할 수 있을 것이다.'

"하나님! 나를 살려 주십시오! 내가 여기에서 죽지않고 살기만 한다면 무엇이든지 할 수 있을 것입니다. 나를 살려 주십시오!"

여러분!
산다는 것은 너무나도 감사한 것이고, 산다는 것은 하나님께로부터 오는 특별한 은총이 아닐 수가 없습니다.

- 1998년 7월 6일(월) 저녁

병 고침 구하기 전에 먼저 회개하세요

저는 부상 당한 몸으로 육군 병원에서 치료를 받다가 제대를 한 상이군인입니다. 체질이 약하게 타고난 데다가 6.25때 부상 당한 몸이기 때문에 여러 면에서 몸에 약점이 많은 편입니다. 스물두 살부터는 상이 장병들이 치료를 받는 결핵요양소에서 치료를 받았습니다. 그리고 보면 제가 환자이지요. 어떻게 지금까지 살고 있는지, 지금까지 일하고 있는지 모르겠습니다.

그때 한참 큰일을 하시던 분이 감리교단의 박재봉 목사님이십니다. 그분이 폐병쟁이들만 모여 있는 요양소에 오셨습니다. 많은 분이 기도를 받고 고침을 받기도 했습니다. 제가 직접 목격한 장면입니다만 뚱뚱하고 키가 제법 큰 폐병쟁이 하나가
"목사님, 기도해주십시오!"

그랬더니 대뜸 욕을 하는데,
"이 쌍놈의 새끼야! 오직 못됐으면 폐병에 걸려! 이 쌍놈의 새끼야!"
그 광경을 보면서,
'야~! 목사의 입에서 쌍놈의 새끼가 뭐야! 그러지 않아도 숨만 붙어서 할딱거리고 있는 환자한테 저렇게 욕설을 퍼부을 수가 있는가?'

"목사님, 고쳐주세요!"
"고쳐주면 간음죄 짓다가 더 큰 지옥 밑바닥에 들어가! 폐병쟁이로 범죄하지 않고 신앙생활 하다가 천당 가!"

그랬더니 그 자리에 엎드려져서 울면서…
그것이 하나님의 권능인가 봐요. 지난날에 무슨 죄를 짓고 무슨 죄를 짓고 뭐 잘못했고, 뭐 잘못했고, 이제 고쳐주시면, 이 건강하고 잘생긴 얼굴 가지고 정욕대로 행하지 않고 믿음 잘 지키고 하나님 앞에 충성하는 일꾼 되겠습니다. 목사님이 그 기도 소리를 듣고, 회개의 눈물을 보시더니 당장 달려가서 끌어안고 같이 웁니다. 그리고는
"내가 기도하면 네 병이 나을 것이다. 하나님 앞에 회개하고 마음으로 결심한 대로 다시는 그 몸을 가지고, 잘난 얼굴을 가지고 범죄 하지 말고 하나님 앞에 충성하라."

그가 고침 받았어요. 나중에 그는 목사가 됐어요. 우리 가운데 병든 사람 있습니다. 완전히 자기 자신이 삶을 체념하고 죽음의 문턱을 내다보고 절망에 빠져있는 사람도 있습니다.
회개하세요! 건강이 회복되면 흔들어대다가 더 큰 죄인으로 지옥의 바다에 들어가지 말고 회개하세요! 하나님의 능력은 크십니다. 하나님의 긍휼이 크신 것입니다. 회개하면 죄를 사해 주시고, 병을 고쳐주시면 하나님의 뜻대로 죄의 악의 도구가 아니라 하나님의 영이 거하시는 성전으로 의의 병기로 하나님 앞에 충성스럽게 살아드리겠습니다. 결심하고 기도하면 하나님께서 들으실 줄로 믿습니다. 치료해 주실 줄로 믿습니다.

- 1997년 3월 12일(수) 저녁

자기를 부인한다는 것

제가 아직 부상 당한 군인으로 군병원에서 치료를 받고 있을 때입니다. 그때는 신학적인 깊이나 신앙의 깊은 면은 거의 없을 때입니다. 잠시 그림을 그리면서 화가가 되어보려는 꿈에 사로잡혀 있는 시절이기 때문에 신학적인 것, 신앙적인 것, 그것은 내어놓을 만한 것이 못되었습니다. 그러던 어느 날 어깨에 목은 쑤시고 아팠지마는 억울해서 견딜 수가 없었습니다. 내가 원하는 세계를 내 속에 조각하고 있었습니다.

'내 사명은 이것이고 이것을 이루기 위하여 내가 살아갈 것이다.'

그런데 억울하고 분이 나서 견딜 수가 없습니다.
"하나님, 나를 왜 싸그리 무시해 버립니까? 내가 그린 그림은 다 지워야 하는 것입니까? 내 손으로 공들여 아름답게 조각해 놓은 내 속에 있는 조각, 내 꿈은 다 지워야 하는 것입니까? 그리고 완전히 당신에게 노예로 사로잡혀야 당신 마음이 시원하겠습니까?"

그때 "주님의 뜻을 이루소서!" 그 찬송이 마음에 끌려서 열심히 부르다가 그만 화가 나고 말았어요. '주님의 뜻을 이루소서 고요한 중에 기다리니 진흙과 같은 날 빚으사 주님의 형상 만드소서' 아주 은혜스러운데 그때 제게는 너무나도 고통스러웠습니다.

하나님을 이용하지 마세요!

자기가 생생하게 살아있고, 자기 욕심은 그대로 뿌리 깊이 남아 있으면서 "하나님의 복음이다. 성경이다." 이용하지 마십시오! 정말 하나님이 쓰실 만한 참 일꾼이 된다면 모세처럼 버리세요. 벗어버리세요. 그러면 그때 하나님의 손에 완전히 사로잡힌 바 된 하나님의 종이 될 줄로 믿습니다.

꼭 죽는 것 같지 않아요? 내가 무너지는 아픔을 느끼는 것입니다. "하나님! 해도 너무합니다. 잔인해도 그럴 수가 있습니까?" 그렇게 발악도 해보는 것이 뜻있는 젊은이들이 아니겠나 싶습니다.
"누구든지 자기를 부인하고 제 십자가를 지고 나를 좇을 것이니라."

- 1998년 11월 10일(화) 오전

몸부림치며 간절히 부르짖었던 그때

제가 스물두 살 때 6.25 사변이 일어났습니다.
학병으로 종군하다가 부상을 당하고 차에 실려서는 총소리를 들어가면서 후방으로 후송될 때 그야말로 하나님 앞에 이를 갈면서 반항을 했습니다.
"차라리 여기서 죽이시지 왜 나를 살리십니까? 이 자리에 버려두시면 그대로 죽을 텐데 구차한 목숨, 가치 없는 생명을 왜 후방으로 이송하십니까?"
그때 이를 갈면서 발악을 했으니 하나님이 벼락 치지 않은 것만 해도 다행입니다. 육군 병원에 후송되어서 오랫동안 치료받는 동안에,
'20년 동안 나는 예수에게 사기당했다. 기독교의 하나님은 참 신이 아니요, 절대자도 아니다.'

성경, 찬송 다 집어 던져버립니다. 교회와의 인연을 끊었습니다. 그래도 무엇인가 절대가치, 초월자, 나를 돕는 구원의 손길을 바라는 애타는 마음이 있어서 산으로 들로 바닷가로 공동묘지로 이름 있다는 사람 수없이 찾아다니면서 그님을 만나기 위해서, 그 진리를 발견하기 위해서 나의 구원을 얻기 위해서 무척이나 헤메면서 많이 발악했습니다.

그러다가 성서의 하나님을 다시 만났습니다. 그 가운데 살아계신 하나님을 다시 찾았습니다. 나의 구원이 되시며, 인류의 구원자가 되시는 예수 그리스도를 비로소 심각한 자리에서 접하게 되었습니다.

그래서 사도 요한이 크게 울었다는 말씀을 보면 나 같은 것이야 그의 1/10도 못 되지만 얼마나 심각한 울음이었을까? 조금은 마음에 느낌이 있는 것 같습니다. 깊이 몸부림치며, 간절하게 부르짖는 자세가 오늘 우리에게 있어야 합니다.

- 1999년 7월 8일(목) 저녁

나를 버리지 않으신 하나님

저는 어려서부터 믿는 가정에서 자라났습니다.

6.25 사변이 일어나기까지 감리교 신자로 열심히 교회 생활을 잘했습니다. 그러나 학병으로 종군하다가 부상을 입고 병원에서 오랫동안 치료받는 동안에 기독교 신앙에 회의가 생겼습니다. '20년 동안 예수에게 속았구나!'

"기독교의 하나님은 사랑의 신이 아닙니다. 사랑의 하나님이시라면 내가 어렸을 때부터 들어왔던 그러한 기독교라면 어떻게 세계 동서 대리전쟁을 이 한반도에서 치르게 할 수가 있습니까?"

전 국토가 황폐화 되고 팔다리 끊어진 상이 장병들이 거지 떼와 같이 몰려다니며, 식구들을 먹여 살리기 위해서 하루 종일 부둣가에서 생판 일을 해도 먹을 양식을 얻지를 못해서 신세를 한탄하고 세상을 원망하면서 밤늦게 술에 취해서 중얼거리면서 비틀거리고 있는 저 무리들, 미국의 탕자들에게 몸을 팔고, 쓴웃음을 팔면서 죽지 않고 살아보려고 애를 쓰는 아낙네들,
'나는 20년 동안 속았다!'

성경 찬송 던져 버리고 교회 생활을 끊어 버리고 말았습니다.
"참 신이 계십니까? 영원한 진리란 있는 것입니까? 무엇이 옳은 것입니까?'

그것을 찾아보려고 산으로 들로 바닷가로 때로는 공동묘지로 울면서 헤매며 한참 하나님을 향하여 이를 갈고 분노를 터트리고, 악을 쓰던 그런 시절이 있었습니다. 그때 내가 하나님이었다면 이 형태, 명태, 동태, 이 몹쓸 놈아! 발로 콱 밟아 버렸을 텐데, 그것보다는 내 중심을, 애타하는 깊은 마음을 먼저 살펴주셨던 것 같습니다.
그래서 오늘날 하나님의 복음을 전하는, 반드시 이루어질 영광스러운 세계를 바라보고 전 세계를 두루 다니면서 복음을 증거 하는 하나님의 사람이 되었다고 생각을 합니다.

- 2005년 3월 16일(수) 새벽

나를 부르신 하나님의 약속

저는 어려운 때 하나님의 부르심을 받았습니다.

6.25사변으로 말미암아 전 국토가 폐허화 되고 말았습니다. 눈에 보이는 것은 절망과 절망뿐이었습니다. 저는 그때 부상 당한 군인의 몸으로 병원에서 치료를 받고 있었습니다. 저는 어렸을 때부터 예수를 믿었습니다. 6.25사변이 일어나기 전에 신학 공부를 하고 있었습니다. 하나님에게 대한 분노가 치밀어 올랐습니다. 예수에게 20년 동안 속았다고 생각할 때 견딜 수가 없었습니다. 하나님이 통치하시는 세상이라면 이럴 수가 없다는 생각에서 그랬습니다. 저는 어렸을 때부터 하나님은 사랑이라고 배웠습니다. 사랑의 하나님이 살피는 이 땅, 이 백성이 이렇게 처참해질 수는 없는 것 아닙니까? 저는 그때 많이 울었습니다. 울어도 심각하게 크게 울었습니다. 저는 몸부림쳤습니다. 몸부림쳐도 몸이 부서지도록 몸부림쳤습니다.

그때 하나님은 나를 불러주셨습니다. 기도하는 가운데 하늘 문이 열렸습니다. 우리 주님께서 두 손에 무엇인가를 잔뜩 들고 내 앞에 다가오셨습니다. 마음으로 느껴지기를 사명과 은사와 능력이라는 것을 알 수 있었습니다.

'너는 내게 반항하지 말라! 복음을 가지고 네 형제들의 눈에서 눈물을 씻어 주려므나'

그러시는 것으로 느껴졌습니다. 저는 그때 감정이 아주 사나운 상태였습니다. 이를 '할렐루야! 아멘' 하면서 받아들이지 않았습니다. 또 하나님께 반항하면서 악을 쓰면서 뒹굴었습니다.

저는 하나님께 기도했습니다.
"하나님, 아무것도 없어도 있는 척하는 위선자입니다. 별것도 아니면서도 잘난 척하는 교만이 있습니다. 내 속에는 뿌리 깊은 죄성이 자리를 잡고 있습니다."

제가 그때 하나님이라면 악질적으로 발악하는 저를 밟아 죽였을 것입니다. 하나님은 제 행동보다는 마음을 불쌍히 여기시고 동정하셨던 것 같습니다. 저 하나님께 솔직히 기도했습니다. 사명과 능력과 은사를 주셔도 감당하지를 못한다고 고백을 했습니다. 며칠 가지 못해 쏟아버리고 나는 실패하여 넘어질 것이라고 울면서 부르짖었습니다. 그러면서 하나님께 애원했습니다. 나 못난 것을 알면서도 부르셨습니다. 실패할 줄 알면서도 하나님이 택하셨습니다.
"나를 버리지 말고 내게서 떠나지 마시옵소서! 그렇게 약속하신다면 기꺼이 받아들이겠습니다"

저는 하나님 앞에 까다로운 조건을 내세워서 사명을 받아들였습니다. 그 후 준비과정을 거쳐 43년 동안 부흥사로서 일을 하고 있습니다. 한두 번 실패한 것이 아닙니다. 열 번 스무 번 낙심한 것이 아닙니다. 하나님 앞에서는 허물투성이인 사람입니다. 나도 양심은 있습니다. 하나님 앞에 머리 들 수 없을 때가 많았습니다. 나 같으면 버릴 것이라고 생각하면서 아주 절망에 떨어지고 말았습니다. 그때마다 나를 부르시는 말씀이 있었습니다.
'그런 줄 알고 너를 부를 때 약속한 것이 있지 않느냐? 내가 너를 버리지 아니하고 떠나지 않는다고 하지 아니했느냐?'

이 말씀이 생각날 때마다 가슴이 뭉클해지면서 눈물이 쏟아져 나왔습니다. 나 실패한 것, 허물 보고 낙심하지 않습니다. 미쁘신 말씀을 붙들고 다시 일어납니다. 그렇게 온 것이 이날까지 43년을 일했습니다. 그런데 성경을 깊이 보는 가운데, 이 같은 약속을 하나님이 내게만 하신 줄 알았더니 또 다른 사람에게도 했다는 것을 알게 되었습니다.

여호수아 1장 5~6절!
"너의 평생에 너를 능히 당할 자 없으리니 내가 모세와 함께 있던 것 같이 너와 함께 있을 것임이라 내가 너를 떠나지 아니하며 버리지 아니하리니 마음을 강하게 하라 담대히 하라 너는 이 백성으로 내가 그 조상에게 맹세하여 주리라 한 땅을 얻게 하리라."

처음으로 이 말씀을 깊이 보면서 기분이 좀 사나웠습니다. 내게만 하신 줄 알았더니 하나님이 여호수아에게도 했습니다.
여호수아를 부르신 하나님은 미쁘신 하나님이십니다. 여호수아에게 말씀하시고 사명을 주셨습니다. 말씀대로 이루시고 사명을 감당케 하셨습니다. 그 하나님은 또한 김형태 목사의 하나님이라는 것을 확신합니다.

- 2003년 3월 11일(화) 저녁

간절히 찾는 자에게 만나 주십니다

저는 지금으로부터 6.25 직후였던 사십칠 팔 년 전에 심각한 신앙의 갈등과 회의에 빠져 많이 울고 몸부림치던 때가 있었습니다. 산으로 들로 바닷가로 공동묘지로 수없이 헤매면서 한없이 탄식하고 많은 눈물을 뿌렸습니다. 나의 존재 가치, 내 삶의 의미, 생의 목적, 인생의 근본을 알지 못해서 심각한 반항과 애원의 기도를 드렸던 괴로웠던 그 시절을 잊을 수가 없습니다. 그때가 또한 애통하는 자는 복이 있나니 저희가 위로함을 받을 것이라는 말씀과 같이 나는 성경의 하나님을 다시 만났으며 주의 사명의 부르심을 받은 가장 은혜롭고 감격적인 시절이기도 했습니다. 저는 어느 날 밤 밤새도록 울며 부르짖었습니다.

"하나님이여! 절대자 당신은 계시는 것입니까? 나는 왜 살아야 하는 것입니까? 산들 무슨 의미가 있으며 무슨 가치가 있는 것입니까?"

그날 밤은 더욱 심각한 밤이었습니다. 욥기 23장 3~5절 말씀을 보면
'내가 어찌하면 하나님 발견할 곳을 알꼬 그리하면 그 보좌 앞에 나아가서 그 앞에서 호소하며 변백할 말을 입에 채우고 내게 대답하시는 말씀을 내가 알고 내게 이르시는 것을 내가 어찌 깨달으리라… 그런데 내가 앞으로 가도 그가 아니 계시고, 뒤로 가도 보이지 아니하며 그가 왼편에서 일하시나 내가 만날 수 없고 그가 오른편으로 돌이키시나 뵈올 수 없구나'

하나님을 찾지 못한 욥의 심각한 고통과 부르짖는 소리를 그때 실감할 수

가 있었습니다. 날이 새어 산에서 내려올 때입니다. 상이 장병들이 폐병으로 앓고 썩어져 죽어가고 있는 요양소로 다시 내려와야만 했습니다. 걸음을 재촉할 때 햇빛에 빛나는 이슬 맺힌 풀 포기가 너무나도 아름다워 제 발걸음을 멈추게 했습니다. 그때 맺은 이슬 너무나도 아름다웠습니다. 조금 있으면 햇빛이 더 빛날 때 이슬은 사라지고 말 것입니다.
'그 허무한 이슬, 그도 존재 가치가 있어 내 마음을 사로잡아 생각하게 하고 하나님께 기도하게 하는데 나는 무엇이며 내가 무슨 소용이 있습니까?'

병든 몸을 가지고 한없이 땅을 치며 울고 내 몸을 잡아 뜯으면서 몸부림을 쳤습니다. 누가복음 10장 9-10절, '구하라 주실 것이요. 찾으라 찾을 것이요. 문을 두드리라 열릴 것이니라'는 말씀대로 하나님께서는 나를 만나 주셨습니다. 하늘 문을 열어주셨습니다. 욥기서 42장 4-5절 말씀대로 '내가 말하겠사오니 주여 들으시고 내가 주께 묻사오니 주여 내게 알게 하옵소서 내가 주께 대하여 귀로 듣기만 하였삽더니 이제는 눈으로 주를 뵈옵나이다'하는 욥의 고백을 실감할 수 있는 말씀의 신앙, 성령으로 말미암은 확신을 갖게 되었습니다.

사명이 없는 자는 하나도 없습니다. 존재하는 모든 것은 의미가 있는 것입니다. 그래서 시편 19편 1-4절에 말씀하시기를
'하늘이 하나님의 영광을 선포하고 궁창이 그 손으로 하시는 일을 나타내는도다. 날은 날에게 말하고 밤은 밤에게 지식을 전하니 언어가 없고 들리는 소리도 없으나 그 소리가 온 땅에 통하고 그 말씀이 세계 끝까지

이르도다'라고 찬양하고 있습니다.

- 2001년 3월 12일(월) 저녁

성령의 감동이 있을 때 말씀을 바로 깨닫습니다.

저는 20대 초반에 성경을 일곱 번 정독했습니다.
'이것 던져 버리든지 붙들든지 양단간에 하나 선택할 수밖에 없다. 내 운명이 걸려있는 성경 읽기다.'

창세기 1장 1절부터 아주 정독을 했어요. 계시록 마지막 장 마지막 절까지 다 읽은 다음에는 '이 이상 깨달을 것은 없다.' 그렇게 생각을 했습니다. 그다음에 두 번째 봤습니다. 열심히 봤습니다. 운명이 걸려있기 때문에 열심히 봤습니다. '저번에 봤던 것 중에 몰랐던 것 참 많네! 이제 다 알았다.' 두 번 봤어요. 그다음에 세 번 봤습니다. '두 번째 본 것 형편없네. 한 번 더 봐야지!' 그러면서 일곱 번을 봤습니다. 그때 무슨 생각을 한 줄 아세요?
'내가 하나님이라면 성경을 이렇게 기록하지는 않는다. 유치하고 더러워서…, 내가 예언을 한다면 이렇게 말을 하지, 예레미야처럼 시골티나도록 그렇게는 안 할 것이다. 성경은 뜯어고치고 바꾸어 써야 한다.'

일곱 번 보는 사이에 그런 못된 생각도 해봤어요. 그러면서 크는 모양입니다. 그러면서도 참 마음을 가지고 하나님을 구하는 그 중심을 보시고 벼락 치지 않고 참아 주시고 덮어주시고 기다려주시고 그러다가 저는 마침내 성령의 감동하심을 입어 말씀 속에서 참 하나님을 만났습니다.

"성령의 감동하심을 입어 말씀을 바로 깨닫고, 말씀의 하나님을 만날 수 있으며 영적으로 체험하게 되느니라!"

그런데 이곳 저곳을 다니다 지난날 저 같은 잘못된 열심에 사로잡힌 분을 보면
'야, 나 20대 때 헤매던 그 골짜기 그 함정에 빠져서 허우적거리고 있구나!'

그런 사람 많이 볼 수가 있어요.
'기도하는 가운데 직통을 해서 직통 계시를 받지, 시시하게 사도들이 쓴 것, 선지자들이 쓴 것, 옛날 글 가지고 돼? 나는 직통할라네!'

그럴 수 있어요! 그러면서 크는 것입니다. 아기들 걸음마 배울 때 얼마나 넘어지고 얼마나 부모를 웃깁니까? 하나님께서 그런 아비의 심정, 어머니의 심정을 가지고 보시니 살아있지, 다 벼락 맞을 사람들입니다. 하나님이 밟으셔서 불구 된 지 오래되었을 사람들입니다.
"성령의 감동으로 된 하나님의 말씀은, 성령의 감동을 받을 때 바로 깨닫고 하나님께 나아가 은혜를 받을 수 있느니라!"

- 2001년 3월 14일(수) 오전

믿으려면 잘 믿어야 하지 않아요?

하나님 앞에 심히 불손하고 죄스러운 말이지마는 저는 근 50년 동안 하나님을 시험해 봤습니다. 6.25 일어나기 전에는 그저 열심만 가지고 좇아다녔고, 6.25가 일어나고 학병으로 입대 해서 군 복무를 시작하면서부터

는 생각하면서 뜻을 가지고 한 걸음 한 걸음을 옮겨 봤습니다.
제 본래 몸의 자세는 뱃심이 없어서 구부정했습니다. 그래서 자세가 구부정한 동역자들을 보면 '20세 때 내 자세로구나!' 뿐만 아니라 심장이 약해서 말을 해도 떳떳하게 상대방의 얼굴을 바라보면서 말하지 못하고 내시처럼 목을 빼고 달려들듯 얘기를 했어요. 그런데 하나님께서 오늘날까지 나를 고쳐주시고 다시 세워주시고 다듬어 주시고 힘주셔서 지금까지 일을 했습니다.

그때부터는 어떻게 훈련한 줄 아세요?
사람이 없으면 팔을 뒤로 돌려 잡습니다. 그럼 가슴이 좀 펴지지 않아요? 그러면 혼자 하나둘, 하나둘 하며 훈련했어요. 자세 고치느라고… '뜯어 고쳐야지. 사람 구실을 해야지. 노력을 해봐야지' 그러면서 의식적으로 노력한 것이 20살 때부터입니다. 그뿐만 아닙니다.
'성서의 하나님이 참 하나님이실까? 성경에 기록된 말씀이 정말 진리일까? 천지가 무너질지라도 변함이 없이 영존하는 생명의 말씀일까?'

하나님 앞에 심히 죄송하지만 50년 동안 저는 하나님을 시험하면서 지금까지 살았습니다. 지금의 결론은
'성경은 하나님의 말씀이다. 일점 일획이라도 땅에 떨어지지 아니하고 말씀 그대로 이루어질 신실한 하나님 언약의 말씀이다'

그런 결론과 확신을 갖고 있습니다.

믿으려면 잘 믿어야 하지 않아요?

왜?

생명을 건 것이 신앙인데!

생애 전폭을 투자한 것이 내 신앙생활이고 사명의 봉사인데!

어떻게 희미하게 그렇게 합니까?

나는 내 생애를, 내 생명을 아주 귀하게 여깁니다.

하지만 내 생명을 던질만한 일이 있을 때 아낌없이 던집니다.

생애 전폭을 투자해도 손해 보지 않고 헛되지 않는다고 확신할 때 모든 것을 쏟아 붓습니다.

저만 그런 것이 아니라 여러분들 모두가 그런 것이 아닙니까?

- 1998년 11월 11일(수) 새벽

주님 마음에 합한 사람 되세요

사람이 갑자기 크는 법은 없는 것 같습니다.

제가 이십 대 중반 조금 지날 무렵입니다. 서울 삼각산 우거진 솔나무 숲 사이로 혼자 걸었습니다.

'나의 젊음, 나의 생명, 나의 삶의 전폭을 바쳐 하나님 앞에 봉사할 바에는 바울 사도보다는 더 위대한 하나님의 종이 되자. 내가 가진 것 다 털어 바치고 생명까지 쏟아부을 바에는 모세보다는 더 많은 일을 해야 할 것이다.'

이런 생각을 하면서 깊은 생각에 잠겨서 솔나무 잎 냄새를 맡으면서 여러 가지 생각에 잠겨서 걷고 있었습니다. 그래서인지 무엇인가 깨달음이 있었습니다. 그래서 무릎을 꿇고 기도했습니다.

'하나님, 아직도 내 속에는 누구보다 높고 낮은 것이, 누구보다 잘나고 못난 것이, 누구보다 앞서고 뒤처진 것이, 상대적인 것이 그대로 남아 있습니다.

나 천국 문턱에만 들어가도 좋습니다. 하나님께서 내 아들이라고, 내 제자라고, 내 것이라고 기뻐 부르실 수 있는 그런 사람 되게 해 주십시오.'

그러면서 한참 울며 기도를 했습니다. 그때 삼각산에 기도하러 오는 사람들이 많을 때입니다.

한 시간쯤 있는데, 어느 자매님이 달려오더니
"선생님이시군요. 선생님 울면서 기도했지요?"
"예"
"선생님의 울음소리가 한참 들리는데 제게 영감이 탁 왔습니다. 선생님 속이 팡 뚫리더니 하나님께서 보석 같은 것으로 채워주시는 것을 내가 봤습니다."

'이것이 무슨 뜻일까?'

제 나름대로 한참 생각하면서 또 울면서 기도한 일이 있습니다.

대접받을 생각 포기하십시오! 대접하는 사람 되시기 바랍니다. 지배하려는 생각 버리십시오! 남을 섬기다가 가십시다! 굉장한 큰일 그것보다는 주님의 마음에 합하는 작은 한 송이의 꽃이 되어 주님을 기쁘시게 하는 주님의 사람 되시기를 바랍니다.

- 2000년 7월 3일(월) 저녁

목숨 걸고 시험해 본 말씀

제가 아주 험악한 산골짜기에서 농촌사업을 하면서 전도를 하고 있을 때입니다. 신자들이 제법 많이 모여들기 시작했습니다. 그런데 동네에 있는 여덟 살 내지 아홉 살 먹은 산골짜기 아이가 제게 달려오더니
"선생님! 큰일 났어요!"
"왜?"
"선생님 오늘 밤에 죽어요!"

죽는다는데 겁나더구만요,
"무슨 일인데?"
"동네 사람들이요 예배 볼 때 달려들어서 초가지붕에다가 불 지르고요. 선생님 끌어내다가 마당에서 작대기로 패 죽인대요. 어떻게 하지요?"

그 말을 들었더니, 덜덜덜 떨리는데 발가락 끄트머리까지 떨리는 그 경험을 해 보셨는지 모르겠어요?
'달아날까? 사람을 보내서 경찰의 보호를 받을까?'

그러다가
'그럴 바에는 차라리 예수 믿지 말자! 하나님께서 좋은 기회를 주셨구나!

하나님이 나와 함께 하시면 오늘 밤 죽지 않고 살아남을 것이다. 성경이 진리라면, 하나님께서 내 생명을 건지실 것이다.'

그러면서도 떨리데요. 아이가 간 다음에 엎드려 기도하는데, 하나님 소리가 안 나와요! 하~,하~,하~.., 그러다가 드디어 결정적인 순간이 왔어요. 밖에서 비가 부슬부슬 좀 내리는데, 동네 사람들이 교회당을 포위했어요. 제가 서 있는 바로 옆에 창문이 있었는데, 바로 그쪽 옆에서 성냥불을 켜는 착,착 소리가 납니다.
'좋다! 누가 세상에 태어나서 이러한 확실한 하나님의 증거를 받을 수 있겠느냐? 엘리야의 하나님이 살아 계시면 오늘 밤 내가 살고, 엘리야의 하나님이 전설에 나오는 신화적인 존재라면 그 하나님이 없는 세상에 차라리 죽는 것이 낫다. 좋다!'

그러고는 앞문이 열리고 사람이 문턱을 넘어 들어오는 것을 긴장 속에서 기다리고 있었습니다. 문턱을 열고 한 발자국만 교회 안에 들어오면 '엘리야의 하나님이여 살아계시면 저놈을 불로 태워 죽이십시오!' 손들고 쳐 버리려는 생각까지 했습니다. 그 장면 한 번 생각해봐요!

드디어 문이 열리고 사람이 뛰어들어 왔습니다. 단 한 발자국 교회 안에 들어섰는데, 문기둥을 붙잡고 덜덜 떨더니 주저앉았어요. 그래서 내가 살았어요!

믿으려면 잘 믿어요!

목숨 내어놓고 믿어봐요!
생의 전폭을 투자해서 사명을 위해서 바쳐봐요!
그러면 하나님이 여러분과 함께하시고, 여러분을 위해서 싸우시고,
여러분을 통하여 큰일을 행하실 줄 믿습니다.

- 1998년 11월 11일(수) 새벽

하나님은 살아계십니다.

'구름이 바람에 흘러가는 것을 보니 하나님은 살아계시며, 살아계신 그 하나님을 믿으니 나는 망하지 않는다.'
저는 이것을 믿고 분발했습니다.

- 1983년 11월 10일(목) 새벽

교만의 충동이 올라올 때 엎드러져야 합니다.

제가 옛날에 산골짜기에서 농촌사업 할 때입니다.
밭에서 일하시던 분, 논에서 일하다가 땀 냄새 그대로 풍기면서 모입니다. 많은 사람 모인 것도 아니요. 스물한 사람쯤 모였습니다. 거기서 설교를 하는데 신나데요. 설교를 30분 한 것도 아니고 한 시간 한 것도 아니고 단 한마디 했는데 모였던 사람들이 발칵 뒤집어졌어요. 가슴을 치고 몸부림을 치고 방바닥을 치면서 통회하고 자복하는 놀라운 역사가 일어났습니다.

그때가 되니까 김형태, 동태, 명태가 되더군요. 마음이 올라가기 시작합니다. 올라가고 올라가는데 내가 그 시대에 크게 일한다는 분만큼 올라갔어요. 더 올라가서 그다음에는 예수님이 옆에 계신다면 "자네", 그런

충동을 느낄만큼 올라가더라고요. 그때 방망이로 두들겨 패는 것처럼 강한 충동이 임했습니다.

"하나님!"

땅에 엎드러져서는 이마를 바닥에다 대고 이마와 코를 비벼가면서 한참 회개했습니다. 회개하며 기도하니 헛바람이, 영적 허영심이 쑤욱 빠지면서 내 마음이 차분하게 가라앉고 주님을 우러러 바라보는 본연의 마음을 다시 찾을 수가 있었습니다. 은혜를 받되 바로 받아서 앞으로 일을 잘해 드리시기 바랍니다.

- 1999년 11월 10일(수) 새벽

내게는 확신이 있습니다.

저 타고나기를 체질이 아주 약하게 태어났어요.

지금도 기억합니다마는 제 아버님이 저 초등학교 시절에 세상을 떠나셨는데 마지막으로 숨을 거두시는 제 아버지를 붙들고 어머니가 울면서 그랬습니다.

"여보! 죽으려면 그렇게도 몸 약한 형태 이 자식 병까지 싹 끌어안고 돌아가십시오."

그러면서 우시데요! 그런 것 보니까 내가 아주 형편없는 놈인가 봐요. 돌아가시는 자기 남편에게 병약한 형태 이 자식 병까지 몽땅 끌어안고 돌아가시라니요?

그러나 나는 확신하는 것이 하나 있습니다. '사명 마치고 죽을 때까지 나는 병으로 쓰러지지 않는다. 내 사명 마치고 제물로 바쳐질 때까지 세상의 권세나 어떠한 세력이나, 그 누구라도 나를 절대 꺾지 못한다. 그 확신이 있으니까 지금까지 일을 하지 그것 없이 어떻게 일을 하겠어요?

모든 주의 종님들, 사명의 동지들이 이러한 확신을 가지고 담대히 일하시는 줄로 믿습니다. 그것을 우리가 계시록 11장에서 배우는 것 아닙니까?

- 1997년 3월 12일(수) 새벽

천도교 교주의 아들을 전도하다.

제가 부흥강사로서 처음 일을 시작할 때부터 대전 계룡산에 있는 많은 민족 종파의 교주들과 수도 생활에 정진하고 있는 여러 도인들과 가까운 교제를 가진 일이 있습니다. 저들에게 성경도 사서 드리고, 필요한 물품도 구입하여 제공하고, 도복도 만들어서 선사하면서 그들에게 복음을 전하기 위해서 애를 썼습니다.

그런 가운데 지금은 천도교로 알려져 있습니다마는 천도교의 정통적인 4대 교주는 일본 도쿄에서 음악대학을 나온 지성인입니다. 그분의 아드님이 저를 통해서 전도를 받았습니다. 어느 날 이 아드님이 계룡산 수도 생활에 정진하고 있는 천도교의 4대 교주인 아버지 앞에 찾아가서는 큰절을 드리고는,

"아버지, 아버지의 허락을 받지 않고 김형태 강사님에게 전도를 받아 저 세례를 받았습니다. 용서하십시오!"

마음이 탁 트인 사람이라 그랬는지 몰라도
"너는 예수의 사람이다. 그러지 않아도 어젯밤에 내가 깊은 경지에 잠겨서 묵상하고 있는데 네가 예수님 앞에 경배하면서 예수님을 섬기는 것을 내가 벌써 봤다. 마음 놓고 예수 믿어라!"

그래서 그는 기독교 신자가 되었습니다. 많은 민족 종교단체, 많은 종교지도자들, 한국의 영산이라 말할 수 있는 계룡산에서 깊이 수도에 정진하는 그분들과 교제하면서 예수 복음을 전하기 위해서 이런저런 애를 썼던 일이 있었습니다.
구원받을 길은 하나밖에 없습니다. 사도행전 4장에 있는 말씀대로 '다른 이름으로는 구원받을 수 없나니 예수그리스도를 믿음으로 말미암아 구원을 받을 수 있도록 하나님이 길을 열어주셨느니라' 말씀 했습니다.

- 2001년 7월 3일(화) 저녁

포기하고 버리면 하나님이 함께하십니다.

제가 사명을 위해서 열심히 준비하던 몇십 년 전입니다.
세상 등지고 내 취향에 맞는 여러 가지 일들을 끊어버리고 사명을 위해 온전히 헌신하기로 다짐하고는 열심히 기도하고 준비하고 있을 때입니다.

추운 겨울날 기도하다가 집으로 돌아갔습니다. 그때 저는 왕십리에 셋방을 얻어놓고 살 때입니다. 대문 틈으로 들여다봤더니 어머니의 모습이 보이지를 않습니다. 마당에 들어섰지마는 보이지를 않습니다.
돌방에 어머니의 신이 놓여 있었습니다. 문 열고 들어갔더니 불기 하나

없는 냉골에 어머니가 누워서 벌벌 떨고 있었습니다. 그래서
"어머니, 왜 냉골에 누워계십니까? 추운 겨울에 이러다가 얼어 돌아가시면 어떻게 합니까? 어머니, 진지는 잡수셨습니까?"

그랬더니 하시는 말씀이,
"구멍탄이 있어야 불 땔 것이 아니냐? 쌀이 있어야 밥을 지어 먹을 것이 아니냐? 네가 언제 연탄을 사 주었느냐? 쌀을 사다가 어미 배부르게 먹으라고 준비해 놓은 일이 있느냐?"

그러시고는 아무 말씀을 하지 않고 눈물을 팍 쏟으면서 우십니다. 그때 제가 받은 충격은 말로 형용할 수가 없었습니다.
'하나님! 해도 너무하지 않습니까? 사명을 위해서 온갖 것을 다 포기하고 온전히 헌신한 것인데 하나밖에 없는 내 어머니 굶어 돌아가셔서야 되겠습니까? 이 추운 겨울날 냉골에 누워서 벌벌 떨다가 얼어 죽어서야 되겠습니까?'

그런데 어머니 하시는 말씀이
"네 형 친구가 얼마 전에 다녀갔는데 너만 원하면 중학교 선생 노릇 시켜 준다더라. 사명도 좋지마는 먹어야 살 것이 아니냐?"
사실 그랬습니다. 속에서 치밀어 오르는 분노인지 어떠한 충격인지는 모르지마는 방 모퉁이에 머리를 박고는 한참 울었습니다.
'이래도 내가 사명의 길을 가야 하는 것입니까? 사명자들을 이렇게 보장하지 않습니까? 하늘 아래 한 분밖에 안 계시는 어머니를 굶겨 죽여야 하

겠습니까? 냉골에 얼어서 죽어야 하겠습니까? 이래도 내가 이 길을 가야 하겠습니까?'

얼만큼 울었는지, 몸부림쳤는지 모릅니다. 그리고는 어머니께,
"예, 제가 쌀과 구멍탄을 더 사서 보내겠습니다."

그리고 집을 뛰쳐나갔습니다. 삼각산 꼭대기로 울면서 올라갔습니다. 밤새도록 추위에 떨면서 악을 쓰면서 부르짖었습니다. 새벽녘에 제 마음이 좀 안심이 됐습니다. 오후 시간에 다시 집으로 돌아왔습니다.
대문 틈으로 들여다봤더니 어머니가 활기 있게 마당을 거닐고 계셨습니다.
"안 돌아가셨구나!"

대문 열고 들어갔더니 아주 반색을 하면서
"네가 보내 준 쌀, 구공탄, 고기 받았다. 배불리 많이 먹어서 속이 든든하다. 네가 보냈지?"

뭐라 그럽니까?
"예, 제가 보냈습니다. 많이 잡수셨어요? 제가 보냈는데 누가 가지고 왔던가요?"

물어봤더니 정말 뜻밖에 생각지 않은 분이 연탄 30장, 쌀 한 말, 고기 한 근 사서 보냈습니다.

그때 내가 낙심해서 후퇴했더라면 오늘날 주의 종으로 일하고 있지는 못했을 것입니다. 제 어머니는 93세에 세상을 떠나셨는데, 저희 집에서 잘 모시다가 마지막 운명하는 시간까지 지켜볼 수 있는 하나님의 복을 받았습니다. 주의 종들의 가는 길이 왜 이렇게 힘이 든 것입니까? 성경 말씀에는

'아비나 어미를 나보다도 더 사랑하는 자는 내게 합당치 아니하고 아들이나 딸을 더 사랑하는 자도 내게 합당치 아니하고 또 자기 십자가를 지고 나를 좇지 않는 자도 내게 합당치 아니 하니라.'

이 말씀을 참 많이 실감했습니다. 눈물겹게 몸부림치면서 씹고 씹으면서 울어야 했습니다.

- 1998년 3월 10일(화) 새벽

사명을 위해 포기한 어머니를 살려주신 하나님

저 지금까지 일하면서 다음과 같은 갈등 고민 가운데서 잠을 이루지 못했던 일이 몇 번 있었습니다. 한 번은 대전에 살 때인데 집회를 가려고 출발하려는데, 어머니가 병이 나서 세상을 떠나시게 되었습니다. 그때는 사명적인 제 자세가 아주 철저했던 것 같습니다. 지금 같으면
"우리 어머니가 돌아가게 되었는데, 나 집회에 가지 못하니까 양해를 해 주십시오."

전화를 하거나 전보를 칠 텐데, 그때는 그러지 않았습니다. 어머니가 돌

아가시려고 합니다. 숨이 금방 끊어질 것 같습니다. 집회에 가기 위한 출발 시간은 다 되었습니다. 어떻게 고통스러운지

'사명을 위해서는 효도도 못하겠구나! 사명을 위해서는 자식 노릇도 제대로 못하겠구나! 자식 노릇 효도를 바로 할 것이냐? 몹쓸 놈으로 낙인이 찍혀도 사명을 위해서 지금 떠나야 할 것이냐?'

그 문제를 가지고 고민을 하다가 방구석에 앉아서 한참 울었습니다. 그리고 어머니를 향해서, 뭐 듣지 못하시는 어머니를 향해서

"어머니, 불효자식 용서하십시오! 나는 사람의 자식도 아닙니다. 인간도 아닙니다. 그러나 사명을 위해서 떠납니다. 용서하십시오!"

짐 들고 집회 장소로 달려갔습니다. 그때의 고통, 그때의 갈등, 그 어려움은 말로 형용할 수 없습니다. 지금이라면 전화를 해서 대번에 알아볼 수 있는데, 그때만 해도 통신 수단이 여의치를 아니해서 알아볼 수가 없었어요 그때는 월요일 날 집회 시작하면 토요일 날 마쳤습니다. 토요일 날 저녁에 집회를 마치고 정신없이 달려왔습니다. 그러고는

'장례식 치렀을 것이다. 나는 사람 새끼가 아니다. 돌에 맞아 죽어도 별수 없어!'

그러면서 대문 열고 마당에 들어가려고 대문 틈으로 가만히 들여다 봤더니 어머니가 마당에서 왔다 갔다 합니다. 집회에 안 갔더라면 어머니 돌아가셨을 것 아니겠습니까?

내 믿음,

사명의 자세,

어머니 포기하고 자기 망할 것 각오하고 그 길로 달려가는 그 모습 보시고 하나님께서 우리 어머니 살려 주셨다고 지금도 믿고 있습니다. 이런 경험은 한두 가지가 아닙니다.

'나는 사람이 아니다. 사람의 가죽을 쓰고는 이럴 수가 없다. 그러나 사명이 있기 때문에 간다.'

그러면서 깊이 뼈저리게 느낀 것은,

"살고자 하는 자는 죽을 것이요, 나를 위하여 죽고자 하는 자는 살리라."

이런 정신, 이런 각오, 이런 자세로 믿음을 지키고 사명을 위해서 역사하는 자는 결코 죽지 않습니다. 망하지 않습니다. 부끄러움 당하지 않을 것입니다.

- 1999년 7월 7일(수) 저녁

가난했던 시절을 기억하며 도운 고학생

(히브리서 4장 15-18절 강해 중에)

제가 전에 빈털터리로 고생을 많이 하고 있을 때입니다.

버스를 타고 지나가는데 고려대학을 다니는 학생 하나가 버스에 올라타서는 물건 하나 팔아달라고 애원하면서 비굴하게 사정하고 있습니다. 사주는 사람도 위로하고 격려하는 사람도 하나 없는 것 같습니다. 왜 그런지 모르게 눈물이 쏟아졌어요. 옛날 생각이 나서 견딜 수가 없어서는 주머니를 털어서 아무도 모르게 손에 꽉 쥐어주고 "힘내! 앞날이 있지 않아!" 하며 위로했던 일이 있습니다.

저와 동행 하던 분이
"선생님! 저녁 먹을 것도 없으면서 그다음에 어떻게 하려고 그러십니까?"
"제가 지난날 해방 후에 월남해서 서울에서 고학하면서 참 고생 많았습니다. 버스 간에 올라타서 그 애원하는 학생을 봤더니 옛날 내 모습이 떠올라서 견딜 수가 없었어요"
'너는 결코 약자가 아니다. 너는 비굴하지 않다. 네 장래가 영원히 이렇게 되는 것은 아니다.'

옛날에 나 자신을 채찍질하면서 스스로를 붙들고 일으켰던 생각이 나서 그 학생을 작으나마 도와주었던 일이 있습니다.

- 1998년 7월 7일(화) 새벽

고난 당할 때 돕는 이

저는 해방 후에 6.25 사변이 일어나기 전에 월남해서 서울에서 고생하면서 고학을 했습니다. 안 해본 일이 별로 없는 것 같습니다. 그래서 서울 거리를 차를 타고 지나갈 때 속으로는 저기에서 내가 망신을 했는데, 저 모퉁이에서 무슨 일을 당했는데, 여기에서는 순경에게 쫓기고 물건을 짊어지고 가다가 끈이 끊어지고 발뒤축이 벗겨지고 넘어져 한참이나 울면서 애를 썼는데... 그런 기억이 지금도 생생합니다.

저는 그런 기억을 잊어버리지 않으려고 애를 쓰는 사람입니다. 그래야만 마음이 겸손해집니다. 그래야만 마음이 언제든지 높은 데 뜻을 두지 않고 가장 낮은 자리에서 세상을 사는 사람들의 친구가 되어 모든 것을 생각하고 모든 것을 또 그려보게 되는 것 같습니다.

그래서 애굽에서 나온 이스라엘 백성들에게
"너희는 유월절을 지키라! 유월절을 지키면서 애굽에서 고통스러웠던 지난날을 회상하라. 그 가운데서 건져주신 하나님의 은혜를 생각하면서 네 마음을 다하고 성품을 다하고 뜻을 다하여 주 너의 하나님을 사랑하라! 너희는 유월절을 지키되 쓴 나물을 먹어라! 지난날의 고통을 기억하면서 살아라!"

아마 그런 교훈을 주시는 것 같습니다. 제게는 그 때가 참 배고프고 어려웠던 때였습니다. 지금 생각하면 비싸지도 않은 풀빵, 100원에 몇 개씩 주는 그러한 풀빵을 몇 개 사 주신 분에 대한 고마움, 그 어렵고 피곤해서 비실거릴 때 저를 조금 거들어 주신 분에 대한 그 고마움을 지금도 잊지를 못합니다.

우리와 함께 시험을 받으시고 우리와 함께 고난을 당하신 우리 주님께서 시험받는 자들을 도우십니다.

- 1987년 11월 17일(화) 새벽

이제 다시 시작합니다.

금년은 부흥사로서 일한 지 만 35년(1993년 현재), 29세에 시작하여 지금은 64세가 되었네요. 저는 제가 하는 일을 권투경기로 말한다면 3라운드로 말할 수 있습니다. 세 코스를 달려야 내 일이 끝날 것으로 봅니다. 첫 코스인 지금까지 달려온 길을 하나님 앞에서 돌아볼 때
'내가 하나님 앞에 35년간 일하면서 하나님 보시기에 정말 합당했느냐? 주님 마음을 시원케 해드리는 종으로 봉사했느냐? 내가 몇 학점을 받았을 것이냐?'

이것을 생각하며 자신을 동정해서 채점한다면 B학점은 맞았을 것이라고 생각합니다. 따라서 이제 시작되는 2라운드(코스)에 올라가 뛸 수 있도록 하나님은 내게 다시 기회를 주셨다고 믿습니다. 2라운드에 가서는 B+는 맞아야 마지막 라운드인 3라운드에 가서 결정적인 마지막 역사에 동참하게 된다고 봅니다. 그래도 마지막 라운드에는 A학점은 맞고 죽어야 하지 않겠나 생각하는데 여러분들은 몇 학점을 땄다고 생각하십니까?

저는 지난 35년간 부족하고 허물 많고 힘에 부치지만 내 깐에는 최선을 다해 하나님 앞에 봉사하고 충성했다고 생각합니다. 그러넌시도 자붆히나 자신을 돌이켜 보고, 내 삶과 역사를 냉정하게 검토하면서 더듬어봅니다. 돌이켜 보면 부끄러운 것이 또한 많습니다. 하나님이 나를 부끄럽게 여기사 토해 버리시면 얼마나 비참하겠습니까? 사도 바울도 그런 심정으로 살았습니다(고전 9:27).

내일을 내다보지 못하는 사람, 앞을 향해 준비하지 않는 사람은 이미 끝난 사람입니다. 지난날의 탄력으로 잠시 밀려갈 뿐입니다. 사람은 속일 수 있어도 하나님은 속일 수 없습니다(갈 6:7, 시 139:1-24). 다시 원점으로 돌아갑시다. 다시 백지에서 시작합시다. 지금 생각에 내년쯤은 아프리카에 가서 사명자 성회를 인도할 계획을 세우고 있습니다. 아프리카에서 온 선교사에게 아무리 힘들고 어려워도 교역자 30~50명만 있으면 어디든지 갈 것이라고 말한 일이 있습니다.

- 1993년 7월 6일(화) 저녁

내가 무엇이라 외치리이까?
이사야 40장 8절!
'풀은 마르고 꽃은 시드나 우리 하나님의 말씀은 영영히 서리라 하라'

이 말씀을 읽으면 몇 년 전이 생각납니다.
아마 그때 경주감리교회 사명자성회를 인도하기 위해서 제가 마음으로 준비하고 있을 때였던 것 같습니다. 외국에 가면 외국에 있는 정보기관에서 또 여러 감시기관에서 각처로 돌아다니면서 일하는 저의 집회에 잠입해서는 무슨 말을 하나? 하나하나 체크 하고, 녹음하고, 사진을 찍어 가는 그런 일들을 했습니다. 그런데 정보원이라도 경찰이라도 조금 어수룩한 사람이 있더군요!
강사가 여기 서서 설교하는데, 바로 정면에 딱 앉아서는 설교하는 내용을 하나하나 체크 하는데, 얼굴을 보면
'은혜를 받고 있다.'

'말씀을 사모해서 찾아왔구나!'
'아~ 나 감시하느라고 왔구나! 하나하나 적으며 녹음하고 앉아있구나!'

그것이 보이데요! 조금 더 근사하게 외국 첩보영화에 나오는 것처럼 내 눈에 발각이 안 되어야 할 터인데 잘 드러납니다. 그런데 그때 정치상황이란, 이렇게 말하면 여기에 걸리고 이렇게 말하면 저기에 걸려서 입을 열 수가 없었습니다. 전국적으로 두루 다니면서 사명자성회를 인도하는 강사의 영향력이 결코 적지 않다는 것을 알았기 때문에 그처럼 사찰을 많이 한 것 같습니다.

지금은 병이 드셔서 그저 침대에 누워서 겨우 연명하고 계시는 홍○○ 목사님이 계십니다. 우리 수도원에 오셔서도 성경을 많이 가르쳐 주셨던 어른인데, 이제 80을 바라보시는 나이에 하반신을 전혀 쓰지 못하고 상반신만 움직이면서 침대에 누워계십니다. 그 어른과 다방에 앉았습니다. 이것저것 얘기하다가 답답한 심정을 조금 얘기했더니 한숨을 푹 내쉬면서

"내가 무엇이라 외치리까?"

한숨 섞인 말로 그러셨어요. 그때 떠오르는 것이 이것이 사명자성회의 주제다. 그래서 그해의 주제가 '내가 무엇이라 외치리이까?' 이렇게 나왔어요! 기막힌 시절 어려운 때, 하나님께서 그런 식으로 주제를 떠오르게 하시데요!

- 1998년 3월 11일(수) 오전

약속을 지키신 하나님

하나님께서는 분명히 저를 부르셨습니다.

사명을 맡기셨습니다. 나를 버리지 아니하시며 떠나지 아니하시며 함께 하신다고 약속하셨습니다. 어느 땐가는 하나님께서 저를 들어서 부흥강사로 쓰신다고 말씀한 것입니다. 그때 제 간절한 소원이 하나밖에 없었습니다.

'하나님 부흥강사가 되고 안 되는 것은 내게 문제가 되지 않습니다. 하나님께서 성령으로 감동하사 종으로 쓰신다고 약속하셨는데그 약속이 헛되지 않은 것을 나에게 보여주십시오! 부흥 집회를 한 번이라도 인도하고 죽으면 내게 소원이 없겠습니다.'

그 기도가 얼마나 애절하고 간절했던지요. 지금으로부터 만 40년 전 예산 장로교회에서 김능백 목사님이 목회하시는 그 교회에서 첫 집회를 인도했습니다. 그때 저는,

'하나님, 거짓말 안 하시네요! 하나님은 한번 말씀하시고 말씀대로 반드시 이루시는 분이라는 것을 내가 이제 확신하게 됐습니다.'

그때는 몸이 부서지는 것도 모르고 부흥회를 월요일 날 갔다가 토요일 날 마치고 토요일 날 저녁에 집으로 돌아오던 때입니다. 1년이 52주 아닙니까? 어머니 생신 그 주간만 빼고 51주를 계속 두려움이 없이 달려나갔습니다. 그렇게 한참 일을 하다가는

'하나님!

내 생각으로는 차마 그런 생각조차 할 수 없습니다. 날 외국으로 내보내

서 교회를 섬기는 하나님의 종들을 위하여 인도하게 하시리라고 말씀하지 않았습니까? 하나님께서 나를 주의 종으로 쓰신다는 약속을 말씀대로 이루셨습니다. 언제 내가 외국에 나가 볼 것입니까? 외국 구경을 하려고 하는 것이 아닙니다. 하나님이 내게 약속하신 것 그대로 지키시는지 안 지키시는지 그것 알고자 하는 것입니다. 저 한 번만이라도 나가서 외국에 있는 사명자들을 위해서 인도하게 해주십시오. 그 이상 바랄 것이 없겠습니다.'

열심히 기도하면서 하나님의 인도하심을 기다리는 가운데 만 21년 전, 햇수로 22년 전에 하나님께서 저를 독일 서베를린으로 보내셔서 열흘 동안 성서신학을 강해하고, 그길로 미국으로 건너가서 지금까지 외국에서 일을 하고 있습니다.
'하나님! 거짓말 안 하시네요! 어쩌면 말씀하신 그대로 모든 것을 다 지키십니까?'

- 1998년 11월 10일(화) 오전

순교를 위한 기도

여러분들 가운데 혹시 그 짐승을 만나게 될 사람이 있을는지 모릅니다. 짐승과 싸우게 되는지 모릅니다. 짐승과 싸우면 주의 종들은 순교합니다.
93세에 제 어머니가 세상을 떠나셨는데, 어머니 운명시켜 놓고 어머니 머리에 손을 얹고 기도했습니다. 어머니의 영혼을 위해서 기도하고 그다음 저를 위해서 기도했습니다.

"하나님! 병들어 죽지 않게 해 주십시오! 오래오래 살다가 가족들과 친지들에게 누를 끼치면서 자연사 하지 않게 해 주십시오! 나를 불러 지금까지 쓰신 하나님! 마지막 큰 싸움에 참여하여 순교의 제물로 바쳐지게 하여 주시옵소서!"

어머니 운명하는 순간부터 지금까지 그 소원을 두고 하나님께 기도해 왔습니다. 여러분들 가운데 이 싸움에 참여하실 사람, 그 짐승을 만나게 될 사람이 있을는지 모릅니다.

- 1999년 3월 9일(화) 새벽

목숨 걸고 감당한 사명

사람들이 저를 볼 때 '저 김 강사는 태국을 다니면서 대접만 받고 칭찬만 듣고 그저 호사스러운 선교 사업을 할 것이다.' 그리 생각할 분이 계실는지 모르겠습니다. 불교의 나라입니다. 불교 왕국입니다. 태국의 왕은 산 부처입니다. 절대자입니다. 13년 전에 거기에 들어갈 때 쉽게 들어간 것 아닙니다. 저는 매사를 조심스럽게 돌다리도 두들겨보고 가급적이면 피하고, 안가면 책망하실 것 같은 두려움을 느낄 때, 할 수 없이 아멘 하는 사람입니다. 그래서 제가 아마 활발하게 좀 의욕적으로 더 큰일을 못하는지도 모르겠습니다.

태국에 들어갈 때 두 가지 각오를 했어요.
'첫째, 음식에 독약을 넣어서 독살할는지 모른다. 둘째, 내가 길을 갈 때 코끼리를 풀어 놓아서 밟아 죽일는지 모른다. 그래도 갈 것이냐?'

"명령이면 가야지요."

그러면서 갔어요. 일이 편안했던 것이 아닙니다. 어느 날 밤 고 목사님과 호텔에서 마지막 잠을 자고 있는데, 한밤중에 누가 쳐들어왔어요. 그 얘기를 다 할 수는 없어요.
"다시는 태국에 오지 마라! 태국에서 일하지 못하도록 방해할 것이다."

굉장한 위협조로 제 마음을 흔드는 시험도 있었습니다. 어려움 없이 되는 일은 하나도 없어요. '그만 둘까? 더 가지 못하는 것이냐? 이것으로 끝나는 것이냐?' 굉장히 망설이는 때가 있었어요. 저 그렇게 당찬 사람 아닙니다. 적은 바람에도 마음이 크게 흔들리고 많이 주저하는 심약한 사람입니다. 그러나
'하나님이 보내셨다. 하나님이 나와 함께 하시는 것이다. 하나님이 나를 위하여 싸우실 것이다. 하나님이 태국을 버린다면 모르지마는 나는 죽어도 순교를 각오하고 여기서 역사할 것이다.'

그때부터 원수들은 쓰러지고 길은 넓게 열리고 하나님의 역사가 더 크게 일어나서 오늘의 태국교회가 이루어진 것입니다. 목회하다 보면 어렵지요. 신앙 생활하면서 교회 봉사 하다 보면 낙심되는 때 많습니다.
"두려워 말라, 내가 너와 함께 함이니라"

- 2001년 3월 15일(목) 새벽

마음 그릇을 넓힙시다.

제가 대만에서 중국 사람들을 상대로 해서 집회를 인도할 때입니다. 점심시간에 모두 둘러앉았는데 중국 여자 한 분이 제게 아주 유창한 일본 말로 물었습니다. 대만에 가면 저는 일본말로 의사소통을 합니다. 중국말은 제가 못합니다. 그 젊은 자매님이,
"선생님은 왜 일본에서 사명자성회를 인도 안 하십니까?"
"대만에는 많이 오셨는데, 왜 일본에는 아직 한 번도 오지 않습니까?"

그 말을 듣고 저는
"일본에 대한 감정이 나쁩니다. 우리나라를 36년 동안이나 압제하고 압박하고 어떻게 많이 괴롭혔는지 모릅니다. 나 그래서 일본에 안 갑니다."

나는 중국 여자인 줄 알고 그랬어요. 그랬더니 이 여자가 하는 말이
"선생님은 나를 중국 여자로 생각하고 그 같은 말씀을 하시는데, 나 일본 여자입니다. 나 일본 사람으로서 대만에 선교하기 위해서 이렇게 봉사하는데, 복음 앞에 민족의 차별이나 국가의 지난날의 원한 관계가 무슨 상관이 있습니까? 일본에 오십시오!"

그 말을 듣고는 '한방 얻어맞았구나!' 이마에 벼락이 떨어진 것 같아서 한참 아찔했어요.

복음 앞에 원수가 없습니다. 복음 앞에 민족적인 차별이 없습니다. 하나님이 길을 열어주시면 이스라엘에 전도하러 가십시오! 유태인들 구원하

시기 위해서 복음 전하시기를 바랍니다. 이스라엘에 가서도 사명자성회 인도하세요. 그 같은 일꾼들이 많이 일어날 줄로 믿습니다.

- 2001년 7월 4일(수) 오전

하나님은 세밀한 것까지 헤아리십니다.

옛날에 강원도 춘천에 있는 어느 교회에서 집회를 인도했습니다.
그 교회 목사님이 지방회장님이었습니다. 낮 집회를 마치고 어느 가정에 초대를 받아갔는데, 여러 목사님이 자리를 함께했습니다. 식사가 반쯤 무르익었을 때 기도를 많이 하는 신령한 여종으로 소문난 어느 권사님이 그랬습니다.
"강사님, 저 실례지만 한 말씀 드려야 되겠어요!"
"왜요?"
"강사님이 몇 년 전에요. 하나님을 섭섭하게 했거나 무슨 큰 실수를 한 것 같습니다."

그 말 들을 때 뜨끔했습니다. 조용히 나 하나 불러서 속삭이는 것처럼 얘기해주는 것이 아니라, 공개석상에서 그런 말을 했어요. 그런 말을 할 때 뜨끔하지 않을 사람이 이 세상에 어디 있어요? 뜨끔했어요. '죽었네! 강사 이제 망조 들었구나!'
"더 자세히 말씀해 주십시오!"
"제가 강사님을 통해서 은혜를 받고 너무나도 감격해서 어젯밤에는 한잠도 자지 않고 계속 기도를 했습니다. 그런데 하나님께서 강사님에게 주시는 상급이 즐비하게 놓였는데, 금으로 만든 그릇에 금이 짝짝 간 것을 봤습니다. 깜짝 놀라서 그것을 위해서 열심히 기도했더니 강사님이 지금으로부터 몇 년 전에 무슨 실수를 했거나 하나님의 마음을 섭섭하게 함으로 말미암아 이런 흔적이 남았다는 것을 알게 됐습니다. 강사님, 그런 일이 있습니까?"

이거 큰일 났데요! 그래서는 가만히 그 몇 년 전으로 더듬어 올라가 봤지요. 딱 잡혔어요. 저 사명을 위해서 준비기도 할 때 여러분들처럼 뜨겁지도 차갑지도 않은 미지근한 기도 안 했어요! 한번 기도하기 위해 매달리면 기도하다가 기절할 정도로 더 숨을 쉴 수 없을 만큼 하나님 앞에 부르짖으면서 매달려 기도했습니다. 그런데 거기에는 인간적인 야심이 들어있었어요.

"하나님, 일 할 바에는 한국에서 제일가는 하나님의 종 되게 해 주십시오! 능력을 주시려면 제일 큰 능력 주십시오! 은사를 주시려면 앉아서 삼천리를 보고 서서 구만리를 볼 수 있는 굉장한 은사를 내게 다 주십시오!"

그러면서 열심히 기도했어요. 지금으로부터 50년 가까이 된 옛날 일인데 혹 지금도 그때 제가 기도하던 그런 생각에 사로잡혀 있는 분이 계시는지 모르겠습니다.

그러던 어느 날입니다.
그때는 텔레비전이 없을 때입니다. 그런데 텔레비전 화면을 보는 것처럼 제가 일을 하는 가운데 고심을 하고 사람에게 시달리고 핍박을 받고 여기가 터지고 여기가 찢기고 어디가 부러지면서 비참하게 피투성이가 되는 그런 모습을 봤습니다. 그것을 본 후로 다 집어치웠어요.
"하나님! 그만둡시다. 한번 날려보려고, 굉장히 한번 떨쳐보려고 내가 준비를 했지. 그 고생 하려고 내가 기도하면서 준비했습니까? 이제는 기도 안 합니다."

사흘 동안 기도 안 했어요! 지독하지요? 화장실 갈 때만 일어나서 나가고 일어나지도 않았어요. 그런 일이 있고 난 후에 회개를 했습니다.
"하나님, 주를 위해서 일한다 하면서도 그 속에 내 욕심이 깔려있었습니다. 주를 위해서 열심히 일할 것을 바라면서도 영웅심이 그 속에 깃들어있었습니다. 주님의 뜻을 온전히 이루어드리며 주의 말씀을 이루기 위하여 제단에 바쳐진 제물이 아니라 주의 이름을 빙자한 내가 들어있었습니다. 회개합니다."

그때부터 또 사흘 동안 울었어요. 그것이 잡혔어요.

여러분!
하나님 슬슬 속일 생각하지 마세요!
적당하게 넘길 생각하지 마세요!
그러한 분들 이런 분 만나서 "목사님! 몇 년 전에요..." 이렇게 나오기 시작하면 피 말라 죽어요!
이 자리에 계시는 여러분들 목회를 잘 하다가 교계에서 크게 출세하고 사회적으로 존경을 받고 인간적으로도 잘 살던 시대는 이미 지나갔어요.

앞으로 다시 예언할 자들, 두 증인, 두 선지자와 같이 역사하는 주의 종들은 다 순교를 각오해야 합니다.

제가 46년 동안 어떻게 버텨온 줄 아세요?

연세 지긋한 어른들 가운데는,
'김 강사가 46년 동안 일하는 동안에 이런 일도 있었고 저런 일도 있었고 사람으로서는 다시 일어날 수 없는 밟아버리는 무서운 시험도 많았는데 야~ 여기까지 끈질긴 목숨 살아남았구나!'

그러면서 마음으로 안쓰럽게 동정하시는 분이 계실 것입니다.

감당할 수 없는 어려움이 내게 떨어지면,
"주여!
순교하기로 하나님 앞에 작정하고 이미 제물로 바쳐진 내가 이것쯤 못 참겠습니까? 내 간절한 소망이 주의 복음을 위하여 역사하다가 주의 이름으로 순교를 당하는 것인데, 이 정도야 내가 참고 견디지를 못하겠습니까?"

그러면서 버티고 버텨 나온 것이 여기까지 왔습니다. 하나님께서는 순교자의 수를 채우시기 위하여 다시 예언할 자들, 큰 권세를 가지고 역사하는 엘리야와 모세와 같은 하나님의 종들 부르십니다. 하나님 앞에 드릴 마음이 있습니까?

거짓말하지 마세요!

참 순교의 제물로 바쳐지기를 소원하시기 바랍니다. 작은 책을 받아 가지고 다시 예언할 자로, 주 앞에 섰는 두 증인, 두 선지자와 같이 역사하다가 순교의 제물로 바쳐지는 하나님의 종들이 되시기를 원합니다.

- 2003년 11월 6일(목) 새벽

인생의 마지막을 생각하며

저는 스물아홉 살에 처음 집회를 인도하면서 부흥강사로서 한국교회에 봉사하기 시작했습니다. 개(個) 교회집회를 인도하고 대중을 상대로 하는 집회를 이끌었습니다마는 2년 후부터는 교역자를 대상으로 하는 사명자 성회에 전념하게 되었습니다.

그때 많은 교역자들과 선배 어른들에게 들은 얘기가
"사명자성회를 인도하는 강사로서는 너무 어리다. 젊은 태(態)가 너무 많이 닌다. 경험부족에서 오는 미숙한 점이 많이 드러난다."

이 같은 말을 들었습니다.

그때 제 마음속에 간절한 소원이 하나 있었는데,
'언제 사십이 되나? 빨리 사십이 됐으면~, 마흔 살만 먹으면 젊었다. 미숙했다. 경험 부족이다. 그런 얘기를 안들을 것인데...'

사십 먹기를 그렇게 고대하면서 빨리 늙어지기를 바랐습니다. 금년에 한국 나이로 육십육 세입니다. 마음속으로 오십으로만 돌아갈 수 있다면 사십은 도저히 기대할 수도 없고 오십으로만 돌아갈 수 있으면… 하는 마음이 간절해졌습니다.

그래서 일을 하면서도
'나는 오십이지 육십육 세 먹은 할아버지가 결코 아니다. 나이가 들어가는 것은 어쩔 수 없지마는 정신적으로는 늙어서는 안 될 것이다.

그래서 얼굴에 무엇을 바르기도 하고 넥타이도 좀 골라 매는 일에 익숙해지고, 말하는 것이나 모든 태도를 오십 먹은 사람처럼 행동하려고 애를 쓰는데, 나이는 속일 수 없다는 말과 같이 역시 별수가 없네요!

그러면서 인생의 끝이 내다보이는 것 같아요. 손에 잡힐 듯이 다가오고 있는 것을 의식하면서 지금 일을 합니다. 사람은 죽습니다. 한 번은 가는 것입니다. 보내신 이 앞에 돌아갈 수밖에 없는 우리네 인생이며 숙명이 아니겠습니까?
누구나 가는 세상, 누구나 한번 죽고 돌아가는 인생들인데 삶의 끝을 어떻게 맺을 것이냐? 그것이 가장 중요한 것 같습니다. 그래서 죽음에 관련되는 이야기가 어쩌면 여러분들에게 실감이 나고 더 깊이 파고드는 은혜의 맛을 느끼게 할는지 모르겠습니다.
하나님께서 복 주시기를 빕니다.

- 1995년 7월 13일(목) 새벽

내게는 순교의 소원이 있습니다

나 복음 전하다가 열심히 복음 전하다가 내 사명 마치는 하나님이 정해 놓으신 그 때 주의 복음을 위해서 맞아 죽기를 소원하면서 지금까지 기도하면서 준비했어요!

나는 늙어서 식구들이 지켜보는 가운데 사랑하는 친구들이 슬퍼하면서 곡하는 속에서 운명하고 싶은 마음은 없습니다. 그것이, 그런 소원을 가지게 된 것이 20대 초반부터 지금까지 변하지를 않습니다. 하나님이 나를 버리지 아니하시고 내가 또한 하나님을 배반하지 않는 이상, 하나님이 내 소원을 들어주실 줄 믿습니다.

이 자리에 계시는 동역자들이 그랬으면 좋겠습니다. 예수님이 베드로에게 "베드로야 너 장차 네 두 팔을 벌리리라" 하셨는데, '두 팔을 벌리리라'가 무엇입니까? 십자가에 못 박혀서 비참한 최후를 맞이하게 된다는 것입니다. 베드로가 젊었을 때 예수님이 예언하신 말씀처럼 그가 늙었을 때 십자가에 거꾸로 못 박혀서 로마에서 순교한 것을 여러분들이 알고 계십니다.

'예언하신 말씀대로 내가 그렇게 죽을 날이 가까웠구나! 내가 주님이 예언하시고 지시하신 말씀대로 그렇게 죽기를 소원했는데 그날이 드디어 내게 다가왔구나! 내가 순교의 제물이 되어 하나님께 영광을 돌릴 것이다.'

죽음을 두려워하지 않고 최후의 순간까지 사명 다하며 부끄러움 없이 깨끗하게 사명을 마치도록 하기 위해 이러한 예언의 말씀을 주신 줄로 믿습니다. 그런데 한 가지 은근한 걱정은 있어요.
'하나님!
주님 빨리 재림하시든지, 그것이 아니라면 맞아 죽는 날이 빨리 와야지, 세월은 흘러가고 나이는 한 살, 두 살 점점 더 먹고, 맥은 빠지고, 돌아다니면서 복음 전할 수 없이 됐을 때 무슨 일 당하면 어떻게 되겠습니까? 제가 원하는 대로 하나님이 힘 주실 때 사방으로 두루 다니면서 복음을 전하다가 하나님! 나 아주 젊었을 때 영감으로 주신 것처럼 복음을 위해서 순교의 제물로 바쳐지게 해 주십시오! 늙어 죽지 않게 해 주십시오! 오래 살다가 사람들이 지켜보는 가운데 죽지 않게 해 주십시오!'

그것이 제 소원입니다.

- 1987년 3월 9일(월) 저녁

주의 종의 기도

"하나님!
온 세상의 주 앞에 모셔 섰는 자,
날마다 하나님의 말씀을 들을 때 하나님의 말씀을 이루기 위하여 능력 있는 천사와 같이 봉사해야 하겠습니다.
내 마음이 흐트러지지 아니하고 내 눈이 흐려지지 아니하도록 하나님 나를 도와주시옵소서"

- 1983년 3월 14일(월) 저녁